Máxima Influência

As 12 Leis Universais da
Persuasão Efetiva

2ª Edição

Kurt W. Mortensen

São Paulo, 2015
www.dvseditora.com.br

MÁXIMA INFLUÊNCIA
As 12 leis Universais da Persuasão Efetiva - 2ª Edição

DVS Editora 2015 - Todos os direitos para a língua portuguesa reservados pela editora.

MAXIMUM INFLUENCE: The 12 Universal Laws of Power Persuasion - 2nd Edition.
Copyright © 2013 Kurt W. Mortensen. Published by AMACOM, a division of the American Management Association, International, New York. All rights reserved.
Portuguese edition copyright © by 2015 DVS Editora Ltda. All rights reserved.

Nenhuma parte deste livro poderá ser reproduzida, armazenada em sistema de recuperação, ou transmitida por qualquer meio, seja na forma eletrônica, mecânica, fotocopiada, gravada ou qualquer outra, sem a autorização por escrito do autor.

Tradução: Sieben Gruppe
Diagramação: Konsept Design & Projetos

```
Dados Internacionais de Catalogação na Publicação (CIP)
         (Câmara Brasileira do Livro, SP, Brasil)

       Mortensen, Kurt W.
         Máxima influência : as 12 leis universais
       da persuação efetiva / Kurt W. Mortensen ;
       [tradução Sieben Gruppe]. -- 2. ed. --
       São Paulo : DVS Editora, 2015.

         Título original: Maximum influence.
         ISBN 978-85-8289-092-9

         1. Comunicação empresarial 2. Influência
       (Psicologia) 3. Persuasão (Psicologia) 4. Sucesso -
       Aspectos psicológicos 5. Sucesso em negócios
       I. Título.


14-11977                                    CDD-658.8001
```

Índices para catálogo sistemático:

1. Persuasão : Habilidades : Administração de empresas   658.8001

Sumário

Prefácio V

Agradecimentos VII

Introdução IX

O poder da persuasão 1
A chave para o sucesso

Desencadeadores subconscientes 15
O sim automático

A lei da conectividade 23
Cooperação contagiosa

A lei de envolvimento 43
Criando e mantendo o interesse

A lei da estima 75
Como o elogio libera energia

A lei da obrigação 91
Como conseguir que qualquer pessoa lhe faça um favor

A lei da dissonância   103
O segredo está na pressão interna

A lei da embalagem verbal   121
A otimização da linguagem

A lei da associação   145
Criando o ambiente de influenciação

A lei do equilíbrio   161
Mente lógica *versus* coração emocional

A lei da expectativa   175
O impacto da sugestão

A lei do contraste   193
Como transformar preço (ou tempo) em uma questão secundária

A lei da validação social   211
A arte da pressão social

A lei da escassez   225
Faça que todos ajam de maneira imediata

Os segredos da influenciação máxima   239
Seu *check-list* de pré-persuasão

Epílogo   265

Notas   269

Sobre o autor   297

Prefácio

Napoleon Hill disse certa vez: "A persuasão é o ingrediente mágico que irá ajudá-lo a progredir em sua profissão e em seus negócios – e a garantir relações pessoais felizes e duradouras." Como todos já sabemos, a persuasão é a habilidade fundamental dos indivíduos mais bem-sucedidos. É a maneira pelo qual as pessoas obtêm poder e influência e criam riquezas descomunais – é o modo como os negócios prosperam, os livros são publicados, as propriedades são adquiridas e os *websites* vendem milhões de dólares em produtos. Enfim, a arte da persuasão é o que faz o mundo girar.

Conheço Kurt Mortensen há vários anos e devo dizer que, como um mestre da persuasão, ele exibe cada uma das qualidades e das habilidades apresentadas neste livro. Ao longo desta obra, Kurt nos oferece o trabalho mais completo e abrangente sobre persuasão e influenciação com o qual já tive a oportunidade de deparar. Na literatura sobre o assunto, jamais encontrei nenhum trabalho em que a arte da persuasão tenha sido dissecada de maneira tão meticulosa, abrangendo cada aspecto imaginável do tema, e expressa em conceitos de tão fácil compreensão. Nunca foi tão simples entender o comportamento humano e saber como utilizá-lo a seu favor. Por meio de exemplos reais, e com base em amplas pesquisas de ordem psicológica e sociológica, Kurt compartilha conosco seus conhecimentos e suas experiências, com discernimento, sagacidade e entusiasmo.

As poderosas técnicas contidas nas páginas a seguir, que já foram devidamente testadas e aprovadas, proverão o leitor de todos os instrumentos de que ele necessita para operar mudanças profundas em sua própria vida. Vale ressaltar que essas mesmas leis de persuasão já me garantiram milhões de dólares e ainda ajudaram milhares de outras pessoas a aplicarem esses conceitos em seus próprios empreendimentos e em suas vidas privadas para fortalecer relações, criar riqueza, transformar carreiras e influenciar vidas de maneira positiva. Cada uma das leis aqui discutidas irá aprimorar seu sucesso de modo surpreendente, chegando a duplicar ou até a triplicar sua renda. Gostaria de ter sido capaz de acessar esse tipo de informação mais cedo em minha carreira! Eu certamente teria limitado o número de lições aprendidas a duras penas na escola da vida.

Uma das principais habilidades que o indivíduo precisa adquirir para ser capaz de construir seu próprio império financeiro é a persuasão. A leitura deste livro se revelará uma experiência transformadora para qualquer pessoa que aplique os princípios nele estabelecidos de maneira absolutamente abrangente e cuidadosa. Além disso, esse ato transformará o leitor não somente em um estudioso da arte da persuasão, mas em um acadêmico bem instruído nessa área. Neste sentido, *Máxima Influência* é uma obra que não pode faltar na biblioteca de ninguém que queira se manter no controle de todos os aspectos de sua vida.

Robert G. Allen

Autor de *Nothing Down* (*Nada Ruim*), *Creating Wealth* (*Criando Riqueza*), *Multiple Streams of Income* (*Diversas Fontes de Renda*), e coautor de *O Milionário em Um Minuto*.[a]

---

a – Rio de Janeiro: Ediouro, 2004. (N.T.)

Agradecimentos

Gostaria de agradecer **profundamente** a todos os consumidores, clientes, parceiros e funcionários que ajudaram a transformar o livro *Máxima Influência* e o conceito de **influência avançada** em realidades. Quero expressar meu carinho e minha apreciação à minha querida esposa, Denita. Ela é a luz que me ilumina e a principal razão do meu sucesso. Também quero agradecer aos meus filhos, Brooke, Mitchell, Bailey e Madison, por todo o seu amor, por todas as suas gargalhadas e por todo o seu apoio ao longo de minha vida e do desenvolvimento desse projeto. A família é o que torna a vida especial e o que faz com que valha a pena perseguir nossos sonhos. Quero ainda externar minha profunda gratidão a todos os meus colegas e alunos, que tornaram essa pesquisa possível.

Introdução

Minha jornada rumo ao domínio da arte da persuasão começou pela formação universitária e, posteriormente, pela obtenção de um diploma de pós-graduação na área de negócios. De repente me vi ocupando uma posição de nível gerencial em que precisava comandar vendedores, motivar o bom atendimento aos consumidores e coordenar as operações da empresa juntamente com os gerentes de outros departamentos.

Então a ficha caiu: eu havia aprendido na universidade todos os tópicos importantes na área de administração, porém, aquele aprendizado não parecia importar para as pessoas reais. Embora o conteúdo ensinado fosse importante e valioso, ele não me preparava para o lado humano dos negócios. Eu tive de aprender a lidar com as emoções humanas; precisei aprender a convencer outros gerentes a me ajudar, a influenciar e a inspirar colegas para aumentar as vendas. É claro que eu conseguia ler um balanço geral; também era capaz de compreender perfeitamente os processos contábeis e econômicos. Porém, eu ainda não havia dominado a **arte da persuasão**, uma habilidade importantíssima que, segundo vários estudos, representa 85%

do nosso sucesso nos negócios.[1] Logo percebi que alguns gerentes se mostrariam resistentes a algumas ideias simplesmente pelo fato de elas não serem deles. Alguns indivíduos entrariam em conflito apenas por conta de suas próprias personalidades. Muitos colegas ficariam irritados uns com os outros pelas razões mais estranhas e insignificantes. Ah, o lado emocional dos negócios!

Em suma, eu descobri que todo ser humano persuade e influência pessoas. Para garantir nosso próprio sustento, todos nós temos de trabalhar ao lado de outros indivíduos. Foi então que percebi que se eu não fosse capaz de **influenciar** outras pessoas, ou a ajudá-las a fazê-lo, o dia de trabalho seria longo, ineficiente e a produtividade acabaria prejudicada. Também constatei que a habilidade de persuadir e influenciar indivíduos representava uma boa administração do tempo: fazer com que os outros quisessem fazer aquilo que você desejava que eles fizessem, e logo da primeira vez que pedisse.

Essa minha jornada rumo à persuasão fez com que eu me transformasse em um empreendedor, e então essas habilidades se tornaram dez vezes mais cruciais. Tive de aprender como comercializar, vender, fazer promoções via *Web*, conseguir recomendações e convencer outras pessoas de que eu era sua melhor opção. Tais experiências me forçaram a pesquisar e a me tornar um especialista no mundo da persuasão, da negociação e da influenciação.

INFLUÊNCIA UM PRÉ-REQUISITO ABSOLUTO PARA:	
Profissionais de vendas	Pais
Gerentes de negócios	Negociadores
Comerciantes / anunciantes	Líderes
Advogados	Professores
Empreendedores	Pessoas em geral (**Todos** nós influenciamos.)

A persuasão permeia cada aspecto da nossa vida. Como um indivíduo pode se mostrar um gerente, empreendedor ou profissional de vendas eficiente se não possuir habilidades de persuasão? Todos nós já sentimos (ou conhecemos) o velho estilo de administração: **faça o que estou lhe mandando ou será demitido**. É claro que esse tipo de conduta leva à obediência temporária por parte dos subordinados, todavia, em longo prazo, também resulta em ressentimento e falta de confiança. Isso prejudica a capacidade de o indivíduo liderar e definitivamente não resulta em persuasão efetiva e duradoura. Foi assim que dediquei minha vida a encontrar formas de persuasão, negociação e influenciação que fossem ao mesmo tempo poderosas, honestas e promovessem ganhos mútuos para todos os envolvidos. Esses ingredientes que estavam faltando podem ser encontrados no livro *Máxima Influência*. Aprenda sobre eles e passe a utilizá-los em seu dia a dia, e assim será capaz de mudar o seu mundo e também sua renda.

Aprecio todo o *feedback* recebido de líderes, agentes comerciais, empreendedores e comerciantes, que me permitiram revisar e atualizar as minhas **Leis da Persuasão (LPs)**. Meu objetivo tem sido ajudar os persuasores a descobrirem que as velhas técnicas já não funcionam. As 12 Leis da Persuasão (12LPs) se mantêm verdadeiras. Nessa segunda edição do livro *Máxima Influência*, atualizei os estudos, ajustei cuidadosamente as aplicações e analisei modernas técnicas de persuasão e influenciação.

A **persuasão** e a **influenciação** mudaram de maneira dramática nos últimos 20 anos. As mídias sociais transformaram a maneira como nos comunicamos. Seus clientes e consumidores, atuais e potenciais, também mudaram consideravelmente. De acordo com a revista *Advertising Age*, cada um deles é diariamente bombardeado com mais de 2 mil mensagens de caráter persuasivo. Roselli, Skelly e Mackie afirmam que "até mesmo nas estimativas mais conservadoras, uma pessoa comum é exposta a cerca de 300 a 400 mensagens de mídia persuasivas por dia, isso levando em conta somente as mídias de massa."[2] Nessa era digital, as pessoas são mais bem educadas em termos acadêmicos e se mostram mais céticas do que nunca. Se você utilizar as mesmas técnicas ultrapassadas que aprendeu há vários anos, perderá sua capacidade de influenciá-las. Você já teve clientes em potencial que certamente precisavam do seu produto ou serviço?

Eles queriam aquilo que você estava vendendo e tinham condições financeiras de adquiri-lo, mas, ainda assim, não compravam de você. **O que aconteceu?** A combinação parecia perfeita para ambas as partes. À medida que você dominar as técnicas de persuasão e influenciação, você compreenderá a mentalidade de seus clientes em potencial e seu processo de tomada de decisão e, desse modo, conseguirá fazer com que eles convençam a si próprios.

Por meio de pesquisas descobri que a maioria das pessoas usa apenas três ou quatro técnicas de persuasão. Isso é o mesmo que tentar cortar uma árvore com um canivete, já que este é o único equipamento disponível. Ao trilhar os passos por mim estabelecidos nos capítulos seguintes, você terá acesso a inúmeras técnicas, estratégias, percepções e ferramentas que o/a ajudarão a influenciar qualquer indivíduo, seja qual for a situação. Você será capaz de emanar *Máxima Influência*.

Para ajudá-lo enquanto aprende as técnicas e estratégias de *Máxima Influência*, deixe-me listar o que considero como os cinco Ps para o sucesso. O primeiro **P** vem de **psique**, ou mentalidade, o aspecto mental do jogo (autopersuasão). Trata-se de uma habilidade crítica para pessoas bem-sucedidas. Você não conseguirá atingir seus objetivos até que consiga visualizá-los. O mundo não o recompensará fisicamente até que você acredite mentalmente em suas metas. Nem mesmo todas as melhores técnicas e ferramentas irão ajudá-lo até que você acredite em si mesmo. Infelizmente, a maioria das pessoas que conhecemos tende a nos desencorajar. Quando compartilhamos com elas nossos sonhos e desejos, em geral elas se mostram bastante desanimadoras. De fato, elas nos darão uma lista com todas as razões pelas quais jamais realizaremos nossos planos.

Quando você demonstra um estado mental correto, sabe perfeitamente aonde está indo e o que deseja alcançar. Neste caso, nada do que lhe disserem irá importar. Possuir a atitude mental certa significa saber o que se deseja realizar e ter um plano para consegui-lo. Quando seu estado mental está equilibrado, você sempre seguirá seu cérebro e encontrará nele uma persistência inexplorada. Essa motivação é a força de impulsão que determina a razão pela qual as pessoas são bem-sucedidas.

O segundo **P** vem de **presença**. Você já reparou como algumas pessoas conseguem influenciar outras sem qualquer esforço? Já percebeu quando elas entram em um ambiente e todos percebem sua presença? Todos instintivamente gostam delas e desejam ser influenciados por elas. Elas atraem atenção e influenciam todos que encontram pela frente. Essa é a força da presença que, por sua vez, é uma função da confiança e do carisma. Uma boa presença atrai as pessoas em sua direção. Elas **querem** que você as convença.

Todos nós já deparamos com indivíduos carismáticos. Eles são cativantes e inspiradores; são capazes de instantaneamente atrair nossa atenção e, em geral, tendemos a ouvir cada palavra que sai da boca dessas pessoas. Presença é a habilidade de envolver e influenciar os outros para que eles acreditem e confiem em você. Em essência, a presença é uma fonte de capacitação, encorajamento e inspiração. Não é preciso nascer com carisma, pois essa é uma habilidade que pode ser aprendida.

O terceiro **P** vem de **progresso pessoal**. Todos os criadores de sucesso possuem um programa de desenvolvimento pessoal. De fato, existe uma relação direta entre o seu programa pessoal e sua renda. O especialista em sucesso pessoal, Brian Tracy, afirma: "Se você conseguir ler 30 min por dia irá dobrar sua receita a cada ano." Com base em experiência pessoal posso dizer que essa técnica funciona! Em geral, os milionários possuem bibliotecas em suas casas. Estudos demonstram de modo consistente que aqueles que aprendem e crescem a cada dia se sentem mais otimistas em relação à vida. Eles se revelam mais entusiasmados a respeito de aonde estão indo e tudo o que desejam realizar. Em contrapartida, aqueles que não buscam diariamente por aprendizado e crescimento pessoal tornam-se negativos, pessimistas e cheios de dúvida sobre si mesmos e o futuro. Dito isso, transforme seu carro em um centro de geração de receita ouvindo materiais educacionais e motivacionais. Quando estiver em casa, desligue a TV e leia um livro.

Há duas maneiras de se aprender na vida: 1ª) pela tentativa e erro, buscando experimentar e compreender as coisas sozinho. Esse caminho é bem caro; e 2ª) aprendendo com pessoas que já passaram pela mesma experiência. Neste caso, alguém já descobriu tudo o que você precisa saber sobre a vida e escreveu um livro, desenvolveu um seminário (ou **webnário**), ou colocou as informações em um arquivo de áudio. Portanto, invista em seu futuro dedicando-se ao seu próprio desenvolvimento pessoal.

O quarto **P** vem de **paixão**. Mais que qualquer coisa, a paixão lhe permitirá recrutar a mente de seu público. Você tem paixão e profunda convicção pelo seu produto e/ou serviço? Amamos pessoas que se sentem entusiasmadas, animadas e cheias de paixão. Quando você tem fascínio por uma determinada coisa você se sente extasiado por ela; você deseja compartilhá-la com o mundo todo. Quando você tem paixão, "respostas negativas" não diminuem o seu ritmo, e o medo de rejeição deixa de ser um problema. Você se sente estimulada a atrair o maior número de pessoas possível para sua causa. A paixão, sozinha, pode ser capaz de influenciar opiniões e fazer com que indivíduos apoiem seu produto e/ou serviço. A **paixão** surge de uma combinação de **crença, entusiasmo** e **emoção**. Encontre e compartilhe seu fascínio pelo seu produto/serviço ou pela sua causa.

O quinto e último **P** – e aquele que engloba praticamente todo este livro – vem de **persuasão**. Invista algum tempo todos os dias aprendendo e dominando o mundo da persuasão e da influenciação. O objetivo básico do livro *Máxima Influência* é permitir que você obtenha o que deseja na hora que quiser e, ao longo do processo, faça amigos e ajude as pessoas a quererem fazer aquilo que você precisa que elas façam. Qualquer um é capaz de demonstrar um produto e recitar uma lista com todas as qualidades e todos os benefícios a ele associados. Quando você usa as técnicas de *Máxima Influência*, você atrai as pessoas para você e consegue magnetizar um número maior de clientes. Queremos que as pessoas desejem o seu produto/serviço e que se tornem clientes para toda a vida. É exatamente isso que o livro *Máxima Influência* fará por você.

RECURSOS ADICIONAIS

Para obter maiores informações sobre qualquer tópico discutido neste livro, realizar o Teste de QI de Persuasão e/ou verificar treinamento adicional sobre o tema ou sobre os princípios centrais do livro *Máxima Influência*, acesse http://www.maximuminfluence.com.

CAPÍTULO 1

O poder da persuasão
A chave para o sucesso

"Estude a arte da persuasão. Pratique-a. Compreenda o profundo valor dessa técnica em todos os aspectos da vida." – Donald Trump

Será que isso já lhe aconteceu alguma vez? Você está conversando com um novo cliente, um cliente potencial ou talvez com o gerente de outro departamento e, em sua mente, o que você está propondo é irrecusável. De fato, você acredita que só levará alguns minutos para influenciar a outra pessoa e convencê-la a fazer exatamente o que você quer. Afinal, o seu produto é perfeito para ela e certamente resolverá o problema que lhe foi apresentado. Porém, quanto mais você fala, mais seu interlocutor resiste. **Qual é o problema? Por que você não consegue persuadi-lo?**

Alguns outros exemplos – ainda piores. Você alguma vez já encontrou pela frente 1º) alguém que, embora não parecesse muito esperto, ganhava dez vezes mais que você; 2º) um colega que acabou sendo promovido no seu lugar, a despeito de não parecer muito inteligente; 3º) uma pessoa que não parecia muito perspicaz, mas sempre conseguia fechar novos negócios; ou 4º) um camarada que, apesar de não ser muito sagaz, conseguia persuadir todo mundo a fazer tudo o que ele desejava? Afinal, o que esses indivíduos têm que você não tem? É simples: eles desenvolveram o **poder da persuasão**.

Você percebe que a melhor maneira de **dobrar sua renda** é **redobrando sua capacidade de persuasão**? Pense sobre isso: duas vezes mais pessoas irão lhe telefonar para dizer sim. De fato, esse talento vital para o sucesso irá permear cada aspecto de sua vida. Você já se flagrou imaginando a razão pela qual dois indivíduos com a mesma formação acadêmica, os mesmos contatos, o mesmo QI (quociente de inteligência) e a mesma experiência profissional obtêm resultados tão diferentes na vida? Você já reparou que algumas pessoas conseguem persuadir outras sem qualquer esforço? Você já testemunhou colegas e conhecidos sempre conseguindo o que queriam apenas porque todos ao redor deles assim o desejavam? Esse é o **poder da persuasão**.

Você já tentou convencer alguém que apreciava e queria o seu produto, que precisava dele e, inclusive, tinha condições financeiras para adquiri-lo, mas, mesmo assim, acabou dizendo **não**. Mas e se você tivesse um aplicativo especial em seu telefone que, quando ativado, fosse capaz de instantaneamente influenciar esse indivíduo a aceitar seu ponto de vista? Quanto esse aplicativo valeria para você? A persuasão não é algo tão fácil como instalar e usar um aplicativo, mas é uma habilidade que pode ser facilmente aprendida.

Compreender as LPs, da motivação e da influenciação irá colocá-lo no controle de sua própria vida. Tudo o que se deseja conseguir – no presente e no futuro – advém do poder da influenciação. Neste livro eu irei revelar os segredos da influenciação e a ciência da persuasão. Com eles você se tornará apto a convencer e influenciar pessoas com total precisão. Você se sentirá imediatamente capaz de influenciar indivíduos e inspirar outros a agirem, tudo isso enquanto obtém tudo o que deseja da vida. Você fará com que as pessoas ao seu redor adotem seu ponto de vista e ainda desenvolverá em si mesmo uma autoconfiança inabalável. Você triplicará suas vendas e se tornará um poderoso negociador; você se tornará um melhor administrador e ainda alcançará resultados superiores em termos de *marketing*.

Vale lembrar que, em geral, quando é preciso persuadir alguém já é tarde demais para se aprender como fazê-lo.

Conforme desenvolver aquilo o que denomino capacidade de **máxima influenciação**, você se transformará em um verdadeiro ímã, e, então, como pedacinhos de metal, as pessoas serão atraídas em sua direção. A partir daí, você não terá de forçá-las a fazer absolutamente nada, pois elas próprias irão querer que você as convença. O sucesso financeiro, social e pessoal se tornará uma realidade em sua vida. Portas se abrirão e um mundo de oportunidades se revelará diante de você. Vale ressaltar que as habilidades e técnicas transformadoras descritas neste livro se baseiam em princípios científicos testados e comprovados. Essas leis foram desenvolvidas depois de inúmeras horas investidas em pesquisas, intercepções e estudos apurados da natureza humana. A lista **completa** de ferramentas de persuasão lhe será revelada a partir de agora.

Em primeiro lugar, é um equívoco imaginar que somente profissionais das áreas de vendas e *marketing*, ou que ocupam posições de liderança, precisam aprender as Leis da Persuasão (LPs). **Isso não é verdade!** Agentes comerciais, administradores, gerentes, pais, negociadores, advogados, palestrantes, publicitários e líderes em geral – todos se utilizam dessa habilidade no dia a dia. Toda pessoa precisa ser persuasiva, independentemente de sua ocupação. Para podermos viver, precisamos ser capazes de persuadir. As pessoas simplesmente não percebem que todos nos valemos de técnicas e táticas de convencimento todos os dias. Todavia, se você quiser persuadir e influenciar indivíduos de maneira efetiva terá primeiramente de dominar a arte da comunicação e compreender a natureza humana. Afinal, será impossível seguir adiante a menos que você consiga trabalhar ao lado de outras pessoas. É lidando e influenciando os outros que se consegue alcançar o sucesso na vida.

Este livro revela as 12 LPs e ensina o leitor como se utilizar dessas modernas estratégias para adquirir **imediatamente** a influência de que precisa. Você descobrirá como fazer com que as pessoas gostem de você e confiem no que você diz, de maneira instintiva, uma habilidade que de outro modo levaria anos para você conquistar. Nuca mais você irá encarar o inesperado com medo ou intimidação.

Pelo contrário, você enfrentará tudo de cabeça erguida, com credibilidade, controle e confiança.

Fundamental para a compreensão da persuasão é o conceito da neutralidade. As LPs não são nem boas nem ruins. Elas simplesmente existem. Assim como a energia nuclear pode ser usada para gerar eletricidade ou para construir uma bomba atômica, a **persuasão** também pode ser utilizada para criar unidade ou forçar **obediência** e **submissão**. O fato de o resultado ser positivo ou negativo dependerá não somente do indivíduo que estiver implementando as leis, mas de como ele irá aplicar as técnicas de convencimento. Algumas pessoas querem vencer a qualquer custo e, para isso, aplicam quaisquer táticas disponíveis, o que inclui o **uso inadequado** das LPs. Para alcançar os resultados desejados, esses indivíduos estão dispostos a se valer de sentimento de culpa, violência, intimidação, suborno e até mesmo chantagem.

Porém, quando usada da maneira correta, a persuasão pode ser nossa melhor aliada. Por meio dela somos capazes de estabelecer acordos de paz, promover campanhas beneficentes, levantar fundos e, inclusive, convencer motoristas a usar o cinto de segurança. A persuasão é o meio pelo qual o técnico de um time azarado inspira seus jogadores a vencer; é o método usado por gerentes para elevar o moral de seus funcionários e, com isso, melhorar o desempenho deles; é o que leva alguém a adquirir seu produto ou serviço.

PERSUASÃO: O MOTOR DO SEU SUCESSO

Em um artigo para a revista *Harvard Business Review*, o professor de comportamento organizacional, Jay Conger, certa vez escreveu: "Se há um momento para os executivos aprenderem sobre a bela arte da persuasão é agora. Os tempos em que prevaleciam as técnicas de comando e controle e o gerenciamento por decreto já passaram."[1] Atualmente, o poder da persuasão é absolutamente crucial no mundo dos negócios. Praticamente todo e qualquer encontro entre indivíduos inclui tentativas de ambos os lados de ganhar influência sobre o outro e persuadi-lo a acatar um determinado ponto de vista. Todos nós queremos ser capazes de persuadir e influenciar outras pessoas, fazendo com que elas nos ouçam e confiem em nós. Você não vê grandes corporações reduzindo suas equipes de vendas. Os vendedores são parte do patrimônio da empresa, não de suas dívidas. Persuasores eficientes sempre encontrarão emprego, mesmo nas economias mais lentas. Aliás, indivíduos que **sabem convencer nunca ficam desempregados**. Empreendedores convincentes sempre fecharão bons negócios. Marqueteiros influentes serão sempre bastante requisitados. Você sabia que a maioria dos CEOs (*Chief Executive Officer* ou executivos principais)das grandes corporações norte-americanas vem justamente dos setores de vendas e *marketing*?[2]

Algumas pessoas consideram a persuasão como um método contundente, manipulativo ou impositivo. **Porém, tal suposição é equivocada**. Essas táticas podem até garantir resultados imediatos e influência temporária, enquanto a *Máxima Influência* gira em torno de aceitação rápida e, ao mesmo tempo, da manutenção de um relacionamento de longo prazo. A influência duradoura não deriva de manobras calculadas, táticas deliberadas ou práticas de intimidação. Pelo contrário, a implementação adequada das mais recentes estratégias de persuasão lhe permitirão influenciar indivíduos de maneira íntegra. As pessoas confiarão e acreditarão em você, de modo natural e automático. Em resumo, elas desejarão fazer aquilo que você quer que elas façam (e gostarão disso).

MUNIDO DAS FERRAMENTAS CERTAS, VOCÊ SERÁ BEM-SUCEDIDO

O livro *Máxima Influência* lhe oferece uma caixa de ferramentas repleta de técnicas de persuasão efetivas. Muitas pessoas se utilizam repetidas vezes do mesmo conjunto limitado de instrumentos de convencimento, alcançando resultados temporários e até mesmo indesejados. Precisamos abrir nossos olhos para todos os itens de persuasão e influência disponíveis. Todos já ouvimos o ditado: **"Para quem só tem martelo, tudo é prego."** Porém, nem todo problema é um prego, portanto, não é possível resolver tudo com um martelo, certo? A arte da persuasão deve ser customizada para cada grupo ou indivíduo; para cada situação ou evento. É hora de você adquirir mais ferramentas de convencimento. Tenho certeza de que você conseguiria derrubar uma árvore com um martelo e até trocar um pneu com um alicate, mas por que demorar uma eternidade para realizar essas atividades (usando as técnicas incorretas de persuasão) quando poderia investir apenas dois minutos utilizando a ferramenta certa.

Os persuasores modernos mais efetivos deparam com três fatores importantes que tornam a persuasão um desafio maior do que era no passado. Em primeiro lugar, as pessoas hoje têm **acesso** a muito mais **informação** que em qualquer outro momento da história. Com a explosão da Internet, a informação está disponível de maneira instantânea. Sabemos qual é o preço de um automóvel antes mesmo de entrar em uma concessionária. O segundo obstáculo para a persuasão é o fato de os **consumidores** de hoje serem cada vez mais **céticos e desconfiados**. Nunca a confiança esteve tão abalada. O número de argumentos persuasivos que escutamos diariamente cresce em um ritmo alarmante; torna-se cada vez mais difícil distinguir as ofertas realmente válidas das enganosas. A terceira barreira da persuasão é a **escolha**. Por causa da Internet, o consumidor de hoje tem acesso a todo o mercado mundial. No passado, se você fosse o dono da única livraria da cidade, era ali que todos comprariam seus livros. Atualmente sua livraria é obrigada a competir não apenas com milhares de outras espalhadas pelo globo, mas também com a Amazon.com e outras similares, que oferecem os mesmos serviços.

ERROS COMUNS NA PERSUASÃO

Você ainda está usando as mesmas ferramentas de sempre sem obter os resultados desejados? Ou, o que é pior, você continua cometendo os mesmo erros do passado? Quais são as principais gafes em termos de persuasão e influenciação? Você quer saber do que seus clientes em potencial estão reclamando? Em minhas pesquisas, um dos meus maiores divertimentos é entrevistar os clientes potenciais depois que eles acabaram de lhe dizer não (ou de mentir para você). Eu pergunto a eles porque recusaram sua proposta, e então ouço a verdade dos fatos. Veja a seguir os cinco erros mais comuns:

1. **Falatório ininterrupto.**

Podemos verbalizar todos os fatos, números, estudos e todas as estatísticas que quisermos, mas isso não convencerá nem o indivíduo que já é seu cliente nem o potencial a comprar o seu produto. Nossas decisões são formadas de **emoções** e **lógica**. O importante é saber que percentagem de cada um utilizar. Apresentar uma longa lista com todos os atributos e benefícios do seu produto apenas convencerá e motivará seus clientes em potencial a não se deixarem persuadir por você. Aprenda a fazer perguntas em vez de simplesmente "vomitar" dados nas orelhas do cliente. Meus estudos mostram que as pessoas com maior talento persuasivo fazem três vezes mais perguntas que o persuasor comum. O objetivo é prestar uma consultoria, não despejar uma tonelada de características do seu produto sobre o indivíduo. Quando você faz as perguntas certas, você se torna um consultor.

2. **Configuração padrão.**

Como ser humano, seu comportamento padrão é persuadir os outros do modo como você gosta de ser persuadido. Essa abordagem funciona bem quando você está lidando com pessoas que possuem o mesmo estilo e a mesma personalidade que você, mas, ao mesmo tempo, repele o resto da raça humana. Essa tendência reduz sua capacidade de persuadir e influenciar. Você precisa, portanto, aprender a se adaptar e a ler a personalidade das pessoas. Os melhores persuasores sabem como convencer clientes em potencial do modo como cada um eles deseja ser persuadido. Isso também envolve aprender como ajudar outras pessoas a convencerem a si mesmas. Que abordagem você acha que proporcionará resultados melhores e mais duradouros: **persuadir alguém ou ajudar alguém a persuadir a si mesmo?**

3. **Todos confiam em mim**

Errado! O fato é que a maioria das pessoas **não confia em você**. Embora você seja uma pessoa boa e honesta, os outros não necessariamente acreditam em você. Talvez você ache e sinta que desenvolveu esse tipo de confiança com o seu cliente, mas esse mesmo sentimento não prevalece do lado dele. Quando o assunto é confiança, as coisas têm mudado com o passar do tempo. A atitude de outrora era: "**Eu confio em você. Dê-me uma razão para não confiar.**" Hoje a situação se inverteu: "**Eu não confio em você. Dê-me uma razão para fazê-lo.**"

4. Sou uma pessoa sociável e comunicativa.

É claro que, dentro do estereótipo do persuasor, alguns são realmente cordiais, sociáveis e extrovertidos. Todavia, pesquisas revelam que alguns dos melhores persuasores são, de fato, **introvertidos**. Como você pode convencer alguém se você não para de falar? Os grandes persuasores ouvem mais do que falam. Na verdade, eles usam suas habilidades de escutar e se socializar para extrair tudo o que precisam saber de seus clientes atuais e potenciais e, assim, conseguir persuadi-los.

5. Preciso de mais habilidades de fechamento.

É claro que é muito importante possuir habilidades de fechamento em sua caixa de ferramentas. Mas não seria melhor investir mais tempo estabelecendo confiança junto aos clientes potenciais antes mesmo de pensar em fechar algum negócio com eles? Na verdade, os grandes persuasores sequer precisam de técnicas de fechamento. Os clientes já estão prontos para comprar seus produtos/serviços antes mesmo de a conversa chegar ao fim. Sendo assim, o único momento em que você realmente precisará de habilidade de fechamento será quando perceber que arruinou sua apresentação por não ter se utilizado do processo adequado de persuasão. Lançar mão de técnicas de fechamento quando o cliente em potencial ainda não confia em você é o mesmo que tentar conseguir **um beijo depois de um encontro ruim.**

PERSUASÃO EFETIVA REQUER ADAPTAÇÃO

Alguma vez você já tentou uma abordagem que, embora tivesse funcionado muito bem no passado, se revelou um completo desastre?

Talvez você tenha arriscado uma técnica que sempre deu certo para um colega, mas que se mostrou um fracasso em suas mãos. Tornar-se um persuasor de sucesso exige mais que simplesmente imitar profissionais bem-sucedidos. Na verdade, a maioria dos grandes persuasores não sabe ensinar. A arte do convencimento se tornou parte da natureza deles. Eles dizem para você ler um roteiro que sempre lhes trouxe ótimos resultados, mas com você o sistema não atinge bons resultados. O fato é que você não apenas precisa compreender completamente a enorme variedade de técnicas de persuasão disponíveis, mas também estar pronto para empregar aquelas que se revelarem mais adequadas à cada situação. Adquirir esse nível de habilidade demanda comprometimento. É preciso saber observar, analisar, estudar e aplicar os conceitos de *Máxima Influência*.

A natureza humana varia de pessoa para pessoa. As ações e os pensamentos do homem nos mantêm em alerta porque cada um de nós possui diferentes emoções, atitudes, crenças, personalidades e características pessoais. A tendência do iniciante é encontrar uma técnica de persuasão que funcione para ele, e então utilizá-la sempre. Com isso ele acaba se tornando uma "estrela de um sucesso só". Infelizmente, não é possível utilizar a mesma ferramenta de convencimento com todos. Dependendo da situação e das técnicas por você implementadas, as pessoas irão concordar com você, recusar-se a ouvi-lo ou se mostrar indiferentes aos seus esforços. O persuasor efetivo possui muitas ferramentas que podem ser adaptadas e customizadas para atender a qualquer situação ou personalidade. No Capítulo 15 explicarei em mais detalhes não somente como ler e analisar seu público-alvo, mas também como se adaptar a ele.

A PERSUASÃO EFETIVA TEM IMPACTO DURADOURO

Você deseja resultados temporários e de curto prazo ou de longo prazo e até permanentes? A persuasão efetiva exerce um impacto duradouro, mas exige estudo dedicado e compromisso de longo prazo por parte do persuasor. A **hierarquia da persuasão** (Figura 1.1) nos mostra como o mundo se utiliza de diferentes níveis de persuasão, cujos resultados variam em termos de prazo de duração.

As qualidades listadas na base da ilustração a seguir são as mais fáceis de usar, todavia, elas alcançam resultados apenas temporários, uma vez que não estão voltadas para os desejos e as necessidades genuínas do indivíduo. A persuasão baseada nas qualidades listadas no topo da pirâmide é efetiva, independentemente de a pressão ser ou não percebida. Tal método cria resultados duradouros porque está associado aos verdadeiros interesses do indivíduo, e lida diretamente com eles. Determinar se você deseja resultados de curto ou longo prazo irá ditar que área da ilustração será o foco de seus esforços.

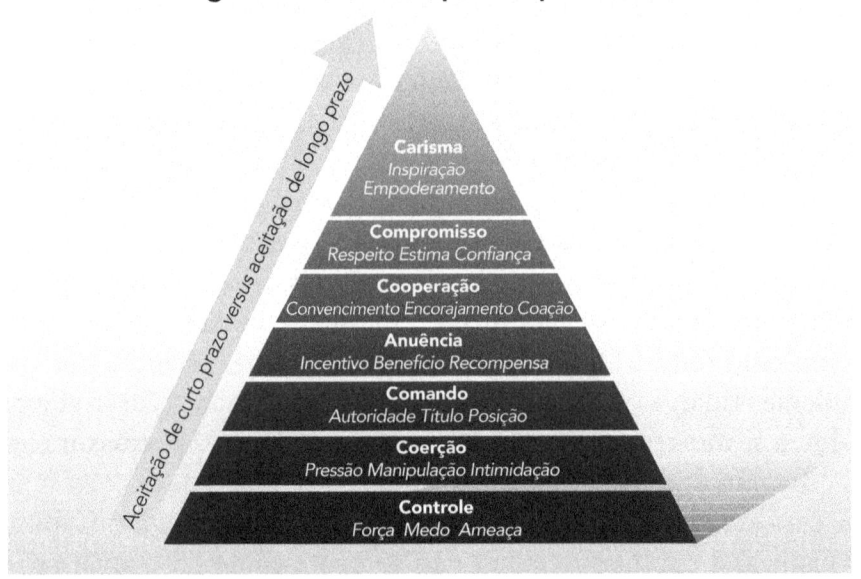

Figura 1.1 – Hierarquia da persuasão

Aceitação de curto prazo versus aceitação de longo prazo

- **Carisma**
  Inspiração Empoderamento
- **Compromisso**
  Respeito Estima Confiança
- **Cooperação**
  Convencimento Encorajamento Coação
- **Anuência**
  Incentivo Benefício Recompensa
- **Comando**
  Autoridade Título Posição
- **Coerção**
  Pressão Manipulação Intimidação
- **Controle**
  Força Medo Ameaça

Imagine o CEO de uma grande corporação chamando um de seus vice-presidentes para uma reunião. Durante o encontro, o vice-presidente é informado de que precisará levantar US$ 20 mil mensais em contribuições dos funcionários para um programa beneficente que a empresa irá patrocinar. O CEO não está interessado nos métodos que o vice-presidente irá utilizar, desde que no final o resultado seja um cheque no valor esperado. Levantar essa quantia significa obter uma contribuição de US$ 100 de cada funcionário – um desafio assustador!

Então o vice-presidente considera as várias maneiras pelas quais ele poderia realizar a tarefa. Usar a técnica de **controle** para abordar os empregados seria rápido e fácil. Ele também poderia se utilizar de medo e ameaças para obter o dinheiro. Essa mentalidade de **"faça isso, ou..."** certamente lhe traria resultados imediatos, porém, o impacto de longo prazo provavelmente envolveria protestos, vinganças e ressentimento. Que tal **coerção**? É óbvio que os funcionários fariam a contribuição se considerassem que sua recusa poderia afetar negativamente sua próxima avaliação e até prejudicar um eventual aumento salarial. **Será que essa tática traria resultados imediatos?** Claro. Entretanto, mais uma vez os efeitos de longo prazo seriam reclamações, retaliações e demonstrações de indignação. Então o vice-presidente decide que as táticas de controle e coerção não são as melhores opções. Ele poderia optar pelo **comando** e usar sua autoridade ou posição na empresa para fazer com que todos doassem o dinheiro. Mas em sua opinião, essa técnica é muito similar à de coerção.

Em seguida ele considera a **anuência**. Se ele oferecesse algum incentivo, benefício ou recompensa a cada contribuinte, o resultado seria bom para ambos os lados, certo? Imaginemos que cada funcionário que doasse US$ 100 tivesse direito a dois dias a mais de férias remuneradas. O problema neste caso é que, uma vez que o efeito do incentivo tivesse terminado, a anuência desapareceria. Talvez o vice-presidente até conseguisse o dinheiro da primeira vez, mas o que aconteceria em uma próxima solicitação? Essa solução seria, portanto, apenas temporária, pois os funcionários ficariam condicionados a receber algum tipo de recompensa a cada colaboração.

É hora, portanto, de o vice-presidente considerar a **cooperação**. Ele poderia investir algum tempo conversando com os empregados e explicando a razão pela qual esse programa beneficente é tão importante e como seria uma honra para cada funcionário participar do projeto. Ele poderia convencer e encorajar seus colaboradores, e "vender" a ideia com lógica, emoção e informação, garantindo que todos doassem para a causa. Agora, armado com as ferramentas da persuasão efetiva ele pode optar por uma abordagem cujos resultados serão positivos e duradouros. Desde que os empregados sintam que ele está sendo honesto e agindo de acordo com os interesses deles, todos estarão abertos a ouvir sua proposta.

Entretanto, antes de seguir em frente, o vice-presidente considera uma forma ainda mais elevada de persuasão: o **compromisso**. Se ele tiver uma ótima reputação e um excelente relacionamento com seus empregados, haverá respeito, estima e confiança entre as partes. Tais condições farão com que os funcionários se sintam confortáveis em doar os US$ 100 solicitados. Eles sabem que o vice-presidente é um homem honrado que jamais pediria a eles que fizessem algo que não fosse do interesse deles. Eles sabem que podem se comprometer com o chefe porque ele próprio está comprometido com seus funcionários.

O compromisso faz parte da *Máxima Influência*, pois seu impacto não é de curto prazo; ele é permanente e abrangente. Sua reputação como alguém íntegro, honrado, confiável e respeitoso continuará a inspirar o compromisso de todos aqueles que você tentar persuadir.

Depois de dominarmos as LPs, podemos alcançar o nível mais alto da pirâmide: o **carisma** – a habilidade de empoderar e influenciar outras pessoas, fazendo com que elas acreditem no que lhes dizemos e queiram ser influenciadas. Você inspira esses indivíduos; você os ajuda a verem a si mesmos no futuro levando adiante sua visão. Eles se sentem edificados e inspirados pelo seu otimismo e por suas expectativas. Em essência, você é a fonte do **empoderamento**, do **encorajamento** e da **inspiração**. (Para mais informações sobre carisma acesse www.lawsofcharisma.com.[a])

A FÁBULA DO SOL E DO VENTO

É importante ressaltar que este livro se concentra no uso de *Máxima Influência* de maneiras positivas. A fábula a seguir é um ótimo exemplo de persuasão implementada do modo adequado.

O sol e o vento estavam sempre discutindo sobre qual deles era o mais poderoso. O vento acreditava ser o mais forte por causa do seu poder de destruição quando assumia a forma de tornado ou furacão. Ele queria que o sol admitisse que ele – o vento – era o mais forte, mas o sol não concordava com isso e mantinha sua própria posição. Certo dia o sol decidiu que queria aquela questão solucio-

---

a – *Site* em inglês. (N.T.)

nada de uma vez por todas, então ele convidou o vento para uma competição. O sol escolheu cuidadosamente o tipo de disputa. Ele apontou para um homem muito velho que caminhava pelo local e desafiou o vento para que usasse toda a sua força e, com um assopro, retirasse o casaco do sujeito. O vento considerou aquela uma prova fácil e imediatamente começou a soprar. Entretanto, para sua surpresa cada rajada de vento só fazia com que o velho agarrasse ainda mais seu casaco. O vento soprou mais forte e o homem segurou com mais força. De fato, quanto maior a força do vento, mais o homem resistia. A velocidade do vento chegou a derrubar o velho no chão, mas ele não soltou o casaco. Finalmente o vento desistiu e desafiou o sol a fazer com que o homem se livrasse do tal casaco. Então o sol sorriu e brilhou de modo radiante sobre o sujeito, que, obviamente, sentiu o calor. O suor logo brotou em sua testa. O sol continuou a liberar seu brilho e calor sobre o homem que, por fim, tirou o casaco. **O sol saiu vitorioso na disputa.**

Essa história é um excelente exemplo de *Máxima Influência*, e em sua forma mais pura. Mas lembre-se: as ferramentas descritas nesse livro são poderosas. Elas não devem ser consideradas como meios para se obter os resultados desejados a qualquer custo. O uso equivocado dessas leis somente provocará problemas no longo prazo. Essas técnicas somente devem ser usadas em situações de ganho mútuo. Se a sua tentativa de persuasão for benéfica para todos os lados, os demais envolvidos se mostrarão ansiosos por fazer o que você quiser que eles façam. Conforme você realizar os exercícios e colocar em prática as técnicas descritas neste livro você notará mudanças importantes em sua habilidade de persuadir e influenciar pessoas.

A FÓRMULA: 12 LEIS DE MÁXIMA INFLUÊNCIA

Fazer com que as pessoas façam o que você quer **não é um acidente**, tampouco uma **coincidência**. Para atingir esse tipo de resultado você precisa se valer das técnicas baseadas nas comprovadas LPs. Depois de alcançar pleno domínio dessas práticas, você será capa de exercer o esperado controle e a desejada influência sobre as outras pessoas.

Essas 12 leis são utilizadas por negociadores, vendedores profissionais e gerentes de alto escalão de todo o globo. Elas abrigam os mesmos princípios que ajudam as pessoas a ganharem controle sobre suas próprias vidas e seu próprio futuro financeiro. O completo conhecimento dessas 12 leis é crucial para a *Máxima Influência*. Prometo-lhe que depois de ler este livro e colocar em prática os métodos nele apresentados, logo você se perceberá em uma posição totalmente distinta daquela que ocupa nos dias de hoje. Você falará e será ouvido. Em vez de sofrer a ação de outras pessoas, agirá sobre elas. Você se tornará um líder e, ao **invés de seguir, será seguido**.

Esta edição atualizada de *Máxima Influência* oferece ao leitor não somente estudos de caso, mas também exemplos e aplicações adicionais. Eles foram extraídos de consultorias corporativas, de entrevistas de interceptação e sessões de *coaching*. Aproveito essa oportunidade para agradecer a todos que me permitirem compartilhar suas experiências e percepções.

Recursos adicionais: Teste seu QI de Persuasão (maximuminfluence.com)

CAPÍTULO 2

Desencadeadores subconscientes

O sim automático

"Pensar é o trabalho mais duro que existe. O que provavelmente explica porque tão poucas pessoas se envolvam nessa tarefa."
– Henry Ford

Vejamos se isso já aconteceu a você. No início do mês eu tomei a importante decisão de me alimentar de maneira mais saudável. De fato eu estava me saindo muito bem em meu compromisso até que um dia acabei me atrasando para uma reunião. Eu estava faminto e só teria tempo para comer um lanche rápido. Eu refleti sobre a situação e decidi que não haveria problema, desde que fosse um frango grelhado com pouca maionese. Talvez eu pudesse acrescentar uma bebida dietética e evitar as batatas fritas, ou, quem sabe, substituí-las por uma salada. Enfim, eu manteria meu compromisso com uma alimentação saudável e não me atrasaria para a reunião. Porém, quando cheguei ao guichê do *drive-thru* e a atendente me perguntou o que eu queria, disparei sem hesitar: "Quero um hambúrguer duplo com bastante bacon, fritas grandes e coca-cola comum." Espere um momento, o que foi que aconteceu? Meus planos eram totalmente diferentes e, de repente, tudo mudou. Pois é, bem-vindo ao mundo dos desencadeadores subconscientes.

Como membros de uma espécie cuja capacidade de pensar supostamente nos distingue dos outros animais, nós, seres humanos, não investimos muito tempo pensando ou raciocinando. Na maioria das vezes nossa mente funciona no piloto automático. Pensar consome muito tempo e muita energia, portanto, imagine ter de analisar cada decisão tomada. Esse processo nos deixaria sobrecarregados, de modo que não sobraria tempo para realizarmos mais nada. Muitos de nós interpretamos o mundo de maneira automática. E quando operamos nesse modo subconsciente, nossa mente se mostra plenamente equipada para responder aos desencadeadores persuasivos.

Se considerarmos a lanchonete mencionada anteriormente, quais teriam sido alguns dos desencadeadores por mim experimentados? Um deles pode ter sido o delicioso aroma da carne sendo preparada. Outro, um comercial que assisti no dia anterior à minha visita. Talvez um terceiro tenha sido a foto de um hambúrguer duplo com bacon e queijo bem na entrada. Também é possível que alguém tivesse me sugerido esse mesmo sanduíche na semana que passou. Será que eu ouvi outra pessoa pedindo aquele mesmo combo? O fato é que esses desencadeadores subconscientes são extremamente poderosos e irão afetar nossa habilidade de persuadir e influenciar. Esses mecanismos são a base das LPs.

OS DESENCADEADORES AUTOMÁTICOS DA PERSUASÃO

As LPs operam em um nível não detectado pelo nosso radar de pensamentos conscientes. Quando essas leis são aplicadas de maneira adequada, seu público-alvo sequer percebe que você as está utilizando. Em contrapartida, se você mete os pés pelas mãos ao tentar utilizá-las, as pessoas se dão conta de suas intenções. É como ver um carro de polícia estacionado no acostamento – a mera visão nos traz de volta para a realidade. Um persuasor habilidoso lançará mão das LPs de modo que sua mensagem seja transmitida abaixo do radar do interlocutor.

Compreender as LPs envolve o entendimento da natureza humana, o que, por sua vez, lhe permite aprimorar suas habilidades persuasivas. A influência amplifica sua efetividade nos relacionamentos, melhora suas vendas, aperfeiçoa suas habilidades de liderança e ainda o ajuda a vender suas ideias e a si mesmo. Em suma, ela maximiza sua eficiência.

PENSANDO SOBRE NÃO PENSAR

Em seu livro *Triggers* (*Desencadeadores*), o autor *best-seller* Joseph Sugarman revela que, em uma compra, 95% da decisão do consumidor estão associados ao subconsciente.

Ou seja, a aquisição de um produto ocorre por razões que o indivíduo não consegue explicar claramente.

Quer percebamos ou não, adoramos atalhos mentais. Quando compramos algo, em geral não investimos tempo pesquisando o produto ou lendo as avaliações feitas por outros consumidores que o adquiriram anteriormente. Em vez disso, confiamos nos conselhos dos vendedores. Podemos simplesmente optar pela marca mais popular, pelo produto mais barato ou confiar na opinião de um amigo. Embora seja difícil admitir, às vezes compramos um item simplesmente por sua cor, pelo cheiro ou até pela embalagem. É claro que sabemos que essa não é a melhor maneira de tomar decisões, mas todos nós agimos assim, mesmo quando estamos cientes da possibilidade de cometermos um erro e até nos arrependermos mais tarde. Por outro lado, se pesássemos meticulosamente cada uma de nossas decisões, nosso cérebro ficaria tão atribulado que talvez até entrasse em colapso, o que não nos permitiria fazer mais nada.

Essa tendência significa que inclinações do tipo "essa parece a coisa certa a fazer," "eu gosto desse produto" ou "não confio nessa pessoa" são todas baseadas em desencadeadores subconscientes. Tais pensamentos e reações emocionais ocorrem na mente inconsciente, ou seja, sem que o indivíduo esteja ciente da situação. E mais, nossa percepção consciente da realidade resulta de os neurônios em nosso cérebro processarem toda a informação ao nosso redor de maneira inconsciente.[1]

A razão para esse tipo de comportamento é a **amígdala cerebral**. Joseph Ledoux, da Universidade de Nova York, explica que a amígdala exerce controle sobre o córtex cerebral. O que isso significa? O córtex é responsável pela memória, pela percepção, pelo pensamento e pela consciência. A amígdala abriga as memórias que associamos a eventos emocionais. Como resultado, os desencadeadores subconscientes ocorrem de modo constante e dão origem a sentimentos e emoções, em geral, sem que o percebamos. O neurocientista português Antonio Damásio, explicou de maneira forma: "Não somos maquinas de pensar que sentem; somos máquinas sentimentais que pensam."

Por que permitimos que esses sentimentos guiem nossa tomada de decisão? Em primeiro lugar, a quantidade de informação que nos chega é as vezes tão grande que sequer tentamos digeri-la. Em muitas ocasiões nossas decisões não são suficientemente para justificar o esforço de pesquisar toda a informação disponível. Diante do verdadeiro bombardeio de dados ao qual somos submetidos, selecionamos com cuidado o que iremos reconhecer e/ou ignorar, de modo consciente e subconsciente.

ALGUNS DOS NOSSOS DESENCADEADORES SUBCONSCIENTES

- Um aroma que nos faz lembrar um amor do passado.
- Um tipo de música que aumenta nosso nível de adrenalina.
- Uma cor que nos tranquiliza.
- Confiar em alguém que acabamos de conhecer.
- Gestos que subconscientemente nos deixam desconfortáveis.
- O tom da voz de alguém que instantaneamente nos atrai (ou nos afasta).
- A não conexão com alguém pelo fato de a pessoa agir como outra de quem não gostamos.

A maior parte da persuasão envolve, ao mesmo tempo, questões conscientes (lógicas) e subconscientes (emocionais). A chave está em saber quando usar cada método isoladamente e quando combinar os dois. Você pode até e considerar um indivíduo analítico que se vale da lógica na persuasão, mas, independentemente de você uma pessoa emocional ou lógica, o fato é que usará ambos os caminhos durante o processo de convencimento. Pense em um *iceberg*: o lado lógico da persuasão é a parte visível sobre a superfície da água; o lado emocional ou subconsciente é a parte que está submersa. A aplicação eficiente das leis e técnicas ensinadas neste livro irão ajudá-lo a identificar rapidamente quais delas serão as mais eficientes em cada situação.

Todos nós tendemos a pensar que a persuasão não nos afeta. Talvez você, leitor, acredite que isso atinge outras pessoas, mas não você. Entretanto, persuasões inconscientes e/ou desencadeadores subconscientes operam de modo constante sobre nós. A experiência do gorila invisível é um conhecido estudo que pode ser facilmente encontrado no youtube.com. O vídeo mostra dois times de basquete, um de branco e outro de preto. Cada equipe começa a passar a bola para os membros de seu próprio time. O objetivo é contar quantas vezes a equipe branca passa a bola. O cérebro de quem assiste se concentra nos passes e a maioria dos telespectadores acerta a resposta, mas não vê o gorila preto que passa bem no meio do jogo. O gorila até olha para a câmera e bate no próprio peito, porém, a maioria não o vê. De modo seletivo, nosso cérebro vê e ouve o que ele quer.[2]

AS 12 LEIS DA PERSUASÃO

Este livro explora e categoriza as 12 LPs. Essas leis formam a base da arte e da ciência da persuasão e da influência. A adesão a essas leis pode ajudar o indivíduo a compreender e ganhar controle de qualquer situação que demande persuasão. Nossa mente está programada com desencadeadores de persuasão automáticos. A maioria de nós experimenta situações persuasivas sem perceber ou pensar sobre elas. Persuasores efetivos sabem quais são esses desencadeadores e como utilizá-los em vantagem própria. Compreender as LPs nos ajuda a nos tornarmos mais conscientes em relação ao modo como somos influenciados sem termos consciência ou conhecimento disso.

Aprender a influenciar e persuadir pessoas leva tempo e demanda habilidade e experiência. O que a maioria das pessoas não percebe é que instintivamente já usamos muitas dessas leis em nossas comunicações diárias. As LPs que usamos sem nos darmos conta todos os dias são as mesmas que os persuasores efetivos usam de modo deliberado, consciente e consistentemente. Esses persuasores transformam o convencimento em um hábito. Por exemplo, lembre-se de quanto consciente você estava quando começou a dirigir. Agora, depois de anos de prática, dirigir um automóvel não exige tanto foco ou concentração. Persuasores efetivos compreendem as LPs, já as praticaram bastante e podem, portanto, aplicar as técnicas sem sequer pensar sobre elas. Para esses indivíduos, a persuasão se tornou comum. Aprenda, implemente e transforme as LPs em parte de sua vida.

AS 12 LEIS UNIVERSAIS DA PERSUASÃO EFETIVA

A Figura 2.1 mapeia as 12 LPs. Cada uma delas pode ser usada a qualquer tempo, embora sempre demonstrem um impacto maior quando utilizadas na hora e na forma certas. O primeiro ponto chave é compreender os princípios fundamentais da *Máxima Influência*. Quanto mais desses elementos existirem durante o processo de influenciação, mais rápido e fácil será o convencimento. Eles farão com que seus clientes em potencial se mostrem mais abertos e reduzam sua resistência e, ao mesmo tempo, os prepararão para serem persuadidos.

Princípios fundamentais da máxima influenciação

> ► Quando seus clientes em potencial demonstram uma clara necessidade e o desejo de obterem seu produto ou serviço, eles são bem mais fáceis de serem influenciados. Eles estão interessados na solução que você pode lhes oferecer e preparados para recebê-la. Lembre-se da velha expressão: **"O que eu ganho com isso?"** (OQGCI)

Figura 2.1. As 12 Leis da Persuasão (12 LPs)

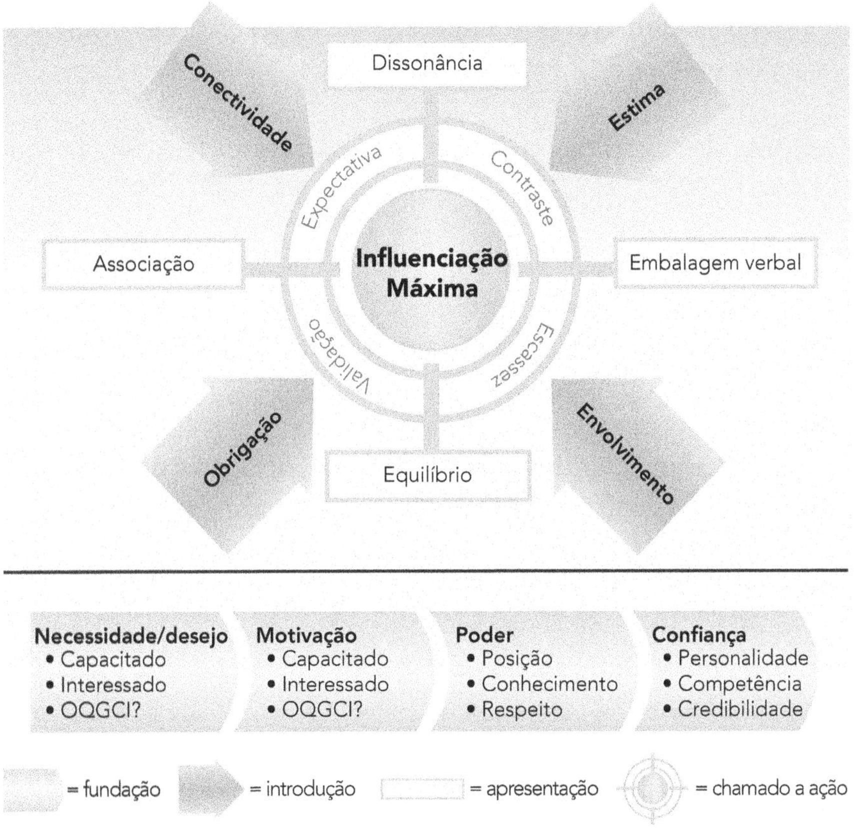

Diagrama central:
- Conectividade
- Dissonância
- Estima
- Expectativa
- Contraste
- Associação — **Influenciação Máxima** — Embalagem verbal
- Validação
- Escassez
- Obrigação
- Equilíbrio
- Envolvimento

Necessidade/desejo
- Capacitado
- Interessado
- OQGCI?

Motivação
- Capacitado
- Interessado
- OQGCI?

Poder
- Posição
- Conhecimento
- Respeito

Confiança
- Personalidade
- Competência
- Credibilidade

= fundação   = introdução   = apresentação   = chamado a ação

> ➤ A **motivação** cria clientes potenciais que estão prontos para sair de sua própria zona de conforto. Eles estão preparados para ser influenciados por você e estimulados a usar o seu produto ou serviço. Você consegue explorar a inspiração ou o desespero deles?
>
> ➤ Sua base para persuadir e influenciar também é fortalecida quando você possui várias formas de **poder**. Se você tem o poder por causa do cargo, você é o supervisor ou chefe do cliente potencial, e isso amplia sua habilidade de persuadir. Talvez você tenha mais conhecimento que seu cliente potencial ou já tenha estabelecido o poder do respeito ao longo do tempo.

> Então há o elemento chave da **confiança**. Quando o cliente potencial confia em você, as portas da persuasão se abrem. Você é confiável e competente, e eles desejam ser influenciados por você.

O restante da ilustração cobre as leis que serão reveladas ao longo deste livro.

> Quatro LPs não somente funcionam bem durante sua apresentação, mas também são críticas durante todo o processo de persuasão: **conectividade, envolvimento, estima** e **obrigação**.
> Durante sua apresentação persuasiva, as leis importantes são: **dissonância, embalagem verbal, associação** e **equilíbrio**.
> Quando você está pronto para o chamado a ação, as leis que irão selar o acordo são: **expectativa, contraste, validação social** e **escassez**.

Domine a implementação e o *timing* dessas leis e você se tornará um persuasor efetivo.

Recursos adicionais: Boletim Informativo de Máxima Influência (maximuminfluence.com)

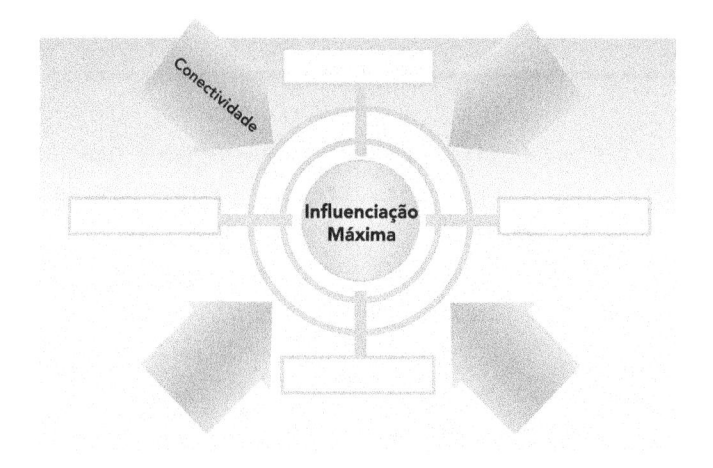

CAPÍTULO 3

A lei da conectividade
Cooperação contagiosa

"O mais importante ingrediente da fórmula do sucesso é saber como conviver com as pessoas."
— Theodore Roosevelt

Outro dia eu estava viajando e conversando com um famoso palestrante da área de desenvolvimento pessoal (cujo nome não será revelado). O dia fora muito longo. Chegamos ao nosso destino tarde da noite. Fizemos *check-in* no hotel para nos prepararmos para a nossa palestra do dia seguinte. Já no balcão, ele pediu à funcionária por um *upgrade* (elevação de nível) nas acomodações, mas ela respondeu que aquilo não seria possível, pois não havia apartamentos disponíveis.

Então ele disse: "Você sabe quem eu sou?"

"Não", ela respondeu.

"Você sabe quantas vezes já estive nesse hotel?"

"Desculpe, senhor, não sei", ela respondeu educadamente.

O homem começou a ficar irritado e a elevar o tom de sua voz. Quando percebeu que ela não lhe daria o *upgrade* desejado, sua ira aumentou e ele pediu para ver o gerente. Ela rapidamente lhe disse: "Eu sou a gerente, senhor." Bastante decepcionado por não conseguir o que queria, ele seguiu para o quarto em silêncio.

Depois de ver aquilo eu me aproximei do balcão e disse: "Eu sinto muito por tudo isso. Ninguém deveria tratá-la assim."

Ela disse: "Tudo bem. Faz parte do trabalho."

Conversamos um pouco e logo percebi que havia uma **conexão** entre nós. Então, no final da conversa, ela disse, "Obrigado por sua paciência. Você gostaria de um *upgrade*?"

Todos nós já experimentamos uma **conexão instantânea** ou um vínculo imediato com alguém depois de apenas alguns segundos em sua presença. Esta é a **lei da conectividade**. Em contrapartida, todos nós já conhecemos pessoas que nos aborreceram e, inclusive, nos causaram uma sensação de repulsa, a ponto de tentarmos nos afastar delas o mais rápido possível. Esta reação é provocada por uma falta de ligação e, em geral, leva apenas alguns segundos para se manifestar. Esse tipo de desconexão impede a persuasão.

A lei da conectividade afirma que quanto mais alguém se sente conectado ou semelhante a você, e querido ou atraído por você, mais persuasivo você se torna. Quando você estabelece uma ligação (ou conexão) instantânea, as pessoas se sentem mais confortáveis ao seu redor, como se o tivessem conhecido há muito tempo. Elas sentem que podem se relacionar com você. Quando nos sentimos conectados a outras pessoa, temos uma sensação de conforto e compreensão. Elas sabem que podem se relacionar conosco e surge então confiança entre as partes. Esta conectividade é fundamental em contatos telefônicos, durante uma apresentação a até mesmo nas mídias sociais.

Nota importante: A verdadeira conexão exige uma atitude de sinceridade, interesse verdadeiro pelo outro e muita prática. Faça o que fizer, nunca pressuponha que os outros gostam de você. A conectividade envolve quatro fatores principais: atração, similaridade, habilidade no trato com as pessoas e entendimento.

ATRAÇÃO: O EFEITO HALO

Alguns poderiam dizer que esta seção 1º) **não** é politicamente correta; 2º) não é justa ou 3º) é demasiadamente crítica. A realidade, entretanto, é que todo mundo julga. Algumas percepções ou desencadeadores podem ser corrigidos, outros não. Concentre-se nas coisas que você pode melhorar, e não se preocupe com o resto.

A atração faz com que uma de suas características positivas afete a percepção geral de outras pessoas em relação a você. Como resultado do que é chamado de **efeito halo**, as pessoas associam automaticamente à atratividade traços de **bondade, confiança** e **inteligência**. Nós, naturalmente, tentamos agradar as pessoas de que gostamos e achamos atraentes. Se o seu público gosta de você,

Ele irá **perdoá-lo** pelos seus "erros" e **lembrar** de você pelos seus "**acertos**". Na verdade, estudos demonstram que pessoas fisicamente atraentes são mais capazes de persuadir os outros. Eles também são percebidos como mais amigáveis e mais talentosos; eles geralmente têm rendimentos mais elevados.[1] Mas o termo atraente significa mais do que simplesmente parecer mais bonito ou elegante. Ele envolve também a capacidade de atrair e chamar as pessoas para você. Sua atratividade física irá influenciar mudanças de atitude,[2] aumentar sua *expertise* e possibilitar maior entendimento.[3]

O efeito da atratividade transcende todas as situações. Por exemplo, o sistema judicial, que supostamente se baseia em evidências, documentou casos em que a atratividade do indivíduo representou uma dramática diferença. Em um estudo realizado na Pensilvânia, nos Estados Unidos da América (EUA), pesquisadores avaliaram a atratividade de 74 réus do sexo masculino, no início de seus julgamentos criminais. Mais tarde, os pesquisadores revisaram os registros do tribunal sobre as decisões nesses casos e descobriram que os homens mais **bonitos** tinham recebido penas **significativamente mais leves**. Na verdade, os profissionais descobriram que os réus atraentes tinham duas vezes mais chances de evitar a pena de prisão que os réus **pouco atraentes**. No mesmo estudo, réus considerados mais bonitos que suas vítimas receberam multas de US$ 5.623, em média. No entanto, quando as vítimas eram mais atraentes que seus agressores, o valor médio era duas vezes essa quantia.[4] Vale ressaltar que tanto os jurados do sexo feminino quanto masculino demonstraram a mesma tendência.

Você já reparou que algumas crianças parecem ser capazes de escapar impunes de qualquer situação? Algumas pesquisas têm demonstrado que crianças que se comportam mal, mas são mais atraentes, são consideradas "menos travessas" pelos adultos que aquelas menos atraentes. Na escola primária, os professores muitas vezes presumem que crianças mais bonitas sejam mais inteligentes que as menos atraentes.[5] Mas o efeito halo também afeta o resultado das eleições para cargos públicos. Um estudo descobriu que candidatos mais atraentes receberam mais de duas vezes e meia mais votos que os candidatos não atraentes.[6]

Em vários estudos, homens e mulheres mais atraentes, quando comparados aos considerados menos atraentes, foram julgados como mais felizes, mais inteligentes, mais amigáveis e mais simpáticos. Eles também foram considerados como detentores de empregos melhores e avaliados como melhores parceiros conjugais, além de mais capazes de garantir mais encontros amorosos. Ou seja, o efeito halo nos faz ver essas pessoas de maneira mais positiva, outorgando-lhes maior poder de persuasão. Devido ao modo como as vemos, desejamos ser exatamente como elas e, em troca, esperamos que elas também gostem de nós.[7]

Nota importante: Não estou me referindo aqui a indivíduos absolutamente lindos ou maravilhosos. Aparentemente, quando a aparência da pessoa é perfeita demais, ou considerada muito acima da média, o efeito pode ser oposto.

Quando entramos em contato com alguém do sexo oposto, o conceito de atração é ampliado. Fêmeas atraentes são capazes de persuadir os homens com mais facilidade do que as não atraentes; já os machos atraentes conseguem convencer as fêmeas com mais facilidade que os homens pouco atraentes. Em toda parte testemunhamos exemplos óbvios dessa dinâmica. Nas convenções e feiras, grandes corporações preenchem seu espaço com mulheres sensuais e atraentes. Eles são chamados de *booth babes* (garotas do estande) (Relaxe, também existem os garotos do estande). Em um estudo, homens que observaram um anúncio de carro novo que incluía uma sedutora modelo do sexo feminino avaliaram o veículo como mais rápido, mais atraente, mais caro em termos de aparência e, inclusive, melhor concebido que os outros que viram exatamente o mesmo anúncio, porém sem a modelo.[8] Além disso, estudantes do sexo feminino percebidas como mais atraentes pelos seus professores, muitas vezes recebem notas substancialmente mais elevadas que as não atraentes. Gerentes de loja geralmente indicam suas assistentes de venda mais atraentes para atender a clientes do sexo masculino que entram pela porta. O fato é que a maioria dos gerentes de lojas contratam vendedores atraentes justamente para atrair mais clientes (embora eles jamais admitam tal prática).

Algumas pessoas que encontramos têm personalidades atraentes, alguns têm personalidades desagradáveis. Um estudo avaliou de que maneira personalidades atraentes afetam a capacidade de influenciar. Os participantes foram convidados a avaliar o quão atraentes eram algumas fotografias que traziam uma gama completa de pessoas diferentes. A algumas pessoas das fotos foram atribuídas características positivas de personalidade, enquanto outras receberam características negativas. Os traços positivos incluíram descrições do tipo: **extrovertida, agradável, conscienciosa, aberta** e **estável**. As fotos com descrições positivas (independentemente da aparência) foram consideradas mais atraente que aqueles sem os traços positivos.[9]

Outro estudo comprovou a mesma expectativa. Fotos de um anuário foram mostradas para homens e mulheres. Essas fotografias receberam vários traços de personalidade negativos e positivos. Mais uma vez, as fotos com os traços positivos foram avaliadas como mais atraentes, enquanto aquelas com traços negativos foram consideradas menos atraentes. Isso ocorreu com fotos tanto de alunos "atraentes" como "não atraentes," entre homens e mulheres, embora estas últimas apresentassem maior tendência a se mostrarem um pouco mais sensíveis que os homens à informação de personalidade negativa. Os traços também influenciaram a forma como as pessoas eram julgadas como possíveis parceiros de namoro.[10]

Nossas roupas também podem influenciar em termos de atratividade. Pesquisadores realizaram um experimento famoso para definir quão fácil seria encorajar pessoas a ignorar um sinal de **"Pare!"** em um cruzamento da cidade. Quando um indivíduo bem vestido ignorou o sinal e seguiu em frente, 14% das pessoas que esperavam pela luz verde para atravessar o seguiram. Quando a mesma pessoa repetiu a experiência no dia seguinte, agora vestido com roupas desleixadas, apenas 4% das pessoas foram atrás dele. Um efeito similar foi encontrado em situações de contratação. Em um estudo, a boa aparência dos candidatos durante uma entrevista de emprego simulada foi mais responsável por decisões de contratação favoráveis que suas qualificações profissionais. Isso aconteceu mesmo depois de os entrevistadores afirmarem que a aparência dos candidatos teria apenas um peso mínimo em suas escolhas.[11]

Quando viajo, percebo que o modo como sou tratado está diretamente relacionado à maneira como estou vestido. Quando estou em um terno, consigo convencer a atendente do aeroporto a me fornecer assentos melhores, um voo melhor e até mesmo a me oferecer a ajuda de que preciso de maneira mais fácil e rápida que nas ocasiões em que visto um traje casual. Quando estou usando calças *jeans* e uma camiseta, sou percebido como menos atraente e, como resultado, recebo menos cooperação.

Forma física e acessórios também são fatores importantes. Atratividade está nas coisas simples que muitas pessoas ignoram, como, por exemplo, estar em boa forma física, observar seu peso, prestar atenção aos seus acessórios (joias, óculos, brincos etc), e manter o cabelo bem cuidado. Preste atenção aos novos estilos de cabelo e roupas. Eles podem mudar drasticamente e, se você ignorar a moda, sua capacidade de persuasão poderá ser prejudicada. Em caso de dúvida, eleja como modelos os âncoras dos telejornais nacionais.

Além disso, você já reparou que a altura, muitas vezes parece exercer alguma influência sobre o cargo de uma pessoa? Mesmo que pareça justo, as pessoas mais altas tendem a conseguir melhores empregos e ostentarem salários mais elevados.

Similaridade: semelhante é familiar

A teoria da similaridade afirma que objetos familiares são mais apreciados que os menos conhecidos. O mesmo acontece com as pessoas. Nós gostamos de pessoas que são semelhantes a nós. A teoria parece ser verdade independentemente de a semelhança ocorrer no campo das opiniões, dos traços de personalidade, formação ou estilo de vida.

Estudos mostram que tendemos a apreciar e a nos manter mais conectados àqueles que são como nós e podemos nos relacionar. Se você observar as pessoas em uma festa, verá que elas irão gravitar instantaneamente em direção a indivíduos que lhes são semelhantes ou familiares. Certa vez, enquanto caminhava em um país estrangeiro e tentava assimilar os estranhos sons e imagens, deparei com um cidadão norte-americano. Nós poderíamos ter vindo de lados totalmente opostos dos EUA, e não termos absolutamente nada em comum, mesmo assim nosso vínculo foi instantâneo – havia um laço familiar entre nós em um lugar totalmente estranho.

A teoria da similaridade se mostra real até mesmo no sistema judicial. Se os jurados acham que compartilham alguns pontos com você e, melhor ainda, se eles gostarem de você por conta dessa semelhança – mesmo de modo inconsciente –, então você terá uma chance claramente maior de sair vencedor no seu caso. Cada vez que os outros veem algo sobre nós mesmos com o qual ele conseguem se identificar, nossos poderes de persuasão aumentam. Em um estudo, manifestantes mostraram-se mais inclinados a assinar petições daqueles que estavam vestidos de modo similar a eles próprios, muitas vezes deixando de ler o conteúdo da petição![12] Vários estudos concluem que o público em geral é mais **responsível** às pessoas que se vestem e agem de forma semelhante a eles.

Você se lembra de todas as conexões que fez no ensino fundamental, colegial e até mesmo da faculdade? As pessoas se associam e interagem com indivíduos que elas veem como semelhantes a si mesmas. Essas ligações se baseiam muitas vezes em pontos comuns como gênero sexual, idade, grau de escolaridade, interesses profissionais, passatempos, time esportivo e origem étnica. Em um estudo, pesquisadores examinaram as conexões sociais de presidiários.[13] Estas se revelaram tipicamente centradas em pontos comuns, como raça, origem geográfica e tipos de crimes praticados. Todavia, um grupo de três homens se destacou para os pesquisadores, pois independentemente de demonstrarem uma forte ligação, nenhum deles tinha nada em comum em seu passado. Porém, quando o estudo já estava chegando ao fim, os três homens acabaram fugindo juntos, o que demonstrou que também construímos alianças com base em objetivos comuns.

Os pesquisadores McCroskey, Richmond e Daly afirmam que a similaridade se divide em quatro áreas: **atitude, moralidade, formação e aparência**.[14] Das quatro, a atitude e a moralidade são sempre as mais importantes.[15] Os bons persuasores estão sempre à procura de semelhanças ou crenças compartilhadas para formar bases comuns com as pessoas que são o seu foco. Queremos ser persuadidos por aqueles que são como nós e com quem podemos nos relacionar.

Exemplos reais podem ser encontrados em anúncios de publicidade. Queremos ver pessoas com as quais podemos nos identificar, e os executivos da área atendem a essa necessidade humana. Quando vemos um comercial, pensamos, **"Ei, ele é igualzinho a mim! Ele também está sem dinheiro!"** Ou: **"Esse casal tem uma casa bagunçada e cheia de coisas."** Somos expostos a anúncios que nos apresentam pessoas comuns, como o José e a Maria, porque eles criam em nós uma sensação de semelhança.

Seu público irá se conectar a você quando percebem essa semelhança. O acadêmico norte-americano da área de comunicação, D.J. O'Keefe, descobriu dois pontos importantes a respeito de similaridade e persuasão. Em primeiro lugar, a semelhança deve ser relevante para o seu assunto ou o seu problema. Em segundo lugar, para permitir que você convença alguém, as semelhanças devem envolver qualidades positiva, não negativas.[16] A questão fundamental é que estamos interpessoalmente conectados a outras pessoas quando elas possuem valores e crenças semelhantes aos nossos.[17]

HABILIDADES PESSOAIS: GANHANDO ACEITAÇÃO IMEDIATA

Você é capaz de conviver com personalidades diferentes? Você tem certeza? Relacionar-se bem é uma das mais valorizadas habilidades do ser humano, além de uma das mais críticas. Ela precisa ser trabalhada todos os dias. A questão é que a maioria das pessoas afirma possuí-la, mas isso não é verdade. Um fato interessante é que 90% das pessoas avalia suas habilidades interpessoais como acima da média.[18]

A capacidade de se conectar e trabalhar bem com as pessoas ocupa o topo da lista de hábitos e competências comuns das pessoas mais bem-sucedidas. Estudos mostram que 91% dos entrevistados afirmam que as habilidades interpessoais são importantes no mundo dos negócios.[19] Esses mesmos estudos também mostram que 85% do sucesso na vida depende de sua habilidade de se relacionar com as pessoas e de sua capacidade de fazer com que os outros gostem de você. Na verdade, o Carnegie Institute of Technology descobriu que apenas 15% do sucesso no emprego e na gestão se devem à formação técnica ou à inteligência do indivíduo; os outros 85% se referem a fatores relacionados à personalidade, ou seja, a capacidade de lidar com as pessoas com sucesso. Um estudo da Universidade Harvard também descobriu que, para cada pessoa que perdeu o emprego por não fazer o trabalho adequadamente, duas foram demitidas por não conseguir lidar com pessoas.

Em uma era em que a tecnologia tem dominado nossas vidas, é tentador pensar que a personalidade e a capacidade do ser humano em lidar com pessoas já não são qualidades importantes. Pelo contrário, precisamos mais do que nunca de interação pessoal. A maioria das pessoas ainda quer conhecê-lo, e gostar de você, antes de abrirem as portas para a persuasão e a influenciação. Preferimos dizer sim aos pedidos de pessoas que conhecemos e gostamos.

Habilidades interpessoais são cruciais porque elas exercem um enorme impacto sobre o nosso sucesso. As primeiras impressões se formam dentro de apenas **quatro minutos** de interação com um estranho,[20] de modo que **não** temos tempo para não demonstrar boas habilidades interpessoais. Livros completos já foram escritos sobre esse tipo de habilidades. Nunca interrompa seu desenvolvimento nessa área.

RAPPORT: A CONEXÃO INSTANTÂNEA

Rapport, ou entendimento, é o ingrediente secreto que nos faz sentir uma ligação harmoniosa com outra pessoa. É equivalente a estar na mesma sintonia com o outro. O *rapport* é a chave que faz com que a confiança mútua se materialize.

Você alguma vez já deparou com um perfeito desconhecido e sentiu uma imediata conexão com a pessoa? Encontrando muito sobre o que falar, foi como se você já o tivesse conhecido anteriormente. A ligação pareceu perfeita. Vocês poderiam falar sobre praticamente qualquer assunto, e você simplesmente perdeu a noção do tempo. De fato, você desenvolveu um vínculo tão forte com aquela pessoa que praticamente sabia de antemão o que ela lhe diria em seguida. Vocês estavam em perfeita sintonia, e ambos apreciaram o tempo que passaram ao lado um do outro. Isso se chama *rapport*.

O domínio de quatro habilidades específicas irá ajudá-lo a desenvolver esse *rapport* mais rápido. São elas: **humor, sorriso, linguagem corporal, contato físico** e **espelhamento**.

Humor

O humor pode ser uma ferramenta poderosa na criação de *rapport*. Ele faz com que a persuasão pareça amigável e acolhedora. O humor ajuda a ganhar atenção, a criar entendimento, e torna sua mensagem mais memorável. Ele pode aliviar a tensão, melhorar relacionamentos e motivar as pessoas. O uso apropriado do humor aumenta a confiança entre você e o seu público. [21]

O humor também é capaz de distrair o público de argumentos negativos ou atrair a atenção das pessoas quando elas não estiverem ouvindo. Ele desvia a atenção para longe do contexto negativo de uma mensagem, interferindo diretamente com a capacidade de os ouvintes excrutiná-la mais cuidadosamente ou até de se envolverem em contra-argumentos. Se os ouvintes estão rindo das piadas, eles provavelmente prestarão menos atenção ao conteúdo de sua mensagem. O humor pode acalmar ou desarmar ouvintes. Ele conecta você ao seu público e aumenta a atenção deles em relação à sua mensagem.[22]

Entretanto, o humor deve ser usado com cuidado. Se utilizado de maneira inadequada, pode se tornar ofensivo e, inlcusive, fazer com que o seu público se volte contra você. Ele deve ser usado apenas como uma distração agradável, mas moderada. Como regra geral, se você geralmente não é bom em contar piadas, não tente fazê-lo. Se resolver arriscar, certifique-se de que você tenha um bom material. Humor chato não é apenas ineficaz, mas irritante. Adeque o tipo de humor que irá utilizar ao seu público.

Sorriso

Outro aspecto do humor é o sorriso. Um sorriso não custa nada, gera uma óptima primeira impressão e demonstra alegria, aceitação e confiança. Seu sorriso mostra que você sente prazer em estar onde está ou em atender as pessoas. Como resultado, elas se tornam mais interessadas em conhecê-lo. O ato de sorrir também transmite uma sensação de aceitação, que permite que o seu ouvinte confie mais em você. Estudos já demonstraram que representantes de vendas que sorriam durante o processo de vendas aumentavam em 20% sua taxa de sucesso. Entretanto, assim como no caso do humor, use seu sorriso de modo adequado.

Linguagem corporal: atrai ou distrai

Quer percebamos ou não, estamos constantemente lendo os outros e sendo lidos por eles. Mesmo sem proferir uma única palavra, a **linguagem do corpo diz muito.** Com frequência, interpretar a linguagem corporal é um ato subconsciente. Podemos não pensar claramente sobre todos os detalhes que envolvem aquele estreitar de olhos ou aquela cruzada de braços sobre o peito, mas, de alguma maneira, esta linguagem corporal é registrada subliminarmente e nos faz sentir desconfortáveis. Mesmo que não tenhamos feito um estudo consciente do outro, tampouco de cenário, nosso subconsciente interpreta de modo instantâneo suas ações, indicando resistência, suspeita ou rancor.

Mas a criação e a manutenção de *rapport* não envolve apenas o uso de nossa própria linguagem corporal, mas também a capacidade de ler a linguagem corporal dos outros. Quando você consegue ler corretamente a linguagem corporal alheia, é capaz de identificar as emoções e o desconforto dos outros. Você consegue ver a tensão e a discordância; sentir a **rejeição** e a **desconfiança**.

Ao mesmo tempo, a sua linguagem corporal acrescenta ou contraria sua mensagem. Em outras palavras, seus gestos e suas expressões subconscientes podem ajudar ou até mesmo prejudicar sua capacidade de persuadir os outros. Você pode criar *rapport* compreendendo e adotando as posturas corporais corretas para encarar seu futuro cliente.

Tudo em você transmite algum mensagem. As palavras que você usa, suas expressões faciais, o que você faz com as mãos, o tom de sua voz, o nível de contato visual, tudo isso irá determinar se as pessoas irão aceitar ou rejeitar você e sua mensagem.

O professor e autor norte-americano Albert Mehrabian afirma que somos percebidos de três maneiras:

1º) 55%: Visualmente (linguagem corporal).
2º) 38%: Vocalmente (tom de voz).
3º) 7%: Verbalmente (palavras ditas).[23]

Outra pesquisa estima que cerca de 93% do impacto da sua mensagem depende de elementos **não verbais**.[24] Isto inclui expressões faciais, movimentos corporais, sinais vocais e proxemia (estudo da distância espacial entre indivíduos).

Estudos também mostram que gestos equivocados podem criar a impressão de que o orador não tem confiança.[25] Comportamentos não verbais alteram impressão por parte do interlocutor da sociabilidade e capacidade de atracção de um orador.[26] Há uma correlação direta entre a nossa capacidade de ler a linguagem corporal alheia e os nossos relacionamentos. Em um estudo, estudantes universitários foram testados em sua capacidade de identificar com precisão os significados por trás de algumas expressões faciais e centos tons de voz. De modo consistente, a pesquisa demonstrou que os alunos que cometeram o maior número de erros na interpretação dos significados eram justamente aqueles que vivenciavam relações turbulentas e apresentavam níveis acentuados de depressão.[27]

Olhos

Como Ralph Waldo Emerson disse certa vez: "Os olhos do homem dizem tanto quanto sua língua." Outra frase bastante popular é: "**Os**

olhos são as janelas da alma." Através de nossos olhos, podemos avaliar a veracidade, a atitude e os sentimentos de nosso interlocutor. O ato de não estabelecer suficiente contato visual com o outro pode apresentar resultados devastadores. Nossas pupilas são uma das partes mais sensíveis e complexas do corpo humano. Eles reagem à luz, mas também respondem às nossas emoções, revelando uma variedade de sentimentos. Observe o exemplo a seguir:

> A empresa Pennzoil Oil acionou judicialmente a Texaco Oil Company por considerar que essa última havia interferido com um contrato que a primeira já possuia com a Getty Oil. Durante todo o julgamento, o advogado da Pennzoil foi acusado de tentar direcionar o júri, incentivando suas testemunhas a fazerem contato visual e a gracejarem com os jurados. Para mostrar que a Texaco estava agindo com seriedade, e que não considerava a situação uma brincadeira, o defensor da Texaco pediu às testemunhas que não gracejassem com o juri e que, inclusive, evitassem contato visual. Infelizmente, esse conselho se mostrou imprudente e custou caro à Texaco no final. A Pennzoil acabou recebendo mais de US$ 2,5 bilhões em danos. **Por quê?** Segundo os próprios jurados, o ato de as testemunhas da Texaco terem evitado contato visual provocou neles uma sensação de desconfiança. E não só isso, o juri também considerou as testemunhas da Texaco **"arrogantes"** e **"indiferentes"**.

O contato visual também pode transmitir **amor** e/ou **paixão**. Em uma série de estudos sobre contato visual e atração, pesquisadores descobriram que o simples ato de olhar nos olhos de outra pessoa pode gerar sentimentos apaixonados. Em um caso específico, descobriu-se que dois membros do estudo (de sexos opostos) que não se conheciam, apresentaram sentimentos amorosos um pelo outro depois do contato visual.[28] Em outro estudo, mendigos foram entrevistados sobre suas táticas para obter doações. Vários deles afirmaram que uma das primeiras coisas que faziam era tentar estabelecer contato visual com os doadores em potencial. Eles alegaram que o contato direto com os olhos tornava mais difícil para as pessoas fingirem que não haviam percebido sua presença, tentarem ignorá-los ou simplesmente continuarem caminhando.[29] Outros estudos têm demonstrado que oradores que mantêm mais contato visual, usam expressões faciais agradáveis e incorporam gestos apropriados aos seus discursos têm mais poder persuasivo que aqueles que não se utilizam dessas práticas.[30]

> **O QUE VOCÊ PRECISA SABER SOBRE OS OLHOS**
>
> ➤ Óculos de sol: escondem os olhos e despertam desconfiança.
> ➤ Evitação do contato visual: falta de confiança.
> ➤ Menos de 50% de contato visual: falta de sinceridade e distanciamento.
> ➤ Maior contato visual: começo da aceitação em relação ao interlocutor e à sua ideia.
> ➤ Olhos piscando rapidamente: resistência ao que foi feito ou dito.
> ➤ Contato visual prolongado: raiva, amor ou frustração.
> ➤ Pupilas dilatadas: interessado e receptivo.

O Toque para influenciar e/ou persuadir

O toque é outra parte poderosa da linguagem corporal. Da fato, importante o suficiente para que uma seção inteira seja dedicada a ele. O toque pode se revelar uma técnica psicológica bastante eficaz. Inconscientemente, a maioria de nós gosta de ser tocado; o toque nos faz sentir valorizados e cria *rapport*. No entanto, é preciso estar atento a uma pequena porcentagem da população que não gosta de ser tocado, de forma alguma. Todavia, na maioria dos casos o toque pode ajudar a colocar as pessoas à vontade e a torná-las mais receptivas a você e às auas ideias. O toque aumenta sua influência. Quando você consegue tocar seus clientes potenciais, eles geralmente se tornam mais cordato; o toque melhora o humor e aumenta as chances de que eles concordem e façãm o que você está pedindo.

O toque pode criar uma percepção positiva. Ele carrega consigo interpretações favoráveis de proximidade, semelhança, relaxamento e informalidade.[31] Em um estudo, um grupo de bibliotecários agiu de duas maneiras distintas em relação aos universitários: eles não tocaram a pessoa durante o contato ou estabeleceram leve contato físico, colocando sua mão sobre a palma da mão do aluno. Invariavelmente, os alunos que foram tocados durante a interação avaliaram o serviço de biblioteca de modo mais favorável que aqueles que não foram tocados.³² Garçons e garçonetes que tocaram o braço de seus clientes receberam gorjetas maiores e foram mais bem avaliados que aqueles que não o fizeram. O toque também induz os clientes a passarem mais tempo fazendo compras nas lojas. Em um estudo, o contato físico por parte dos vendedores induzida os clientes a comprarem mais e avaliar a loja mais positivamente.³³

Em outro exemplo, descobriu-se que o toque aumentou o número de indivíduos que se voluntariou para a avalização de trabalhos escritos, a assinatura de petições e, inclusive, a devolução de dinheiro encontrado em uma cabine telefônica. O professor Jacob Hornik, da Universidade de Syracuse, descobriu que tocar levemente os braços dos clientes em uma livraria os levava a passar mais tempo no local (22,11 min contra 13,56 min), a comprar mais (US$ 15,03 contra US$ 12,23) e a avaliar a loja mais positivamente que os clientes que não haviam sido tocados. Hornik também descobriu que clientes de supermercados que haviam sido tocados se mostravam mais propensos a experimentar e adquirir amostras de alimentos do que os clientes não tocados.³⁴ O toque também fez com que motoristas de ônibus se tornassem mais propensos a dar carona quando solicitados.³⁵

Sabemos que certas áreas do corpo, podem ser tocado mais livremente, enquanto que outras áreas estão fora dos limites. Áreas de contato seguras incluem os ombros, os braços, as mãos e, às vezes, a parte superior das costas. Isso tudo depende da situação, da cultura e do tipo de relação entre as duas partes antes do toque.

O aperto de mão, como uma forma de toque

Você sabia que muitos especialistas acreditam que o aperto de mão se originou na Europa medieval? Era uma maneira de os cavaleiros mostrarem que não possuíam nenhuma arma nem a intenção de prejudicar seu interlocutor.³⁶ A forma como apertamos a mão de outra pessoa também diz muito sobre nós. Nos negócios, é costume apertar a mão do cliente quando o encontramos e também quando estamos selando um acordo. Um aperto de mão pode se revelar positivo ou negativo como primeira impressão. Ele pode ajudar ou prejudicar o *rapport*. Seu aperto de mão pode comunicar **força, fraqueza, indiferença** e até **cordialidade**.[37] Em contrapartida, se for fraco ou frouxo pode demosntrar fraqueza, incompetência e até mesmo desinteresse. Certifique-se, portanto, de que seus apertos de mão sejam sempre firmes e adequadamente energéticos. Um aperto de mão firme também demonstra capacidade de persuasão e habilidades interpessoais.[38]

Quais os fatores pelos quais você está sendo julgado? Apertos de mãos desejáveis foram descritos da seguinte maneira:

➤ Aperto firme.
➤ Aderência completa.
➤ Duração adequada.
➤ Contato visual[39].

Espelhamento e correspondência

John Grinder e Richard Bandler, criadores da programação neurolinguística (PNL), desenvolveram o conceito de **espelhamento** e **correspondência**, ou seja, do alinhamento entre os seus movimentos e a sua energia com aqueles de seus clientes potenciais. O objetivo é espelhar ou refletir as ações deles, não imitá-los. Se as pessoas acharem que você as está imitando, isso poderá soar como **zombaria** e, neste caso, é possível que elas se sintam ofendidas. Elas o verão como um indivíduo falso e não mais confiarão em você. Portanto, em vez de imitar abertamente sues clientes, tente apenas espelhar o comportamento deles, ou agir de modo correspondente. Você é plenamente capaz de espelhar a linguagem, a postura, os gestos e o humor dos seus clientes, com total **segurança**. O espelhamento e a correspondência são respostas naturais do ser humano.

Pesquisadores da Universidade Duke descobriram que imitar ou espelhar os maneirismos do seu interlocutor são ações automáticas e inconscientes.[40] De fato, o espelhamento de maneirismos, como tocar o próprio rosto ou movimentar o pé, ajuda os negociadores a alcançarem mais sucesso em suas vendas. Também foi relatado que a pessoa espelhada apresenta níveis mais elevados de *rapport*.[41] Em última análise, o espelhamento do seu cliente em potencial aumenta não apenas a confiança dele em você, mas também a quantidade de informações que ele irá compartilhar durante uma negociação. Isso produz melhores resultados e permite que você abocanhe um pedaço maior do bolo.[42]

Quando você espelha seus clientes potenciais, você constroi *rapport* com eles. Por causa do seu comportamento semelhante ao dele, seu cliente sentirá uma conexão subconsciente com você. As pessoas se sentem inclinadas a seguir e a serem influenciadas por aqueles que elas percebem como semelhantes a elas próprias. Se elas mudarem sua postura, você também deverá fazê-lo; se cruzarem as pernas, você também cruzará as suas; se sorrirem, você também sorrirá. Se agir dessa maneira, seus clientes em potencial inconscientemente sentirão que vocês têm muito mais em comum do que é o caso.

O fato é que espelhamos as pessoas de modo inconsciente, mesmo sem perceber. O espelhamento é apenas algo natural que fazemos o tempo todo. Ao participar de reuniões sociais, você ja reparou como as pessoas tendem a coincidir com o outro em sua linguagem corporal e em suas atitudes? Por exemplo, quando duas pessoas se cumprimentam, eles normalmente tendem a usar a mesma postura e se comportarem de modo similar. Se você for um persuasor eficiente, usará o espelhamento com **habilidade** e de **modo consciente**.

Espelhando a linguagem

Você ficará surpreso ao perceber a eficácia de se usar o mesmo vocabulário e/ou os mesmos jargões do seu cliente potencial, portanto, adote algumas das expressões e frases usadas por ele. Talvez você também considere útil utilizar o mesmo ritimo que ele aplica em seu discurso. Neste caso, se ele falar em um tom mais lento e descontraído, faça o mesmo; se ele discursar em um ritmo acelerado, fique à vontade para fazer o mesmo.

Correspondência de voz

Corresponder à voz é diferente de corresponder à linguagem, pois se refere especificamente à adoção do mesmo tom e da mesma inflexão do cliente em potencial. Tenha muito cuidado, entretanto, para não parecer que está zombando do seu interlocutor. Lembre-se que uma voz espelhada nunca deve ser tão diferente da original a ponto de levantar suspeitas. Apenas pequenos ajustes sutis no tom de voz já serão suficientes para se obter os resultados desejados.

Correspondência de nível de energia

Algumas pessoas parecem estar sempre relaxadas e tranquilas, enquanto outras se mostram constantemente ativas e animadas. Refletir o nível de energia do seu interlocutor é outra maneira de entrar em sintonia com ele. Essa técnica também é eficaz durante apresentações em grupo. Neste sentido, adeque-se ao nível de energia existente na sala ou adote o mesmo nível que emana do grupo.

Quebrando o espelho

É possível que, às vezes, você simplesmente não queira espelhar outra pessoa. Por exemplo, advogados muitas vezes procuram criar ansiedade ou mal-estar em uma testemunha. Para conseguir essa façanha, o profissional precisa evitar o espelhamento. Quando a testemunha está esparramada no banco e olhando para o chão, o advogado terá de permanecer de pé, firme, e encará-la de maneira intensa. Você já percebeu ou sentiu o mal-estar que se cria quando, durante uma conversa, alguém se coloca de pé no meio da sala enquanto todos os demais permanecem sentados? A quebra do espelhamento interrompe a sintonia que faz com que todos se sintam calmos e confortáveis. Se você em algum momento precisar quebrar essa dinâmica, simplesmente cesse o espelhamento, sentando-se, falando e/ou gesticulando de maneira diferente de seu interlocutor. Você poderá criar uma distância ainda maior alterando seu comportamento de modo abrupto.

Porém, a maioria dos persuasores não sabe como manter o *rapport* ao longo de todo o processo persuasivo. Pessoas da área de vendas sabem quebrar o gelo, encontrar semelhanças, construir relacionamento nos primeiros cinco minutos da conversa e, em seguida, iniciar sua apresentação. De repente, eles mudam seu comportamento. O que o cliente potencial irá pensar? O vendedor se transformou. Que versão é a verdadeira? O vendedor e o cliente em potencial estavam se dando bem e se divertindo, mas, de repente, sem aviso, ele se torna mais sério e mergulha em um discurso de vendas. Essa descontinuidade rompe o *rapport* e parece incongruente para o cliente. Ambos sabem por que você está lá e qual o seu objetivo final, portanto, concentre-se em continuar desenvolvendo o *rapport*.

EFEITO REVERSO

A **lei da conectividade** terá um efeito reverso se você for percebido pelo cliente como falso ou incongruente. Conectividade leva tempo, demanda pesquisa e prática para se alcanaçr o domínio. Você precisa aprender a ler seus clientes atuais e potenciais. Aprenda a determinar se os seus clientes potenciais estão relaxados, nervosos, confiantea e/ou indiferentes.

ESTUDO DE CASO

Um grande conglomerado do setor hospitalar estava preocupado com os lucros, e um dos maiores obstáculos nesse sentido eram as ações judiciais. Muitos de seus melhores médicos estavam sendo processados e a administração não sabia o que fazer. Mesmo sem culpa, vários médicos estavam citados em processos. Mas por que as pessoas processariam médicos que não fizeram nada errado? Por que aqueles profissionais tãos competentes e conscienciosos se tornariam vítimas de tantas ações judiciais? Usando a lei de conectividade, o que você acha que aconteceu?

A razão número um para aqueles médicos serem processados era o fato de que seus pacientes simplesmente não gostavam deles. Na área de assistência médica (assim como em qualquer outro negócio), a rentabilidade de uma empresa pode ser determinada pelo quanto as pessoas gostam de você. A habilidade de se adaptar a cada tipo de personalidade, de compreender as emoções e explicar os riscos é algo fundamental não somente para médicos, mas para todos que se utilzam da persuasão. Médicos altamente analíticos podem ter feito tudo absolutamente certo em seu atendimento, sem, entretanto, demonstrar qualquer tipo de emoção ou empatia pelo paciente. Isso cria uma desconexão entre as parte e facilita a abertura de processos contra esse profissionais da saúde. O problema do hospital foi resolvido por meio de treinamento na área de habilidade interpessoal e pela implementação de maior conectividade.

• •

Recursos adicionais: Lendo relatórios não verbais (maximuminfluence.com)

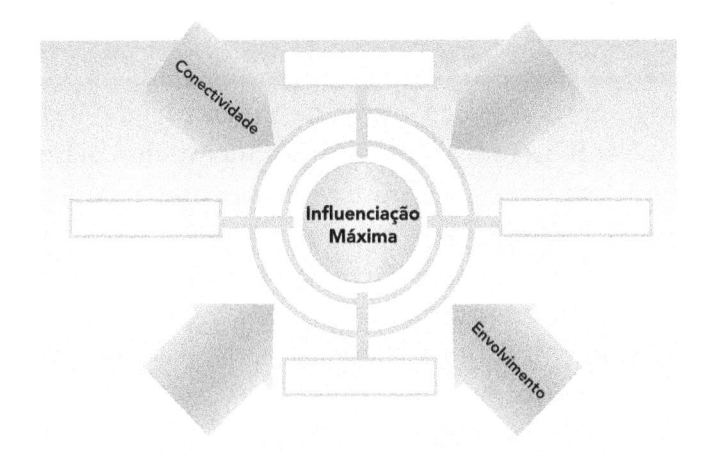

CAPÍTULO 4

A lei de envolvimento

Criando e mantendo o interesse

"Sem envolvimento não há compromisso. Anote isso, coloque um asterisco nessa anotação, circule-a, sublinhe-a. Sem envolvimento, sem compromisso."
— Stephen Covey

Espero que você já tenha tido a oportunidade de conhecer a cidade de Hershey, no Estado da Pensilvânia (EUA), o lar da famosa fabricante de chocolate, a Hershey's Chocolate Company. Particularmente, sou um grande fã de chocolates e então decidi fazer o passeio oferecido pela empresa, visitando parte da fábrica destinada ao público. É um passeio ao estilo Disneylândia, em que as pessoas têm acesso a todos os aromas que normalmente estariam presentes em uma fábrica desse tipo. Lá é possível ver os funcionários fazendo o chocolate e acompanhar a criação de toda a magia Hershey. **Sabe quanto custa o passeio? Nada!** Mas por que a Hershey investiria milhões de dólares em uma excursão gratuita? Bem, após o passeio e logo antes de você entrar na maior loja de chocolates do mundo, você recebe um brinde: um pequeno chocolate Hershey. Ao entrar no local, você vê inúmeros doces e chocolate de todos os tipos e em todos os formatos, prontinho para serem comprados. A Hershey lucra mais com a venda de chocolate após o passeio gratuito que jamais seria capaz com a cobrança pelo *tour*. Quando você consegue envolver outras pessoas, e fazê-las **participar**, torna-se mais fácil **convencê-las**.

A lei do envolvimento sugere que quanto mais você engajar os cinco sentidos de uma pessoa, envolvendo-a mental e fisicamente, e criar a atmosfera certa para a persuasão, mais eficaz e convincente você se mostrará. Ouvir pode ser um ato muito passivo; você pode escutar uma apresentação inteira e não sentir nem fazer nada. Porém, como persuasor, você precisa incentivar seu público a dar um passo adiante e agir. Seu objetivo é diminuir a distância que seu interlocutor tem de percorrer para alcançar seu objetivo; sua tarefa é tornar o caminho dele o mais fácil e simples possível. Você precisa diminuir a distância mental, social ou física que o cliente terá de viajar para ser persuadido.

Por exemplo, convencer as pessoas a testarem uma amostra de um produto é bem mais fácil que fazê-las comprá-lo: é muito mais simples oferecer um *test-drive* que vender um carro; reunir um grupo para um encontro de cinco minutos visando discutir a participação deles em um projeto é menos complexo que pedir-lhes para participar de um projeto de três horas.

Quando você leva as pessoas a iniciarem alguma coisa, elas se tornam mais propensas a seguir adiante, a concluir o projeto e a obterem os resultados desejados. Quanto mais envolvidas elas estiverem, menor torna-se a distância psicológica entre o início e o fim. O resultado desejado se torna mais e mais realista em vez de apenas uma ideia que você está propondo. Por exemplo, se você colocar seus sapatos para ir a uma loja, pegar seu casaco e começar a procurar as chaves do carro, cada um desses passos aumentará as possibilidades de que você siga na direção desejada. Em contrapartida, se você se sentar e ligar a TV ou começar a surfar na Internet, seu objetivo de ir à loja se tornará menos provável de acontecer. Isto também ocorre na *Web*. À medida que você aumenta o número de páginas que o seu cliente precisa acionar no *site* ou os passos que ele precisa percorrer para conseguir o que deseja, ele se afasta de sua empresa e as suas vendas caem.

Você pode usar o envolvimento:

1º) Aumentando a participação.
2º) Criando a atmosfera ideal.
3º) Mantendo sua atenção.
4º) Usando a arte de questionar.
5º) Contando histórias fascinantes.
6º) Engajando todos os sentidos.

AUMENTANDO A PARTICIPAÇÃO

Você pode criar envolvimento através do aumento da participação. Quanto mais os indivíduos assumem um papel ativo e se envolvem, mais abertos se tornam à persuasão.

Ou seja, quando eles se tornam parte em alguma coisa, se sentem ligados a ela e têm sentimentos mais fortes em relação ao assunto em questão. Eles adquirem interesse pessoal naquilo que estão fazendo.

Um dos pontos-chave para a participação bem-sucedida dos clientes é transformar o seu problema no problema deles. Esta técnica faz com que seus clientes se apropriem da solução que você precisa e desperta neles o desejo de ajudar. É óbvio que pedir ajuda a alguém é muito mais tranquilo que dizer a essa pessoa o que fazer ou pensar. Por outro lado, ao tentar envolver seus clientes potenciais na solução, você terá mais sucesso se der a eles a opção de participar e colaborar: o problema e a solução serão deles. Por natureza, as pessoas tendem a apoiar o que elas ajudam a criar.

Os donos de lojas e *shoppings* compreendem essa participação. Eles tentam fazer com que você participe fazendo contato visual, organizando suas lojas para forçá-lo a gastar mais tempo dentro delas, ou simplesmente dizendo "olá" quando você passa. Quando você compra mercadorias em um país estrangeiro, o dono da loja sabe que se conseguir levá-lo para dentro da loja e envolvê-lo mental ou fisicamente, haverá uma chance maior de persuadi-lo a comprar. Neste sentido, o lojista tenta estabelecer contato visual e faz todo o possível para levá-lo para dentro da loja. Se você não entrar, ele o segue por vários metros mostrando-lhes seus produtos e tentando convencê-lo a comprá-los.

A quantidade de tempo que você gasta em uma loja está diretamente relacionada ao quanto você irá comprar: quanto mais tempo dentro do local, mais dinheiro gasto. Por exemplo, em uma loja de eletrônicos, não compradores permaneceram no local uma média de 5 min e 6 s e, enquanto os compradores uma média 9 min e 29 s. Em uma loja de brinquedos, o tempo máximo de permanência de um não comprador foi de 10 min, enquanto dos compradores foi de 17 min. Em alguns casos, os compradores ficaram até quatro vezes mais tempo na loja.[1]

As lojas fazem muitos outros arranjos para persuadir as pessoas a se interessarem e se envolverem. Por exemplo, os corredores dos *shoppings* são feitos de mármore duro ou piso cerâmicos, mas os pisos das lojas são mais confortáveis e acarpetados, o que encoraja os clientes a permanecerem em seu interior. Você já notou que é fácil ficar desorientado em um *shopping* desconhecido? Isso ocorre porque os arquitetos propositadamente projetam essas estruturas com formas hexagonais, dentro das quais é mais **difícil** para o cliente navegar: os corredores são complicados e os ângulos são confusos. Você pode perfeitamente se perder; caminhar para sempre sem chegar a lugar algum. É por essa razão que as grandes lojas de departamento estão localizadas nas extremidades opostas do *shopping*: elas servem como atrativos para que os clientes circulem de um lado ao outro da construção, passando por todas as outras lojas.

Nas padarias e mercearias, os produtos principais – como o leite – são colocados na parte de trás da loja, assim os clientes terão necessariamente de percorrer os corredores até chegar ao caixa. Todas estas técnicas visam aumentar o tempo que os clientes passam nas lojas, já que, como já foi dito, o aumento do tempo dos clientes nas lojas significa aumento nas vendas.

Cassinos

Os cassinos são ótimos exemplos de **envolvimento extremo**. Tudo dentro deles é projetado para envolver os clientes, **mental, emocional e fisicamente**. De modo subconsciente, um cassino é uma zona de guerra. Não há relógios para que você saiba o horário ou há quanto tempo está jogando. Aliás, raramente os negociantes usam relógios. Também não há janelas no local para ajudá-lo a controlar o tempo; o ar e a temperatura são cuidadosamente regulados de modo que você nunca pense em sair do local. Os tapetes são pesados e desagradáveis de se olhar, então você naturalmente se volta para todas aquelas luzes piscantes nas máquinas, para as roletas girando e vê todo mundo se divertindo nos jogos de azar. Parece que todos estão ganhando, menos você. Há uma abundância de distrações enquanto você está jogando: bebidas gratuitas, o vencedor na mesa ao lado ou o uniforme *sexy* da garçonete.

A iluminação em um cassino tende a ser suave e convidativa. Ele cria uma sensação familiar e aumenta o nível de conforto do visitante. A música é quase imperceptível, ficando abaixo do nosso radar: é suave e fácil de ouvir, tendo como objetivo colocar as pessoas em um leve transe. Sentimo-nos inclinados a continuar jogando (apesar de termos perdido dinheiro) por conta das refeições gratuitas, dos pontos acumulados nas máquinas, os quartos e as entradas gratuitos para *shows*. Continuamos **gastando** e **perdendo dinheiro**, mas quem se importa, porque estamos ganhando pontos para resgatar em uma data posterior? Assim, mesmo perdendo dinheiro, pelo menos nos sentimos como se tivéssemos ganhado alguma coisa.
Andando pela região dos jogos em Las Vegas (EUA), achei muito fácil entrar em um grande e famoso cassino (via escada rolante). No entanto, sair de lá foi bem mais difícil. Você já reparou que você nunca precisa deixar um cassino para nada, já que a alimentação e a hospedagem estão disponíveis aí mesmo? O cassino foi projetado justamente para ser um lugar muito **fácil de entrar** e **difícil de sair**. Os padrões e *layout* visam maximizar o seu tempo dentro do estabelecimento. Se você precisar encontrar qualquer coisa (banheiro, restaurante, estacionamento, *check-in*, caixa etc), você tem de cami-

nhar rumo ao interior do cassino, passado por várias lojas e opções adicionais de jogos. Então, adivinhe? Você tem de voltar pelo mesmo caminho e passar por tudo outra vez. Essa é mais uma chance de você parar para comprar ou jogar.

Role-Playing

Uma maneira de envolver o seu público é utilizando a técnica de *role-playing* (interpretação de papel), que ajuda as pessoas a verem a si mesmas realizando uma determinada tarefa. A ação torna-se mais realista e parece mais fácil do que imaginada anteriormente. Esta técnica tem se mostrado eficaz quando o objetivo é convencer pessoas a fazer algo ou agir de uma determinada maneira. O *role-playing* é a maneira mais poderosa de se induzir uma mudança de atitude por meio de uma experiência indireta. Em essência, você ensina as pessoas a criarem argumentos contra suas próprias crenças.

Você deseja saber quão poderosa é a técnica de *role-playing*? Um experimento utilizou essa ferramenta para convencer as pessoas a pararem de fumar. Os participantes encenaram o recebimento de raios-X e também da notícia de que estariam com câncer de pulmão, e ainda apresentariam tosse típica de enfisema. Quando comparados aos fumantes de um grupo de controle, que havia sido educado sobre a doença de maneira mais formal e passiva, aqueles que participaram do *role-playing* se mostraram bem mais propensos a abandonar o vício.[2]

Durante a Segunda Guerra Mundial, o governo dos EUA teve de racionar o consumo de carnes tradicionais (bovina, suína e de frango). O problema é que os norte-americanos tendem a ser muito exigentes com as carnes que consomem e, muitas vezes, não aceitam outros tipos. A Comissão de Hábitos Alimentares (Committee on Food Habits) do país foi então encarregada de superar o problema de escassez de alimentos populares. Mas como é possível superar a aversão das pessoas pelo consumo de outros tipos de carne?

Foi então que o psicólogo Kurt Lewin desenvolveu um programa para convencer os norte-americanos a comerem as **vísceras de animais**. Sim, nossa carne preferida – intestinos (e não me refiro a *hot dogs*). Ele montou um experimento com dois grupos. Um deles foi a uma palestra sobre os benefícios de se ingerir vísceras. Neste caso, os membros do comitê enfatizaram como aquela mudança no consumo ajudaria o país no esforço de guerra. Em seguida, eles ouviram depoimentos fervorosos e receberam receitas. O segundo grupo foi conduzido em uma discussão sobre como poderiam persuadir outras pessoas a consumirem vísceras. Este grupo cobriu os mesmos temas principais discutidos na palestra do outro grupo, porém, dessa vez, interpretando e discutindo a questão: "Como eles convenceriam os outros a comerem vísceras?" Nesse segundo grupo, 32% dos participantes passaram a servir vísceras para suas famílias, em comparação a apenas 3% do primeiro grupo.[3] Muitas vezes, quando você tenta persuadir um grupo de pessoas que sabe perfeitamente que você os está tentando convencer, elas naturalmente resistem. Em contrapartida, agindo como um consultor e envolvendo as pessoas na decisão, você será bem mais persuasivo. Na verdade, eles irão convencer a si mesmos.

Pedindo conselhos

Outra maneira de contar com a participação de pessoas é pedindo suas opiniões ou seus conselhos. Frases simples podem desencadear interesse imediato por parte do ouvinte: "Eu preciso de sua ajuda," "Qual é a sua opinião... ", "O que você acha...?", "Como você acha que eu poderia fazer isso?", "Como você faria isso?", "Você acha que eu estou fazendo a coisa certa?", "Você tem alguma ideia?". Buscar aconselhamento aumenta a autoestima do outro e o cérebro dessa pessoa se volta automaticamente para uma solução.

Observe como as outras pessoas se iluminam quando você pede a elas um conselho. Por exemplo, suponha que você pergunte ao seu colega, "Frank, que tal me ajudar com esta proposta?". Ele provavelmente vai dizer que está extremamente ocupado e continuará assim pelos próximos 12 meses. Mas suponha que você diga algo como:

"Frank, eu estou com um problema nessa proposta que não sei como resolver. Eu não sei o que estou fazendo de errado e não consigo chegar a nenhuma conclusão. Eu não tenho certeza de que estou fazendo a coisa certa nem do que devo fazer a seguir. Você tem alguma ideia sobre como eu poderia resolver isso? Será que você poderia dar uma olhada rápida?"

Você verá uma grande diferença na resposta dele em comparação ao primeiro pedido.

As pessoas têm um desejo inato de se sentirem desejadas e necessárias (Veja a lei da estima). Quando você atender a essa necessidade, abre a porta para a persuasão e a ação, um fato que, aliás, foi comprovado pelos registros mantidos sobre trabalhadores da indústria. Funcionários que não têm nenhuma voz ativa na gestão, que não podem fazer sugestões nem estão autorizados a expressar suas ideias, simplesmente não realizam tanto no trabalho quanto aqueles que são incentivados a contribuir. O mesmo acontece em relação às famílias. Como especialista em relações familiares, Ruth Barbee disse: "É surpreendente como uma criança aceita a autoridade dos pais, e de bom grado, mesmo quando a decisão deles vai totalmente contra a sua própria opinião, desde que ela tenha a chance de expressar suas próprias ideias e fazer sugestões, antes que a decisão final seja tomada."[4]

Visualização

Outra técnica de participação é a visualização. Ninguém prossegue com uma ação ou um diálogo sem antes pensar – ou mentalmente visualizar – a que é possível colocá-la em prática. Você pode conseguir a participação de seus clientes ajudando-os a visualizar em suas mentes como seu produto/serviço irá ajudá-los.

Agentes imobiliários tentam de tudo para ajudar seus clientes a vislumbrarem como seria a vida deles e de suas famílias em uma nova casa. Ao mostrar um imóvel, esses profissionais querem que as pessoas o vejam como seu, então, eles deixam as crianças escolherem seus próprios quartos, pedem aos pais que decidam aonde colocarão o piano e, em alguns casos, chegam a apresentar os vizinhos.

Um grupo de pesquisadores foi de porta em porta vendendo assinaturas de TV a cabo. Quando passaram a incluir a frase: "Imagine como a TV a cabo poderá lhe fornecer mais entretenimento", eles imediatamente alcançaram mais sucesso. Quarenta e sete por cento daqueles que foram instruídos a imaginar o entretenimento da TV a cabo acabaram adquirindo uma assinatura, em comparação a apenas 20% do grupo de controle. A mente do seu cliente em potencial é ativada quando você o ajudar visualizar seu produto ou serviço.[5]

Veja aqui outro exemplo interessante de visualização. Imagine deparar com um morador de rua com a seguinte placa na mão: **"Eu estou com fome."** Isso certamente geraria alguma resposta. Agora, imagine se na placa estivesse escrito: **"E se os seus pais estivessem com fome?"**

Em muitas situações passíveis de persuasão, o público pode fingir não estar interessado em sua mensagem, em seu serviço ou produto. Como então você os atrai? Muitas vezes, quando vemos uma situação desse tipo, gostamos de permanecer anônimos. Não queremos sentir qualquer tipo de pressão, por isso nos mantemos à distância. Se alguém na loja nos pergunta se precisamos de alguma ajuda, imediatamente dizemos: "Não, estou apenas olhando." Nós evitamos o envolvimento porque no fundo sabemos que isso diminuirá nossa resistência.

Todas as noites, antes do anoitecer em Key West, no Estado da Flórida (EUA), as pessoas se reúnem no Sunset Pier para assistir ao pôr do sol e apreciar a vista. É um grande momento do dia para relaxar e apreciar a beleza da natureza. Também é a oportunidade perfeita para artistas de rua (malabaristas, engolidores de espadas, mágicos etc.) e vendedores se apresentarem e anunciarem seus produtos. Uma noite, enquanto observava as pessoas que passavam pelo local, percebi que muitos deles queriam assistir, mas me sentiam tímidas, a menos que uma multidão já houvesse se formado em torno dos artistas. Estes, por outros lados, sabiam que se não reunissem uma pequena multidão, não ganhariam nenhum dinheiro. Quando as pessoas permanecem **anônimas**, eles se sentem pouco pressionadas a doar. Lembre-me de ter visto um artista que chamava por alguém na plateia que estava tentando se manter anônimo. Logo o artista conseguiu trazer o rapaz para participar do ato. Isso atraiu a atenção de mais pessoas e ainda fez com que o homem, que agora já não era mais anônimo, fizesse uma doação.

Se alguém próximo de você, ou que está na plateia, tenta evitar ou rejeitar sua mensagem, é preciso envolvê-lo em sua apresentação.

Fazer com que essa pessoa que está apenas assistindo participe de sua apresentação fará com que ele mude
completamente sua própria perspectiva. Donos de *pet shops* são famosos por se valer dessa tática. Eles veem as crianças entrarem apenas para dar uma olhada; os pais não querem ter um cão em casa, mas os filhos ainda gostam de olhar. Então o proprietário do estabelecimento espera pacientemente até que os olhos da criança se acendam à medida que ela se apaixona de um cachorrinho. A criança prende e abraça o animal e o pai sabe que terá problemas. O proprietário é esperto e não quer entrar em conflito com o pai. Ele apenas diz: "Parece que se filho se apaixonou por esse cãozinho, não é? Eu compreendo a sua apreensão sobre ter um novo cachorro. Vou lhe dizer uma coisa, por que não leva o cachorro para casa e fica com ele durante o final de semana? Se não der certo, traga-o de volta." Está acabado! Quem não se apaixona por um cachorro depois de um fim de semana inteiro ao lado dele? E é assim que o dono do *pet shop* fisga mais um cliente relutante.

Muitos estudos mostram a relação entre a visualização e o sucesso no esporte. Em um estudo bem conhecido, cientistas russos tentaram estabelecer uma comparação entre formação física e mental, e descobrir qual delas seria mais importante. Eles testaram quatro grupos de atletas e descobriram o seguinte:

1º) O grupo 1 recebeu 100% de treinamento físico, mas nenhum treinamento mental.
2º) O grupo 2 recebeu 75% de treinamento físico e 25% de treinamento mental.
3º) O grupo 3 recebeu 50% de treinamento físico e 50% de treinamento mental.
4º) O grupo 4 recebeu 25% de treinamento físico e 75% de treinamento mental.

O quarto grupo foi o que obteve os melhores resultados, revelando que a **visualização** oferece resultados mensuráveis ao esporte. O mesmo se aplica no caso da **persuasão**. Se os seus clientes potenciais não conseguem ver a si mesmos fazendo uma determinada coisa, eles não o farão.

Movimento físico

Fazer com que o seu público se movimente também poderá afetar o modo como a sua mensagem é recebida. O envolvimento dessas pessoas pode ser algo muito simples: responder **"sim"** a uma pergunta; levantar as mãos ou até mesmo acenar positivamente com a cabeça. Quanto mais movimento e envolvimento você criar, maior será sua capacidade de persuadir. Grandes persuasores observam os momentos em que eles terão oportunidades de obter respostas afirmativas de seu público. Eles projetam sua mensagem persuasiva de modo a garantir o maior número de respostas positivas durante sua apresentação.

Há evidências sólidas que apoiam esta prática. Um estudo levou um grande grupo de alunos a realizar uma "pesquisa de mercado sobre fones de ouvido de alta tecnologia." Os alunos foram informados de que os pesquisadores queriam descobrir quão bem os fones de ouvido funcionavam em movimento. Então uma sequência de músicas foi acionada e, em seguida, um comercial sobre como a taxa de matrícula da universidade deveria ser alterada. Um grupo de estudantes foi instruído a fazer movimentos para cima e para baixo durante toda a gravação; o outro grupo foi orientado a mover a cabeça de um lado para o outro. A um terceiro grupo foi solicitado que ficasse imóvel.

Depois de "testarem os fones de ouvido", os alunos foram convidados a preencher um questionário. As perguntas diziam respeito não somente aos fones de ouvido, mas também à matrícula da universidade. Resultado: aqueles que balançaram a cabeça para cima e para baixo (movimento afirmativo) mostraram-se favoráveis a um salto na taxa de matrícula; de modo geral, os que balançaram a cabeça para um lado e o outro (movimento negativo) desejavam uma redução na taxa de matrícula; já os que não se moveram também não pareciam ter chegado a uma conclusão.[6] Em um estudo semelhante na Universidade de Missouri, pesquisadores descobriram que os anúncios de TV foram mais persuasivos quando a exibição visual incluía movimentos verticais repetitivos afirmativos (de cima para baixo), como uma bola quicando, por exemplo.[7]

O poder do sim

Use perguntas capazes de gerar repostas afirmativas. Conforme você desenvolve o *marketing* e as apresentações persuasivas de sua empresa, você deve projetar o número de vezes em que o seu público irá levantar a mão, dizer sim ou acenar positivamente com a cabeça. Quantos "sim" verbais você está recebendo? Uma maneira fácil e eficaz de obter respostas afirmativas é engendrar perguntas que certamente receberão respostas positivas. Por exemplo, quando você termina uma frase com uma perguntinha negativa, em geral a resposta sugerida é afirmativa. Considere os seguintes exemplos:

- Não seria? Não deveria?
- Não é? Não vai?
- Não poderia? Não pode?
- Não é? Não foi?

Obviamente essa técnica não irá funcionar se as pessoas não gostarem de você nem demonstrarem confiança no que você diz

Contato

O envolvimento dos clientes pelo contato humano também funciona bem para lojas de varejo. O homem é naturalmente atraído pela atividade de outro ser humano.[8] A visão de pessoas em movimento atrai outras e aumenta as vendas. Estudos mostram que quanto mais os funcionários fazem contato com os clientes, maior será sua média de vendas.[9] Na verdade, qualquer contato iniciado por um funcionário da loja aumenta a probabilidade de que o cliente compre alguma coisa.[10] O cliente que fala com um vendedor e experimenta um produto também se mostra duas vezes mais propenso a comprar que outro que não faz nenhum dos dois. Conversar com os funcionários é um modo de atrair clientes e envolvê-los de maneira ativa.

CRIANDO A ATMOSFERA CERTA

Outra forma de aumentar a participação do cliente é criando a atmosfera adequada, ou seja o estado de espírito ideal. Pense nos seguintes locais e no ambiente que ali foi criado de modo proposital:

Lojas de ferramentas
Livrarias
Shoppings
Cassinos

Restaurantes temáticos
Parques de diversão
Hospitais
Escritórios de advocacia

Cada um desses estabelecimentos é bastante diferente dos demais. Porém, quando você adentra um determinado local, sabe imediatamente o tipo de atmosfera ou sensação que ele evoca. Essa atmosfera mexe com você. Lojas de antiguidades criam intencionalmente um ambiente caótico. Eles parecem desorganizadas, com todos os itens espalhados e desarrumados. Isto é feito justamente para que os clientes acreditem que literalmente tropeçaram em um grande achado – em um tesouro que estava enterrado. E o que dizer das grandes lojas de artigos esportivos, cada qual com seu tema específico? Ao entrar nesse ambiente, os clientes se sentem seduzidos pela imagem de sucesso, pelo entusiasmo e pela energia daquela atmosfera atlética. Por causa disso, eles sentem que precisam ser dignos de tudo isso e acabam comprando um novo par de tênis de corrida.

Apressado *versus* descontraído

A atmosfera de um local também pode provocar tensão. Os clientes estão com pressa ou relaxados? Que tipo de clima que você está tentando criar? Você quer que seus clientes tomem decisões rápidas e vão embora ou você que eles se sintam confortáveis o suficiente para ficar mais tempo no local? Um exemplo interessante sobre o que acontece quando você cria uma atmosfera agitada pode ser visto no estudo mencionado a seguir:

Os psicólogos John Darley e Daniel Batson, da Universidade de Princeton, queriam ver como seminaristas responderiam se colocados em uma situação que replicasse o relato bíblico do *Bom Samaritano*.[11] De acordo com a história, depois de ser agredido e roubado por um bando de ladrões, um viajante foi deixado à beira da estrada para morrer. Um padre devoto e um levita respeitável passaram por ele, mas nenhum deles parou para ajudar o homem ferido. Depois de algum tempo, um samaritano finalmente parou para ajudá-lo. Ele o levou para uma estalagem, cuidou de suas feridas e pagou o estalajadeiro para que cuidasse dele até que ele voltasse.

Darley e Batson pediram aos seminaristas que individualmente preparassem e apresentassem um breve discurso sobre um tema bíblico que lhes seria atribuído. O teste foi criado de maneira que, em seu caminho para o local onde fariam seu discurso, cada aluno tivesse de cruzar com um homem caído ao chão, tossindo e gemendo. Quais dos alunos iriam efetivamente parar e ajudar? Antes de preparar seus discursos, os alunos preencheram um questionário sobre as razões pelas quais haviam optado por estudar teologia. Eles afirmaram que o objetivo maior era ajudar as pessoas. Em seguida, foram listados vários tópicos para o discurso, incluindo a história do *Bom Samaritano*. Conforme os alunos iam saindo rumo ao local da apresentação, eles escutavam a seguinte instrução: "É melhor se apressar. Você já está três minutos atrasado." Outros escutaram: "O pessoal que fará a avaliação ainda deve demorar alguns minutos para chegar, mas se quiser já pode se dirigir para lá agora."

Bem, a maioria das pessoas poderia pressupor que os seminaristas que tivesse de falar sobre o bom samaritano provavelmente iriam parar e ajudar o homem doente. Curiosamente, nem a sua profissão pretendida nem o seu suposto desejo de ajudar as pessoas pareceram influenciar suas ações. Darley e Batson afirmaram o seguinte: "De fato, em várias ocasiões, alunos do seminário que seguiam apressadamente rumo a suas palestras sobre a parábola do *Bom Samaritano*, literalmente passaram por cima da vítima." O que pareceu importar mais neste caso foi o fator tempo, ou seja, se o estudante estava ou não com pressa. Dos alunos que foram informados de que já estavam atrasados, apenas 10% pararam para ajudar; entre aqueles informados que ainda tinham algum tempo disponível, 63% pararam para oferecer ajuda.[12]

O que aprendemos com este exemplo é que podemos criar ambientes em que as pessoas estejam tão envolvidas consigo mesmas que ignorem outros fatores que normalmente não seriam esquecidos. Em contrapartida, se os participantes estiveram demasiadamente relaxados, torna-se mais difíceis convencê-los.

Experiência de "participação ativa"

Outra boa maneira de envolver as pessoas é colocando o seu produto nas mãos delas. Se eles puderem começar a utilizá-lo, é provável que eles continuem a usá-lo. É por isso que os vendedores de automóveis incentivam seus clientes a fazerem um *test-drive*. Você inclusive verá os representantes de algumas concessionárias de veículos oferecerem aos seus clientes mais fiéis um modelo mais novo para eles dirigirem por alguns dias. Mas como você conseguirá voltar para o seu carro mais velho depois de dirigir um carro novinho? Agora seus vizinhos e colegas de trabalho já viram você no carro novo e até comentaram sobre ele. Você está completamente envolvido e o carro novo é seu. É óbvio, portanto, que você quer que as pessoas experimentem o seu produto de graça. Testes livres podem ser vistos em praças de alimentação, balcões de produtos de beleza, na venda de *software* e em *resorts*.

Muitos anunciantes de TV oferecem a oportunidade de acesso gratuito ao seu produto por um mês, antes que você tenha de pagar. Depois que o mês termina, a maioria dos consumidores irá manter o produto, mesmo que não o utilize. O período experimental cria um sentimento de posse em relação ao produto e, em geral, os consumidores não gostam de abdicar a essa propriedade. Também é por isso que muitas empresas utilizam ofertas iniciais. Empresas de cartão de crédito são conhecidas por atraírem os clientes com taxas de juros iniciais muito baixas. Um estudo demonstrou que a oferta de amostras aumenta as vendas em até 500%.[13]

Colocar o seu produto nas mãos dos seus clientes potenciais, fazê-los abrir a caixa e manipular o objeto, dá a eles um sentimento de propriedade, os faz sentir como se já o tivessem adquirido e, inclusive, os incentiva a sugerir como melhor utilizá-lo. Há muitos outros exemplos para a **lei do envolvimento**: os pontos de escuta nas lojas de música; as cadeiras confortáveis das livrarias, em que você poderá sentar, relaxar e ler; os estandes nos *shoppings* para você testar produtos e equipamentos; os *software* de demonstração; oferecimento de cupons de sorteio e brindes; serviços de avaliação gratuita etc.

A 3M certamente descobriu o valor de colocar seus produtos nas mãos dos clientes. No início os famosos bloquinhos Post-it ® não foram muito bem-sucedidos, e a empresa decidiu encerrar sua produção. Porém, o gerente da marca decidiu enviar caixas do produto para as 499 empresas listadas na revista *Fortune 500*. A ideia era que elas experimentassem o produto e opinassem sobre ele.

As empresas da *Fortune 500* adoraram a eficiência dos bloquinhos e o resto da história todo mundo já conhece.[14]

Pense nisso. Os *post-its* eram um produto novo e revolucionário, porém, até aquele momento, ninguém sabia o quanto **precisava deles**, simplesmente porque jamais os havia **utilizado**. Explicar com palavras a utilidade dos *post-its* seria complicado, entretanto, deixar que os clientes o usassem permitiu que eles percebessem que, de fato, precisavam dele e que em seguida passassem a comprá-los.

Normalmente, sentimo-nos inclinados a favorecer nossas próprias ideias em detrimento às dos outros, certo? Sendo assim, saber de antemão que as pessoas não resistirão às suas próprias ideias pode ser a chave quando você estiver tentando influenciá-las. Sempre procure obter as perspectivas de seus clientes, assim eles pensarão que as ideias são deles, não suas. Um bom exemplo dessa estratégia é quando, durante o fechamento de um contrato, as empresas pedem aos próprios clientes que preencham seus formulários. O número de cancelamentos nesse caso costuma ser incrivelmente baixo. Trata-se de um golpe duplo: não só os clientes concordam em fazer o que você quer, mas ainda o colocam por escrito!

MANTENDO A ATENÇÃO

O que faz parte do senso comum? Você tem de manter a atenção do seu público para conseguir persuadi-lo. Se isso não ocorrer, você perde sua chance de fazer as pessoas entenderem e aceitarem a sua proposta. Sabemos por experiência própria que, quando estamos ouvindo outras pessoas, tendemos a deixar nossas mentes à deriva. Não costumamos focar em um ponto por muito tempo a menos que sejamos obrigados a fazê-lo. Persuasores eficientes são capazes de fazer com que as pessoas queiram prestar atenção no que está dizendo. Você pode até perder a atenção do seu público por alguma tempo, mas é o seu trabalho atraí-la novamente.

Você pode fazer com que o seu cliente perca a noção do tempo. Alguns estudos estimam que, em média, o tempo de concentração de um adulto é de cerca de 15 a 20 min.[15] Porém, estudos indicam que esse intervalo de atenção tem diminuído progressivamente ao longo da última década. A culpa tende a ser colocada na mídia, na falta de situações que exigem concentração e até no desejo por parte das novas gerações de se divertirem mais ou de simplesmente desligarem sua mente. Seja qual for o motivo, à medida que a nossa atenção cai, ficamos entediados e já não escutamos o que nosso interlocutor nos diz. É preciso ser criativo para manter no cliente o envolvimento mental necessário para que ele seja convencido. Uma maneira de manter a mente das pessoas focada é dando a elas tempo suficiente para processarem o que lhes foi dito ou apresentado. É possível dizer pelo olhar das pessoas e você perdeu ou não sua atenção. Lembra-se dos seminários ou das aulas da faculdade durante os quais você costumava ficar completamente perdido. O professor fazia perguntas, mas você não levantava a mão porque não tinha ideia do que estava acontecendo. Dê aos seus ouvintes tempo suficiente para que eles absorvam o que você está dizendo, mas, obviamente, evite que eles fiquem entediados e/ou distantes.

> **MANEIRAS DE AJUDAR AS PESSOAS A PRESTAREM ATENÇÃO:**
> - Faça perguntas.
> - Use recursos visuais envolventes.
> - Crie exercícios em grupo.
> - Mostre vídeos.
> - Use o humor apropriado.
> - Faça relatos surpreendentes.
> - Forneça exemplos relevantes.
> - Alterne as mídias utilizadas.
> - Forneça atalhos e/ou dicas.
> - Mantenha seu corpo em movimento.
> - Evite detalhes excessivos.
> - Certifique-se de que suas transições fluam.

Você poderá implementar essas técnicas sempre que perceber que a atenção de seus ouvintes está oscilando e a mente das pessoas começando a divagar. Adote essas sugestões e certamente será capaz de captar a **atenção do seu público.**

O uso de movimento é outra técnica comum para atrair a atenção do público. Ele nos coloca em estado de alerta. Supermercados que se utilizam de *displays* com ofertas especiais nas extremidades dos corredores têm sempre mais clientes em seu interior que lojas que não se utilizam dessa prática. Lojas que disponibilizam sensores automáticos para informar preços também geram movimento. Outra técnica bastante utilizada pelo comércio é o uso de pessoas fantasiadas com roupas estranhas e chamativas bem em frente às lojas, acenando com as mãos ou manuseando grandes cartazes para atrair sua atenção. Esse tipo de estratégia pode ser usada a seu favor durante uma apresentação. Quando seus movimentos são propositais e bem colocados, o público se sente mais sintonizado com você e com a sua mensagem.

Quando todo o resto falhar, e você sentir que está perdendo o seu público, talvez seja uma boa ideia apelar para um pouco de cafeína. Esse produto é capaz de aumentar a nível de atenção e pode, portanto, ajudá-lo na persuasão. Durante um estudo, antes de lerem um texto com conteúdo persuasivo alguns dos participantes receberam suco de laranja misturado com cafeína. Descobriu-se posteriormente que aqueles que ingeriram a cafeína se mostraram mais influenciáveis pelo texto.[16]

USANDO A ARTE DE QUESTIONAR

Entre todas as ferramentas de persuasão disponíveis, o **questionamento** é provavelmente a mais utilizada pelo persuasor. Neste caso, as perguntas são utilizadas para criar envolvimento mental, para orientar o diálogo e para descobrir o que exatamente o seu cliente em potencial necessita. O questionamento é uma ferramenta muito diversificada e extremamente útil. Um importante estudo para descobrir o que é preciso para se tornar um negociador bem-sucedido, centenas de negociadores foram observados em plena ação. A principal conclusão foi de que os profissionais mais habilidosos fazem mais que o dobro de perguntas que os considerados medianos.[17]

Similarmente ao que ocorre com o movimento, as perguntas demandam uma resposta automática do nosso cérebro. Somos ensinados a responder as perguntas que nos são feitas, portanto, ao sermos questionados, automaticamente pensamos em uma resposta. Mesmo que não as verbalizemos, pelo menos pensamos sobre elas. A maioria das pessoas gosta de ser cooperativa e não quer parecer rude por não responder a uma pergunta. Perguntas estimulam respostas pensadas.

Mas como se faz uma boa pergunta? Em primeiro lugar, é importante pensar e criar as perguntas com antecedência. A estrutura de suas perguntas ditará o modo como seu ouvinte irá respondê-las. Por exemplo, quando solicitadas a estimar a altura de um indivíduos, as pessoas responderão de maneiras diferentes dependendo da pergunta proposta: "Quão alto ele é?" ou "Quão baixo ele é?" Em um estudo, quando questionados sobre a altura de um jogador de basquete, o público ofereceu respostas bastante diferentes de acordo com a estrutura da questão. Para a pergunta "Quão alto você acha que ele é?", a resposta obtida foi de 2m7cm; já para a pergunta "Quão baixo você acha que ele é?, o palpite foi de 1m75cm – uma diferença de quase

10 centímetros.[18] Ou seja, as palavras têm um efeito definitivo sobre o modo como as pessoas reagem. A pergunta "Quão rápido estava o carro?" sugere uma alta velocidade, enquanto "A que velocidade o carro estava?" sugere uma velocidade moderada. "Quão longe estava o cruzamento?" sugere que o cruzamento ainda estava longe.

Uma boa técnica de questionamento é o uso de perguntas conducentes. Elizabeth Loftus, professora da Universidade Stanford, pesquisou como as perguntas conducentes influenciavam o depoimento de testemunhas oculares.

Em um dos projetos, os participantes assistiram a um acidente com múltiplos veículos. Um grupo respondeu à seguinte pergunta: "Quão rápidos os carros estavam quando esmagaram um ao outro?" Ao segundo grupo foi perguntado: "Quão rápidos os carros estavam quando bateram?" Já a pergunta para o terceiro grupo foi, "Quão rápido os carros estavam quando se tocaram?" O primeiro grupo estimou que os carros estavam a cerca de 65 km/h; o segundo grupo avaliou que os veículos estavam a menos de 55 km/h; o terceiro grupo considerou que os automóveis estivessem mais ou menos 51 km/h.[19] Ou seja, a mesma pergunta formulada de três maneiras distintas levou a respostas diferentes.

Questões conducentes não apenas alteram a nossa forma de interpretar os fatos, mas também influenciam no que nos lembramos. Em outro estudo conduzido pela professora Loftus, os participantes que receberam a pergunta: "Você viu **o** farol quebrado?" se sentiram três vezes mais propensos a responder que sim do que os indivíduos para os quais a pergunta foi simplesmente, "Você viu **um** farol quebrado?"[20]

Quando você está sondando para obter informações importantes, faça perguntas abertas. Responder a uma pergunta com um simples **sim** ou **não** é muito fácil. Por exemplo, em vez de dizer: "Você gostaria de ter tomado outra decisão?", perguntar: "Como você se sentiu depois de tomar aquela decisão?". A partir daí, a resposta do cliente poderá abrir caminho para perguntas mais detalhadas, sem que você pareça demasiadamente invasivo: "Por que tomou essa decisão?" ou "O que você gostaria de mudar em sua decisão?"

Uma **regra de ouro** é começar sempre pelas perguntas mais fáceis primeiro. Atraia seu público para a conversa e ajude-o a sentir-se relaxado e confortável. As pessoas são incentivadas pelas respostas que consideram certos. Comece a conversa por um tema geral, em vez de optar por um assunto específico. Você precisa que a mente dos seus ouvintes esteja funcionando antes de pedir-lhes que respondam perguntas mais específicas.

Um via de mão dupla

O ato de perguntar pode medir o nível de receptividade do seu cliente. O quão receptivos seus clientes se mostram está diretamente associado ao número de perguntas ou afirmações que eles próprios fazem. Então, o que você deveria fazer se não houvesse perguntas do seu interlocutor? A falta de perguntas pode ocorrer por várias razões: 1º) o indivíduo precisa de tempo para pensar sobre o que você acabou de lhe dizer; 2º) ele pode estar com medo de perguntar por causa do que os outros poderiam pensar dele; 3º) talvez ele simplesmente não seja capaz de pensar em uma boa pergunta no momento; 4º) quem sabe você tenha se prolongado demais ou até tocado em uma questão sensível; 5º) é possível também que a pessoa já tenha tomado uma decisão; ou 6º) pode ser que o interlocutor não fale a sua língua.

O fato é que as melhores perguntas atraem as pessoas para a conversação. Por isso, é do seu interesse propor perguntas diretas que façam com que seus clientes se envolvam no diálogo:

> ➤ O que você pensa a respeito de...?
> ➤ Alguma vez você já pensou sobre...?
> ➤ Como você se sente sobre...?
> ➤ Quando você começou...?
> ➤ Onde você encontrou...?

Esteja preparado para responder às perguntas que as pessoas certamente lhe farão e para as quais querem respostas. Pense antecipadamente sobre as possíveis perguntas e respostas que irão surgir, assim como diferentes cenários. Haverá sempre alguém para fazer as perguntas difíceis e, se você for um especialista, espera-se que saiba as respostas. É óbvio que se não souber a resposta, não deverá inventar uma. Agora, se a pergunta nada tiver a ver com o assunto, você pode perfeitamente dizer que desconhece a resposta. Mas o que deveria fazer se o interlocutor esperasse que você soubesse uma informação mas isso não acontecesse? Como você evita perder credibilidade numa situação dessas?

Uma técnica é jogar a questão de volta para a plateia e pedir sua ajuda ou opinião. Outra estratégia é pedir que a pessoa repita a pergunta, o que lhe dará mais tempo para pensar em uma resposta. Para ter certeza de que entendeu a pergunta, você também poderá reformular a pergunta e questionar ao cliente se o seu entendimento está correto. Você pode solicitar que a pessoa que fez a pergunta o consulte mais tarde: "Fale comigo no intervalo para que possamos discutir sobre isso." É sempre melhor dizer diretamente a uma única pessoa que não sabe a resposta que admiti-lo para todos os participantes de uma palestra em público. Alternativamente, você poderá perguntar ao público se eles têm algo a dizer sobre o assunto.

Lidar com objeções

No momento em que você conseguir envolver as pessoas em um processo, certamente enfrentará algumas objeções. O modo como você lidar com elas objeções definirá o quanto as pessoas ficarão mentalmente envolvidas com a sua mensagem. Quanto melhor você aprender a lidar com **objeções**, mais **persuasivo se tornará**.

Logo você perceberá que adora escutar objeções. Ao expressá-las, o interlocutor demonstra interesse pelo que está dizendo. A chave para a persuasão é antecipar todas as possíveis objeções antes mesmo de ouvi-las. Mas fique atento: propor perguntas e lidar com as objeções são duas ações que poderão ajudá-lo ou prejudicá-lo como persuasor. Bem realizadas, essas habilidades irão ajudá-lo em todos os aspectos de sua vida.

DICAS SOBRE COMO LIDAR COM OBJEÇÕES

1º) Primeiramente descubra se a objeção é algo que você pode ou não resolver. Suponhamos que esteja negociando uma grande encomenda de mobiliário para escritório, mas o cliente faça uma objeção se dizendo incapaz de pagar o preço da mobília. Você então descobre que o cliente acabou de pedir falência. É óbvio que nada que diga ou faça irá resolver tal situação.

2º) Deixe o cliente potencial externar sua objeção: ouça o que ele tem a dizer, sem interrompê-lo. Espere até que termine antes de dizer qualquer coisa. Segure a sua resposta até que a outra pessoa se mostre receptiva a ouvir aquilo que você está prestes a dizer. Essa é a primeira vez que o cliente compartilha sua objeção, portanto, ele não irá ouvi-lo até que tenha terminado sua exposição.

3º) Sempre peça ao cliente potencial que reafirme ou repita os pontos-chave. A cada repetição a objeção se torna mais clara em sua mente e também na dele. Deixar que o cliente potencial se expresse, em especial se ele estiver chateado, fará com que a objeção se esvazie em termos de emoção. Além disso, essa repetição lhe dará tempo para pensar em uma resposta e ainda o ajudará a determinar a intenção do cliente em levantar aquele insatisfação.

4º) Sempre elogie o cliente em potencial sobre sua objeção. Como um persuasor eficiente, você deveria apreciar uma boa objeção, pois ela determinará a direção que tomará em sua apresentação. Você não tem de provar a ninguém que está certo o tempo todo. Persuasores mais hábeis sempre encontrarão algum ponto de acordo.

5º) Mantenha-se calmo. Testes científicos já comprovaram que quando as pessoas apresentam dados e fatos de modo calmo e tranquilo, elas são mais eficientes em mudar a opinião do interlocutor que quando lançam mão de ameaças ou demonstrações de poder.

6º) Não seja arrogante ou condescendente. Mostre empatia pela objeção de seu cliente potencial. Deixe-o saber que outros já se sentiram do mesmo modo. Use a terceira pessoa; mencione uma terceira parte desinteressada para provar seu ponto. É justamente por isso que as empresas usam depoimentos de outros clientes em suas negociações: para deixar que eles façam parte do trabalho de persuasão.

> 7º) Dê espaço à pessoa para que ela não se sinta humilhada. Muitas vezes as pessoas irão mudar de opinião e concordar com você. Então, a menos que esse cliente potencial tenha se mostrado definitivo em sua decisão negativa, deixe sempre a porta aberta para que ele concorde contigo mais tarde. Pode ser que ele não disponha de todos os fatos, que tenha entendido mal ou até que você não tenha explicado tudo corretamente.

Nota importante: Se você estiver lidando com uma pessoa teimosa que simplesmente não irá mudar de ideia sobre qualquer coisa, não entre em pânico. É provável que essa pessoa apenas tenha a mente fechada e esteja acostumada a dizer não para tudo. Talvez ela não tenha uma ideia clara sobre o que você está propondo; quem sabe ela já não tenha sido enganada no passado. Também é possível que ela esteja com medo de ser julgada ou sinta que suas ideias não estão sendo apreciados. Não tome isso como pessoal; isso acontecerá de tempos em tempos. Mantenha a porta aberta para rever a questão em outro momento.

CONTANDO HISTÓRIAS FASCINANTES

Histórias são poderosas ferramentas de persuasão. Narrativas convincentes automaticamente atraem a atenção e estabelecem um envolvimento com o seu público. Todos nós já nos pegamos totalmente absortos durante uma palestra. De repente o orador começa a contar uma história e nos sentimos animado em escutá-la. Então nós nos ajeitamos na cadeira e passamos a ouvir com atenção e a tomar notas; queremos saber o que acontecerá em seguida. Sempre que você sentir que o seu público está começando a divagar, lance mão de uma história **relevante**. Como seres humanos, somos levados em direção àquilo que nos oferece respostas, e as histórias nos brindam com essas respostas. Elas dão às pessoas o espaço de que precisam para pensar e convencer a si mesmas. Dados estatísticos comprovam que o uso de histórias lhe permitirá uma conexão mais rápida e direta, e com um número maior de pessoas, que a introdução de fatos, números, exemplos ou até depoimentos.[21]

Mas observe bem a palavra **relevante**. Você pode até capturar a atenção do seu público contando uma história, mas, se a narrativa não disser respeito a você ou ao seu tópico, acabará perdendo poder de persuasão em longo prazo. Quando suas histórias funcionam bem no sentido de destacar seus pontos principais, sua apresentação gera um maior impacto nas pessoas. Lembre-se: fatos apresentados isoladamente não irão convencer seus clientes da mesma maneira como se estivessem combinados a histórias impactantes. Ao lidar com a inspiração, a esperança e os sentimentos mais íntimos de uma pessoa, você acaba tocando psicologicamente seus clientes potenciais.

O QUE AS HISTÓRIAS SÃO CAPAZES DE FAZER

- Atrair atenção e criar envolvimento emocional.
- Simplificar ideias complexas.
- Criar ganchos memoráveis.
- Desencadear emoções.
- Explorar crenças existentes.
- Persuadir sem detecção.
- Superar resistências – a você ou às suas ideias.
- Demonstrar quem você é.

Na mente da plateia, as histórias respondem dúvidas sobre quem você é e o que representa. Se não responder essas perguntas para seus ouvintes, eles próprios desenvolverão suas respostas. A partir de uma narrativa, os participantes do evento poderão dizer se você é engraçado, honesto ou até mesmo se gosta de estar com eles. Lembre-se, a construção de *rapport* é um ingrediente-chave para a persuasão. Pelo fato de você geralmente não ter tempo de estabelecer confiança com base em experiências pessoais e reais, o melhor que tem a fazer é contar aos seus clientes potenciais uma história que simule uma experiência de confiabilidade. Ouvir essa história é o mais próximo que eles poderão chegar da experiência de vê-lo em ação.

Seu objetivo é fazer com que os ouvintes cheguem por conta própria às mesmas conclusões que você. Sua história precisa levá-los em uma excursão passo a passo. Uma história convincente simplifica conceitos para que o público possa entender o que está sendo dito e o que você quer que eles façam. Nós costumamos amar as histórias que nos dão respostas para os nossos problemas, pois estas se tornam mais fáceis de aceitar do que quando alguém apenas as fornece gratuitamente.

Muitas vezes advogados criam encenações de eventos dentro do tribunal. Eles tornam as histórias tão ricas em detalhes que o júri literalmente vê, ouve e sente o evento, assim como no momento em que ele ocorreu. O objetivo desses profissionais é tornar a descrição tão vívida que os jurados consigam sentir a angústia de seu cliente como se fossem deles próprios. Quanto mais concretos e específicos forem os detalhes descritivos, mais persuasiva será a narrativa. Valendo-se de minúcias, o advogado atrai os ouvintes para dentro de sua história, tornando-a real e crível.

Prepare suas histórias com autenticidade, emoção e humor. Certifique-se de que elas sejam simples e que a sequência de eventos e o desenvolvimento dos personagens sejam claros. Uma história confusa não irá convencer. Use o seu corpo, sua voz, seus adereços e até mesmo a música, se necessário, para intensificar sua mensagem. Desse modo, você conseguirá atingir todos os sentidos dos seus interlocutores, e isso tornará sua história mais eficaz. Quando você consegue fazer com que seus ouvintes vejam, escutem, sintam o cheiro e até saboreiem os elementos de sua história, a imaginação deles os levará ao ponto de experimentá-los sem nunca terem estado lá.

À medida que você aprender a incorporar os sentidos em suas histórias, você descobrirá que os efeitos da narrativa são capazes de convencer mais rápido que suas palavras. Por exemplo, cheiros e sabores podem ser muito poderosos. Ambos conseguem evocar fortes memórias emocionais e até mesmo reações fisiológicas em seus ouvintes. Convide seu público a imaginar o cheiro de biscoitos de chocolate recém-saídos do forno, e você perceberá no rosto deles a sensação associada a esse aroma especial. Isso encherá suas mentes com sentimento de prazer e relaxamento. Você quer que essa experiência se torne viva em suas mentes, como se estivesse realmente acontecendo com eles. Pinte a imagem de tal forma que se torne tão real que seu público se sinta parte dela. As pessoas irão participar de suas histórias à medida que você permitir que eles o façam.

O efeito Zeigarnik

Ficar esperando nos deixa malucos! Nós queremos saber o fim da história; conhecer a peça que faltava. Precisamos que nossas tarefas sejam concluídas para que finalmente possamos retirá-las de nossa lista. Esta reação é conhecida como o efeito Zeigarnik, em homenagem à psicóloga russa Bluma Zeigarnik. Este efeito se refere a uma tendência do ser humano em se lembrar de ideias, tarefas ou pensamentos incompletos, mais do que dos concluídos.

Diz a história que Bluma Zeigarnik estava sentada em um café em Viena, quando passou a observar um garçom. Ela percebeu que o rapaz sempre conseguia se lembrar de tudo o que qualquer cliente lhe solicitasse, mas que, uma vez entregue os pedidos, ele esquecia tudo. Isto a levou a concluir que é mais fácil se lembrar de tudo a respeito de uma tarefa incompleta do que de outra ainda por fazer, pois quando uma obrigação é concluída a memória simplesmente desaparece. Sendo assim, a atividade incompleta manterá acesa nossa memória, melhorará o *recall* e nos ajudar a lembrar do compromisso. Nós experimentamos pensamentos intrusivos e quase irritantes sempre que uma meta ou um objetivo são deixados incompletos. O fato é que em nossa psique normalmente desejamos terminar o que foi iniciado.[22]

Vemos o efeito Zeigarnik todos os dias no noticiário da televisão e em outros programas. Logo antes de um intervalo comercial, os apresentadores anunciam um fato interessante que será apresentado na sequência. Isso desperta o interesse do telespectador que, em vez de trocar de canal, fica atento. Filmes e dramas da televisão também sempre deixam situações de suspense no ar. Ao manterem suas histórias incompletas antes dos intervalos comerciais, os programas de TV chamam a nossa atenção e nos mantêm envolvidos e motivados a continuar assistindo. Não nos sentimos satisfeitos até que recebamos um fim, um fechamento ou uma resolução, seja para os nossos objetivos ou em qualquer aspecto de nossas vidas. Tarefas incompletas desencadeiam pensamentos, e estes por sua vez levam a uma maior retenção da memória, que provoca ansiedade e, em seguida, mais pensamentos sobre o negócio inacabado.[23]

Também é possível ver o efeito Zeigarnik no tribunal. As pessoas se sentem mais confiantes e impressionadas com as informações que eles descobrem por si mesmos ao longo do tempo. É importante, portanto, que os persuasores liberem as informações lentamente em vez de despejá-las de uma só vez. Um bom advogado não divulga tudo o que sabe sobre um caso ou sobre o autor de um crime durante o discurso de abertura. À medida que o julgamento avança, o júri poderá preencher as lacunas com as informações que serão reveladas paulatinamente. Isso funciona muito melhor do que simplesmente descarregar tudo de uma única vez. Limitar a quantidade de informação prende a atenção dos jurados por mais tempo e dá à própria informação mais validade. Descobrindo as respostas por si mesmos, os jurados têm maior probabilidade de chegar à conclusão desejada.

ENGAJANDO OS SENTIDOS

Nossos cinco sentidos nos ajudam a criar generalizações sobre o mundo em que vivemos. Ao tentar persuadir uma plateia você precisa envolver o maior número de sentidos possível. Quando aprendemos, **75%** das informações nos chegam **visualmente**; **13%** pela **audição**; e **12%** pelo **olfato, paladar** e **tato**.[24]

No entanto, é preciso lembrar que gravitamos em torno de três sentidos dominantes: a visão, a audição e tato, ou seja, de sensações visuais, auditivas e cinestésicas. A maioria das pessoas tende a favorecer uma dessas percepções sobre as demais. Como um persuasor eficiente, você precisa saber identificar e usar o sentido dominante do seu cliente potencial; compreender o modo como ele enxerga o mundo. Em geral, nos utilizamos os três sentidos, mas é crucial determinar a percepção dominante. A partir do momento em que conseguir determinar o modo predominante, considere o tamanho de sua plateia. Por exemplo, se você estiver falando com uma única pessoa, você desejará identificar a percepção principal daquela pessoa, porém, se houver cem pessoas na sala, **será preciso** utilizar todos os **três estilos.**

Se você perguntar a uma testemunha ocular de um assalto, que é basicamente auditiva, se ela poderia descrever o ocorrido, sua descrição seria a seguinte: "Eu estava andando pela avenida e escutando o som dos pássaros quando, de repente, ouvi um grito de socorro. A gritaria ficou mais forte; houve então outro grito e o ladrão fugiu." Outra testemunha visual poderia narrar os mesmos fatos da seguinte maneira: "Eu estava andando pela avenida e observando os pássaros no céu. De repente vi um homem grande virar a esquina.Ele parecia perigoso, e atacou um sujeito menor. Eu o vi roubar sua carteira e correr do local." Já uma pessoa cinestésica poderia oferecer a seguinte descrição:". Eu estava andando pela avenida e, de repente, senti um nó na garganta, uma sensação de que algo ruim estava para acontecer. Houve um grito e senti muita tensão no local; eu sabia que um homem estava sendo assaltado, mas me senti impotente; sem condições de fazer absolutamente nada."

O sentido mais comum é o da **visão** – ou **percepção visual**. Um estudo demonstrou que aqueles que usam ferramentas visuais de apresentação (*slides*, transparências etc.) são 43% mais persuasivos que indivíduos que não o fazem. Além disso, aqueles que se utilizam de um computador para apresentar seus recursos visuais são consideradas mais profissionais, interessantes e eficientes.[25] Indivíduos visualmente orientados entendem o mundo conforme o próprio mundo olha para eles. Eles percebem os detalhes, como a forma de um objeto, sua cor, seu tamanho e sua textura. Eles dizem coisas como: "Eu vejo aonde você quer chegar ", "Do meu ponto de vista..., " "Como isso lhe parece?" "Eu não consigo ver o que está por trás de tudo isso," e "Você vê o que estou tentando lhe dizer?" Ou seja, essas pessoas tendem a usar os seguintes verbos: ver, mostrar, olhar, enxergar, observar etc.

A pessoa auditiva percebe tudo de acordo com o som e o ritmo. Frases comuns seriam: "Ouvi dizer que você", "Isso não soa bem para mim," "Você pode ouvir o que estou lhe dizendo?" Essas pessoas usam verbos como: ouvir, escutar, soar, falar e verbalizar, e palavras do tipo: sons, silêncio, harmonia etc..

Indivíduos cinestésicos agem de acordo com o que tocam e sentem. Isso não se aplica apenas à sensação tátil externa – tocar um objeto –, mas também à interna – um nó na garganta. Eles estão mais ligados a sentimentos e emoções. Uma pessoa cinestésica diria: "Sinto que tudo vai dar certo," "Manterei contato com você," "Você sentiu isso?" "Eu entendo como você se sente" e "Eu posso sentir isso." Eles usam verbos como: sentir, tocar, segurar, conectar, entender e alcançar, e palavras como: tensão, sentido etc.

Em média, **40%** da população tende a ser **visual**, **20%** tende a ser **auditiva** e os **40%** restantes tendem a ser **cinestésicas**. Indivíduos mais visuais gostam de imagens, recursos visuais, figuras e adereços. Pessoas auditivas precisam das coisas por escrito; eles adoram escutar uma grande história e o som da palavra falada. Pessoas cinestésicas precisam sentir, tocar nas coisas e realizar tarefas ou exercícios.

Uma última palavra sobre os sentidos visual, auditivo e cinestésico: uma maneira geral de dizer qual é o sentido predominante em uma pessoa é observando o movimento de seus olhos quando ela tem de pensar em uma pergunta. Proponha uma questão que não seja muito fácil para que ela tenha de refletir por alguns minutos, então observe os olhos dela. Embora isso não seja 100% eficiente, em geral, se o indivíduo for visual, ele olhará para cima; se for auditivo, olhará para os lados; e se for cinestésico, para baixo.

Estou simplificando bastante uma ciência complicada, mas, se você tentar, ficará surpreso com a precisão da técnica.

Mantenha seu público mental e fisicamente envolvido e veja suas habilidades de persuasão crescerem. Seu trabalho é tornar as coisas simples, manter as pessoas envolvidas e transformar todo esse processo em algo fácil. Lembre-se: é muito difícil convencer alguém que está:

- Entediado.
- Confuso.
- Absorto.
- Demasiadamente confortável.
- Sentindo muito calor ou muito frio.
- Oprimido/sobrecarregado.

EFEITO REVERSO

A lei do envolvimento jamais irá funcionar se o seu público não gostar de você ou não confiar em você. Essa lei também será inútil se o seu produto/serviço não tiver valor ou se os clientes em potencial não sentirem a necessidade ou o desejo de adquiri-lo. Aprenda a reduzir a distância entre a introdução e o apelo de ação.

ESTUDO DE CASO

> Ao entrar em uma academia, passei pelo balcão da frente e fiz contato visual com o proprietário da loja de complementos nutricionais que fica no local. A loja oferece aconselhamento profissional, além de *smoothies*, comprimidos e produtos em pó para praticamente tudo. Notei que o meu sorriso não foi devolvido, então eu perguntei a ele: "Como vão os negócios?" "Nada bem," ele respondeu. Na verdade o fluxo de clientes no local era alto, e ele poderia se sair muito bem, mas as vendas não subiam. Eu disse, prepare-me uma bebida e eu lhe darei uma estratégia que irá aumentar suas vendas em 50%. Ele concordou e me fez um grande *smoothie*. O que você recomendaria usando a **lei do envolvimento**?
>
> Lembre-se de que o objetivo do envolvimento é facilitar ao máximo para que seu cliente em potencial faça negócios com você ou pelo menos considere essa ideia. A primeira coisa que eu recomendei a ele foi que oferecesse aos clientes a oportunidade de pagar os produtos mensalmente. Pense nisso. Você acabou de se exercitar e um *smoothie* seria uma ótima ideia, mas a sua carteira está no carro. A loja estava perdendo vendas simplesmente porque, para fazer uma compra, os clientes potenciais tinham de dar um "passo extra," ou seja, sair da loja, caminhar até o carro, pegar a carteira e retornar. O próximo passo seria oferecer amostras grátis para mostrar às pessoas o que elas estavam perdendo e também o valor daqueles produtos.

Recursos adicionais: Relatório sobre o aumento no envolvimento (maximuminfluence.com)

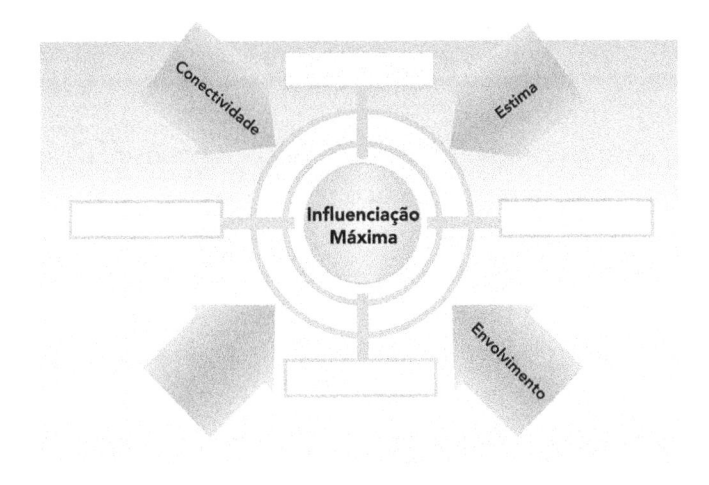

CAPÍTULO 5

A lei da estima
Como o elogio libera energia

"Consigo viver por dois meses com um bom elogio." — Mark Twain

Certa vez fui até um *shopping* local para experimentar alguns ternos. Eu já vinha pensando há algum tempo em comprar um terno, mas, naquele dia específico eu me sentia indiferente em relação à compra. Um homem bem-vestido se aproximou de mim e perguntou: "Que tipo de terno o senhor procura?"
"Provavelmente um terno azul," respondi.
"Qual é o seu tamanho?" perguntou o vendedor.
E eu disse: "Não tenho certeza."
"Então vamos descobrir," sugeriu. Ele mediu minha cintura e então meu tórax e depois meu tórax novamente. Depois ele olhou para mim com um brilho nos olhos e perguntou: "O senhor faz musculação, não é?"

Eu respondi, "Sim, eu faço."
Ele acenou com a cabeça, dizendo: "Foi o que pensei. O senhor precisa de um terno com corte atlético."
Sorrindo, senti-me autoconfiante. Sabia que ele estava tentando me vender um terno – e estava conseguindo. Eu peguei a isca no anzol, e ele se preparou para recolher a linha. A técnica dele era muito simples, mas bastante poderosa. Sim, eu fui para casa naquele dia com um terno novo (estava em promoção).

A lei da estima identifica que todos os seres humanos precisam de elogios, reconhecimento e aceitação, e precisam muito disso. Aliás, Aceitação e elogios são dois dos maiores desejos do ser humano; **nunca é o suficiente.** William James disse certa vez: "O princípio mais profundo da natureza humana é sua necessidade de ser apreciado." Você pode fazer um simples elogio a uma criança e vê-la flutuar até o topo do mundo. Todos nós sabemos como um simples "obrigado" pode fazer toda a diferença em nosso cotidiano. Os seres humanos têm uma necessidade psicológica de serem respeitados e aceitos. Precisamos de afeição para satisfazer nossa carência por pertencer a alguma coisa; necessitamos de elogios para nos sentirmos admirados e ansiamos por reconhecimento para satisfazer nossa urgência por valorização pessoal.

Em um processo de persuasão, as pessoas agirão e se comportarão de um modo específico para validarem os cumprimentos recebidos. Se você apresentar o seu pedido de uma maneira que também seja lisonjeira para sua plateia, todos se sentirão bem mais inclinados não apenas a continuar, mas a fazê-lo de modo ainda mais intenso. Cumprimentos têm o poder de mudar o comportamento das pessoas porque fazem com que o recebedor se sinta necessário e valorizado. O indivíduo tem agora uma reputação a defender ou uma oportunidade de provar a validade do elogio. Além disso, é difícil não se dar bem ou acatar pessoas que o admiram, que concordam com você e fazem coisas boas para você. Em contrapartida, as portas da persuasão podem se fechar quando você fere o ego de uma pessoa. Isso inclui pisar no calo de alguém, fazer com que essa pessoa pareça mesquinha ou coisa do tipo, destruir as ideias dela ou tentar parecer mais esperto contanto histórias melhores e mais engraçadas.

Para utilizar a **lei da estima** de maneira efetiva e eficiente, é preciso compreender claramente a relação entre **ego inflado** e **autoestima saudável**.

AUTOESTIMA

A autoestima (ou o quanto você gosta de si mesmo) é a aspiração elusiva da maioria das pessoas. Trata-se de confiança e autossatisfação, em um único sentimento. Mas de onde vem a autoestima? As pessoas que se sentem verdadeiramente felizes e confortáveis consigo mesmas, são aquelas que conseguem alcançar o que elas próprias desejam, e conviver com isso, sem se preocuparem com o que os **outros** querem. Quando elas pessoas funcionam dessa maneira, tornam-se mais agradáveis para se conviver. Elas tendem a ser mais generosas, otimistas e não preconceituosas. Elas desejam atender às próprias necessidades, mas se mostram cuidadosas em relação àquilo que os outros precisam.

Indivíduos que possuem autoestima são fortes e seguros, ou seja, eles são capazes de admitir quando estão errados, e não desmoronam diante de críticas. A autoconfiança dessas pessoas permeia todos os aspectos de suas vidas: emprego, educação, relacionamentos e seus rendimentos. Depois de um estudo aprofundado, o Instituto Nacional para Motivação Estudantil (Natonal Institute for Student Motivation), dos EUA, considerou a **autoconfiança** como um elemento mais influente nas realizações acadêmicas que o próprio QI.[1] Outros estudos demonstraram que a autoestima chega a impactar os níveis salariais.[2] Um persuasor precisa possuir uma autoestima saudável. Um estudo revelou que indivíduos com elevada autoestima são mais apreciados.[3]

Infelizmente, vários estudos mostram que, de modo geral, os norte-americanos não possuem elevada autoestima. De fato, dois em cada três deles sofrem com níveis variados de baixa autoestima. Em uma pesquisa sobre desenvolvimento infantil, 80% das crianças que estavam entrando na terceira série do ensino fundamental disseram se sentir bem em relação a si mesmas. Entre as crianças da 5ª série esse percentual caiu para apenas 20%. No último ano do colegial, apenas 5% dos adolescentes se disseram felizes em relação a si mesmos. Até certo ponto, todos nós sentimos baixa autoestima em alguma área de nossas vidas, seja por causa do nosso QI, de nossa aparência, do nível educacional ou de outros talentos que não possuímos. A pequena lista de sintomas que podem ser atribuídos à baixa autoestima inclui:

- Inabilidade para confiar nos outros.
- Comportamento agressivo.
- Prática de fofoca.
- Ressentimento em relação aos outros.
- Críticas aos outros.
- Inabilidade para aceitar críticas.
- Atitude defensiva.
- Inabilidade para aceitar elogios.

Há duas razões pelas quais as pessoas de modo geral sofrem tanto com o baixo valor pessoal. Em **primeiro lugar**, a **mídia** e as **propagandas** nos mostram constantemente qual deveria ser a nossa aparência, que tipo de carro deveríamos dirigir e qual deveria ser o nosso perfume. A mensagem aqui é clara: nunca somos bons o suficiente. Somos bombardeados por imagens que nos mostram aparências, estilos de moda, níveis de popularidade e de atratividade que jamais atingiremos. Essas figuras constantemente nos fazem lembrar de que precisamos melhorar, pois existe sempre alguém melhor e mais belo que nós. Em **segundo lugar**, nós julgamos e avaliamos a nós mesmos não em relação às nossas **próprias normas**, mas àquelas estabelecidas por outras pessoas. Porém, pelo fato de acreditarmos e assumirmos que deveríamos de fato nos avaliar de acordo com as regras de outras pessoas, nos sentimos deprimidos e defeituosos, e concluímos que há algo de errado conosco. Em outras palavras, há uma tendência natural no ser humano de comparar seus pontos fracos aos pontos fortes das outras pessoas.

A estima é definitivamente um dos itens mais importantes entre todas as necessidades do ser humano. Quando você se encontra em uma situação persuasiva, e não sabe o que fazer, ajudar seu cliente potencial a sentir-se importante é um ótimo lugar para se começar. Estudos mostram que pessoas com baixa autoestima estão sempre à procura de pistas que indiquem rejeição.[4] Portanto, não dê a essas pessoas qualquer pista nesse sentido.

O EGO INFLADO

Cada um de nós tem um ego e, em certas ocasiões, ele se revela bastante frágil. Todos queremos nos sentir **importantes**. O ego demanda respeito, quer aprovação e busca realizações. Bem lá no fundo, todo homem e toda mulher deseja ser importante e receber a aprovação dos outros. Esse nosso ego pode nos levar a agir de maneira ilógica e até destrutiva, ou, em contrapartida, a nos mostrarmos nobres e corajosos. Quando nosso ego está faminto, buscamos carinho, independentemente do modo como o conseguirmos. Alimente um ego esfomeado e ele se revelará mais persuasível. Essa fome é universal; nosso ego precisa ser alimentado diariamente. Necessitamos de afirmação todos os dias de que nosso valor como ser humano está intacto e de que somos apreciados e notados. Depois de analisar vários estudos, o pesquisador J. C. Staehle descobriu que as principais causas de insatisfação entre os trabalhadores se originavam nas ações de seus supervisores.[5] Entre elas aparecem as seguintes atitudes (em ordem de importância):

- Falha em dar aos empregados crédito por suas sugestões.
- Fracasso em corrigir injustiças.
- Ineficiência para encorajar funcionários.
- Críticas realizadas na frente de outras pessoas.
- Falha em pedir a opinião dos funcionários.
- Falha em informar os funcionários sobre seu progresso.
- Prática de favoritismo.

Todas essas ações estão relacionadas a egos feridos. Isso é uma pena, já que vários estudos mostram que os funcionários se mostram mais eficientes quando são reconhecidos por seus esforços. Psicólogos da Universidade de Michigan (EUA) descobriram que o contramestre de uma equipe de construção que se mostra interessado pelas pessoas que trabalham com ele obtém mais resultados desses indivíduos que outro do tipo mandão que tenta forçar seus subordinados a trabalhar duro.[6]

Quando você se encontra em uma situação persuasiva, você deve, de algum modo, buscar aumentar a autoestima do seu cliente potencial. Com frequência nós nos apresentamos de maneiras que evocam sentimentos de ameaça, competição, ciúmes e desconfiança. Porém, ao inflar o ego de alguém, certifique-se de que seu elogio seja sincero e genuíno. Quando pedimos a cooperação de alguém, todos saem ganhando. Por exemplo, o que acontece quando uma vendedora diz a uma cliente que ela ficou maravilhosa em um determinado vestido? A mulher volta a colocar as roupas que estava usando, pega o tal vestido e segue direto para o caixa. Ela se sente ótima, e a vendedora ganha a venda. Outro exemplo: de repente alguém que trabalha com você no porto, transportando mercadorias, olha para você e diz que dá para notar que você tem se exercitado bastante. Você faz aquela cara de: "Jura que é possível notar?" e no momento seguinte já está ajudando esse seu colega a carregar grandes caixas. Você se delicia com a glória de ouvir alguém lhe dizer que você está forte e imediatamente ganha a oportunidade de demonstrar toda a sua força muscular.

Todos nós podemos aprender com o exemplo do general James Oglethorpe. Esse general queria a permissão do rei George II da Inglaterra para estabelecer uma colônia no Novo Mundo. Porém, nenhum de seus argumentos ou apresentações, independentemente do quão cuidadosamente preparados, foi capaz de convencer o monarca. Por fim, o general teve uma ideia brilhante. Ele propôs que a colônia recebesse o nome do rei. De repente, o general não somente conseguiu a permissão para prosseguir, mas também recursos abundantes e até mesmo pessoas para ajudá-lo a povoar a nova colônia que seria batizada de Georgia.

Ao lidar com o ego de um superior hierárquico, é preciso lançar mão de um conjunto específico de regras. O **princípio de Peter**[a]

---

a – Também conhecido como princípio da incompetência. Trata-se de um princípio criado pelo administrador e educador canadense Laurence J. Peter, utilizado no campo da administração. (N.T.)

afirma que as pessoas são promovidas até o **nível de sua incompetência** ou, em outras palavras, até uma posição que esteja além dos seus talentos e de suas habilidades. Muitas vezes, quando as pessoas ganham poder, elas apresentam sentimentos pessoais de incompetência. Esses indivíduos sentem que outros colegas podem ser mais espertos que eles próprios ou que outro gerente poderia ter ideias melhores que as deles. Isso cria um ego que pode rapidamente se tornar defensivo. Muitas vezes essas pessoas tentarão encobrir sua falta de autoconfiança e fazer o possível e o impossível para fazer com que os erros delas pareçam de outras pessoas. Esses indivíduos colocam sobre os próprios ombros tanta pressão e tanto estresse para estarem sempre corretos, serem sempre mais espertos e se mostrarem mais competentes, que criam altas barreiras à persuasão.

Ao tentar impressionar o seu chefe, aborde o assunto de modo diferente do que faria se estivesse conversando com outro funcionário. Sempre faça com que os que estão acima de **você** se sintam **superiores**. Em seu desejo de agradá-los e impressioná-los, não vá muito longe ao revelar seus talentos, do contrário, ao inspirar medo e insegurança, poderá alcançar um resultado contrário ao desejado. Brilhar mais que o seu mestre poderá representar um tiro no ego dele. O mestre sempre quer parecer mais brilhante que seus pupilos. Um certo presidente dos EUA (cujo nome não será revelado) costumava se considerar um excelente jogador de golfe; enquanto estava no cargo ele sempre ganhou suas partidas. Estranho o fato de que, após deixar a presidência, ele começou a perder. Pense a respeito.

Desafio para o ego

Outra técnica bastante eficiente para lidar com o ego é a seguinte. Sempre que alguém desafia suas habilidades, em especial aquelas relacionadas ao seu trabalho, qual é sua reação imediata e instintiva? Mostrar ao desafiante que **ele está errado!** Tente educadamente expressar suas preocupações sobre uma proposta e observe os resultados. Por exemplo, se você disser a um supervisor: "Não tenho certeza de que você conseguirá fazer com que os representantes comerciais da sua equipe sejam capazes de aumentar a produção, portanto é possível que eu contrate um consultor." Pode ter certeza de que seu gerente mergulhará de cabeça na tarefa! Veja o que acontece quando você diz: "Você provavelmente não tem as habilidades necessárias para fazer esse trabalho." A pessoa fará de tudo para mostrar que você estava errado! Porém, ao se utilizar dessa técnica, certifique-se de não machucar o ego do indivíduo. Quando em vez de desafiar o ego, você o fere, acaba criando um ar de indiferença em seu interlocutor.

Outro desafio ao ego do indivíduo é comumente utilizado por treinadores de equipes esportivas. Quando um jogador não está colocando 100% de esforço em suas apresentações, chega atrasado para os treinos e continua a cometer os mesmo erros em campo, o técnico pode lançar mão de uma solução perfeita. Ele reúne toda a equipe e explica o que está acontecendo com aquele jogador específico, então, coloca todos os jogadores, menos o culpado, para dar voltas no campo. Esse tipo de punição é um grande desafio para o ego do jogador problemático. Porém, isso só pode acontecer uma única vez para funcionar para todos os envolvidos.

Forçar demais, colocar alguém contra a parede ou ferir o ego de alguém pode provocar o efeito contrário ao desejado. Certa vez eu estava trabalhando como gerente geral para uma corporação e meu maior desafio era na área de atendimento ao consumidor. Havia uma funcionária específica que estava na minha lista de candidatos à demissão. Ela insultava os clientes, gritava com os colegas e geralmente chegava atrasada. Então chegou a hora de ter uma conversa com ela e verificar se era caso perdido ou podia ser poupada. Marquei uma reunião com ela e, quando chegou, eu me levantei e a recebi na porta, sorri e a agradeci por ter comparecido. Ela estava prestes a sentar na cadeira do visitante quando eu lhe disse: "Não, não sente aí. Use minha cadeira, por favor."

Ela me olhou confusa e obedeceu. Então eu me sentei na cadeira do visitante e disse: "Você sabe o que está acontecendo melhor do que eu. Se você estivesse no meu lugar, se fosse o gerente, como resolveria esse problema?" Algo extraordinário aconteceu quando ela detalhou soluções idênticas às que eu havia imaginado para o problema. Não houve nenhuma pressão e nenhum ego foi ferido. As ideias vieram dela mesma. Em vez de resistência, houve imediata aceitação.

Ela nunca se tornou uma funcionária modelo, mas se transformou em um membro útil de nossa equipe.

Muitos tipos de mensagens são capazes de desafiar o ego das pessoas. Um professor poderia dizer aos alunos: "Eu gostaria que vocês fizessem esses exercícios mais avançados." Um representante de vendas que não consegue fechar um determinado contrato poderia atiçar seu cliente potencial dizendo: "Acho que essa decisão não é de sua alçada, não é?". Faça isso e verá os egos em plena ação!

RESPONDA EM VEZ DE REAGIR

Na prática da persuasão deparamos com a difícil tarefa de elevar o ego de nossos interlocutores enquanto controlamos o nosso. Para persuadir de maneira efetiva, você precisa deixar de lado o seu ego e se concentrar no seu objetivo. Não há tempo a perder tentando resguardar a si próprio. Deixe o seu ego na porta e concentre-se no seu objetivo maior: **persuadir seu interlocutor.**

Agradando as pessoas: fazendo os outros se sentirem importantes

Essa técnica consiste em ser favorecido por conta de um esforço deliberado, tal como um cumprimento, um elogio ou afabilidade. Agradar o outro pode envolver um reconhecimento especial, como: "Geralmente não fazemos isso, mas, no seu caso, abrirei uma exceção." Ou talvez: "Cuidarei pessoalmente dessa questão para ter certeza de que o senhor receberá o que deseja." Muitas pessoas consideram esse tipo de atitude como **"bajulação"**, mas sem dúvida é uma técnica eficiente para tornar os outros mais persuasíveis. Essa estratégia funciona porque a lei da estima aumenta seu carisma e a autoestima do indivíduo.

Pesquisas já demonstraram a eficácia da prática de agradar as pessoas. Em um estudo, "indivíduos que agradam seus interlocutores são percebidos por seus supervisores como mais competentes, motivados e qualificados para assumir posições de liderança".[7] Em outro estudo, subordinados que se utilizaram dessa técnica desenvolveram maior satisfação no emprego para si mesmo, para seus colegas e seus supervisores.[8] Um terceiro estudo salientou que indivíduos que agradam seus interlocutores recebem cerca de 5 pontos a mais em suas avaliações em relação aos colegas que não se utilizam dessa prática.[9] O fato é que esse tipo de atitude funciona mesmo quando o interlocutor sabe o que está acontecendo. O fato é que nossa autoestima está tão faminta por elogios que aceitamos qualquer coisa que nos faça sentir melhores.

> **FATOS INTERESSANTES SOBRE O ATO DE AGRADAR O OUTRO**
>
> ➤ É melhor se valer de um único método eficiente para agradar as pessoas que de várias ações simultâneas e menos aparentes; em outras palavras, **menos é mais**.[10]
>
> ➤ O ato de agradar as pessoas sempre funcionará melhor quando a influência estiver ocorrendo em um **mesmo nível hierárquico** ou de **cima para baixo** (colega, funcionário).[11]
>
> ➤ Pedir desculpas e se utilizar de **autodepreciação** funcionam melhor quando se está tentando persuadir alguém em posição hierárquica superior ou quando há uma grande diferença em *status*.[12] Favores e elogios terão pouco efeito nesses casos.[13]
>
> ➤ Quando você agrada as pessoas que sabem que você tem um bom motivo para fazê-lo, o **esforço** provavelmente **fracassa** e ainda faz com que o outro goste menos de você.[14]

O PODER DO ELOGIO

Elogios e cumprimentos sinceros podem exercer um poderoso efeito sobre as pessoas. O elogia aumenta a autoestima do indivíduo. Quando alguém faz um elogio genuíno, isso libera energia na outra pessoa. Você certamente já viu e experimentou isso pessoalmente: quando você recebe um elogio sincero, você sorri, seu espírito se eleva e sua aura se renova. Quando nossa própria estima está baixa ou nosso ego ferido, tendemos a não elogiar os outros.

Elogio os outros diariamente

Nós desejamos e precisamos de uma carga extra em nossa autoestima. Todos nós carregamos no peito uma plaquinha imaginária que diz:

"Por favor, faça com que eu me sinta importante." É, portanto, um crime negar nossos elogios quando vemos alguém, particularmente crianças, fazendo algo maravilhoso ou digno de respeito. Entretanto, quando testemunhamos algo errado, somos rápidos em saltar na jugular dessas mesmas pessoas. Jamais pensaríamos em machucar fisicamente nossos pares ou privá-los de água ou alimento, mas com frequência, e sem reservas, magoamos essas pessoas emocionalmente ou as privamos de amor e apreciação. George Bernard Shaw disse certa vez: "O pior pecado em relação ao próximo não é odiá-lo, mas ser indiferente a ele." Deveríamos transformar em hábito a atitude de elogiar honestamente alguém todos os dias. Não espere por uma razão específica ou por um acontecimento fenomenal. Seja generoso com seus elogios, pois eles fazem com que as pessoas se tornem mais abertas à persuasão.

Como oferecer elogios sinceros

Seja sempre honesto. Até mesmo o bajulador mais esperto acaba sendo detectado e descoberto. Cumprimentar alguém de **modo sincero** por **algo pequeno** é bem melhor que tentar cumprimentá-lo de **modo insincero** por **algo grandioso**. Se em vez de nos concentrarmos sempre em nós mesmos, formos mais atenciosos com as pessoas, sempre encontraremos momentos em que poderemos oferecer elogios honestos e sinceros.

Mas seja cuidadoso caso você não tenha o hábito de elogiar alguém, pois o efeito poderá ser reverso. Certa vez um homem participou de um seminário sobre influenciação e relacionamento interpessoal. Seu momento "Aha!" durante o treinamento ocorreu quando ele percebeu que ele nunca se lembrava de elogiar a esposa e dizer-lhe o quanto ele a apreciava. Em certas ocasiões ele até achava desnecessário. No caminho para casa, ele comprou um lindo ramalhete de rosas e uma caixa de chocolates para mostrar o quanto gostava dela. Ele chegou em casa, se aproximou da mulher. Ela se virou e quase imediatamente começou a chorar. Ele ficou surpreso e perguntou o que estava errado. Ela explicou que seu dia havia sido catastrófico e que tudo saíra errado. "O carro quebrou, nosso filho se envolveu em uma tremenda encrenca na escola, o cachorro fugiu e agora você ainda chega bêbado em casa?"

Em geral, é mais eficiente elogiar o ato específico que a pessoa. Desse modo o elogio está associado a algo concreto e é menos provável que seja interpretado como bajulação ou favoritismo. Cumprimentos gerais exercem efeitos temporários. Porém, eles podem incitar ciúmes de outras pessoas e criar ainda mais insegurança nos recebedores, que com frequência não têm certeza de que o que fizeram merece um elogio. Essas pessoas ainda sentem a pressão de ter de manter o padrão mínimo que você estabeleceu, embora também não tenham certeza de como ou porque esse padrão foi estabelecido. É possível que eles até tenham medo de que você possa retirar o elogio por não saberem como manter o nível estabelecido. O tiro sai pela culatra quando as pessoas se sentem desconfiadas em relação a você. Você já testemunhou um grupo de funcionários se reunindo depois que tiveram um encontro em particular com o chefe? Em vez de se sentirem inspirados e motivados, todos se queixam de como o chefe parecia cheio de si. É claro que durante a reunião todos aceitaram os elogios porque, afinal, eles fizeram o trabalho, então tinham de ouvir. Quando um chefe lhe pede para fazer alguma coisa, você faz porque é ele quem manda. Quando o pedido vem de um líder ou de alguém que tem influência, você faz porque quer. Em outras palavras, elogie algo que não possa ser refutado ou todos pensarão que você só está dizendo aquilo para ser simpático.

Como gerente ou supervisor, sua responsabilidade de elogiar e reconhecer seus funcionários é crucial. Comunique regularmente as alterações da organização em termos de objetivos e prioridades, e mostre aos seus colaboradores que você sente que eles são suficientemente importantes na empresa para tomarem posição em relação aos seus objetivos. Peça novas ideias aos seus funcionários, enfatizando que há sempre maneiras melhores de se realizar uma tarefa. Confie nos empregados delegando a eles responsabilidades que garantam oportunidades de crescimento. Verifique com os colaboradores quanto tempo extra e que tipo de ferramentas eles necessitam para atender às solicitações da empresa. Seja justo com todos. Manter favoritos solapa o moral dos funcionários. Enalteça cada empregado por um serviço bem feito. Fazê-lo verbalmente é bom, mas colocar o elogio por escrito é ainda melhor. Gostaria de saber outra vantagem disso? **Elogios sinceros não custam absolutamente nada à sua organização!**

Um estudo interessante foi feito com elogios e cabeleireiras. Duas profissionais cabeleireiras teriam de escolher entre oferecer um elogio, dois, ou nenhum depois de lavarem e cortarem os cabelos de seus clientes (homens e mulheres). Elas ficariam em silêncio ou diriam aos clientes "Seu cabelo ficou maravilhoso" ou "Qualquer estilo ficaria bem em você." Os pesquisadores observaram a quantidade de gorjetas que as cabeleireiras receberam. Depois de não dizerem nada ou de oferecerem apenas um elogio, a diferença no valor obtido foi de 4%. A parte interessante do estudo foi o fato de que não houve aumento significativo nos casos em que foram oferecidos dois elogios.[15]

Efeitos dos elogios

Você já sabe que é mais provável que as pessoas lhe digam sim depois que você as tiver feito sentir-se bem em relação a si próprias, ao trabalho ou às suas realizações. As pessoas farão praticamente qualquer coisa por você se tratá-las com respeito e dignidade e mostrar que os sentimentos delas são importantes para você.

O exemplo a seguir demonstra o imenso poder do elogio. Em uma pequena faculdade da Virgínia, os alunos de um curso de psicologia decidiram verificar se poderiam usar elogios para mudar o modo como as mulheres se vestiam no *campus*. Por algum tempo, eles se dedicaram a elogiar todas as mulheres que usavam **azul**. O percentual de mulheres vestindo essa cor subiu de 25% para 38%. Os pesquisadores passaram então a cumprimentar mulheres que vestiam **vermelho**. Isso fez com que a ocorrência da cor vermelha no *campus* dobrasse, indo de 11% a 22%. Esses resultados mostram que quando o comportamento das pessoas recebe comentários favoráveis ele é reforçado.

Elogios também podem fazer com que as pessoas mudem o modo de pensar. Em outro estudo, os trabalhos dos alunos recebem aleatoriamente notas mais altas e mais baixas (as notas são uma forma de elogio). Quando entrevistados, os alunos que receberam **As** demonstraram uma tendência mais favorável à posição que já haviam demonstrado nos trabalhos. Já os alunos que receberam notas ruins, não se mostraram tão dispostos a manter as posições previamente defendidas.

Quando mostramos às pessoas que elas são importantes, conseguimos persuadi-las a fazer várias coisas. Por exemplo, Andrew Carnegie desenvolveu um plano para vender seu aço para a Pennsylvania Railroad (Ferrovia Pensilvânia). Quando construiu uma nova usina siderúrgica em Pittsburgh, ele a batizou de J. Edgar Thompson Steel Works, em homenagem ao presidente da Pennsylvania Railroad. Thompson ficou tão lisonjeado por essa atitude que passou a comprar todo o aço de que precisava somente de Carnegie.

EFEITO REVERSO

Como já mencionado, elogios e cumprimentos precisam ser sinceros, positivos e específicos. Certifique-se de que os recebedores saibam que você está sendo honesto. Não deixe que seu próprio ego ou baixa autoestima o impeçam de elogiar. Mantenha o controle do seu ego e concentre-se na autoestima de seus clientes em potencial.

ESTUDO DE CASO

Eu estava oferecendo consultoria a um grupo de técnicos automotivos sobre a possibilidade de aumentar o número de indicações e aprimorar o *marketing*. Foi então que um cenário interessante se desenrolou. Um dos profissionais explicou que costumava oferecer ajuda básica gratuita às mulheres que o procuravam por conta de pequenos barulhos estranhos. Ele explicou que, nessas ocasiões, ele simplesmente abria o capô e resolvia o problema. Em apenas 90s e o barulho desaparecia. Depois de ajudar, ele dizia às mulheres que aquela pequena ajuda não custaria nada, e que adoraria poder ajudá-las em um problema futuro. Na época ele estimou que em 80% das vezes, as mulheres retornaram à mecânica dele (**lei da obrigação**). Quando o cliente era homem, algo diferente ocorria. Embora a situação fosse idêntica, eles não retornavam na maioria das vezes – apenas em 30%. O que estaria acontecendo? Por que essa violação na reciprocidade? Usando a **lei da estima**, como você resolveria isso?

Essa situação se resumia a algo bem simples: **ego ferido**. Os homens percebiam que se tratava de algo muito fácil de ser resolvido, e achavam que deveriam saber como fazê-lo. Eles se sentiam **estúpidos**. Por causa disso sugeri ao mecânico que mudasse a maneira de se comunicar, e assim evitasse ferir o ego dos homens. Depois de resolver o problema, ele diria, "Nossa, dei sorte. Foi difícil de localizar o problema." Ou "Demorou vinte anos na profissão para saber o que esse barulho significava." E então o profissional diria: "Isso não irá custar nada. Eu adoraria atendê-lo no futuro." Essa pequena mudança fez com que a taxa de retorno entre os homens **subisse drasticamente**.

• •

Recursos extras: Relatório sobre o poder do elogio (maximuminfluence.com)

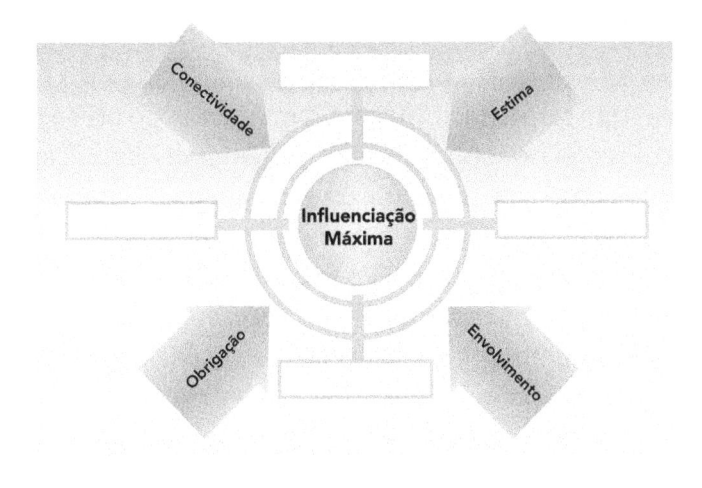

CAPÍTULO 6

A lei da obrigação

Como conseguir que qualquer pessoa lhe faça um favor

"Nada custa mais caro do que algo oferecido gratuitamente."

– Provérbio japonês

Todos os meses um senhor nos visitava, sem ser convidado, para tentar nos vender suprimentos para o escritório e outros itens comuns que poderiam ser adquiridos em qualquer lugar. Confesso que apreciava sua tenacidade, mas, na época, tínhamos um contrato com outro fornecedor. Sempre que ia ao escritório, ele nos levava uma dúzia de biscoitos. Os tais biscoitos eram deliciosos, e caiam muito bem no final da tarde, depois de um dia inteiro de trabalho. O fato é que o homem vinha, aceitava nossa negativa, nos deixava outra caixa de biscoitos e ia embora, de mãos vazias. Logo o apelidamos de **"homem dos biscoitos"**. Meses se passaram, nosso contrato com o outro fornecedor expirou e, no final, acabamos comprando os suprimentos do "homem dos biscoitos." A chave para a obrigação é saber que os resultados podem **não ser instantâneos**. Com o tempo, o senso de reciprocidade irá colocá-lo no topo da lista dos clientes em potencial, seja para uma apresentação ou até mesmo para o fechamento de um negócio.

A obrigação tem sido usada como uma ferramenta de persuasão desde o início dos tempos. Na expectativa de abrirem as portas para o convencimento, vemos companhias oferecendo de tudo, de avaliações a *downloads* gratuitos. É possível que você já tenha comparecido a alguma reunião na casa de um amigo promovendo um produto ou negócio. Por causa da amizade, você vai, come os salgadinhos, aprecia a hospitalidade, recebe o brinde e sente uma imediata obrigação de comprar alguma coisa. **O que você faz?** Você pede o item mais barato do catálogo, apenas para poder se ver livre da obrigação, ou dívida.

Ou talvez você já tenha enfrentado uma situação como a seguinte: você está tentando comprar um carro e encarando uma dura negociação com o vendedor. O problema é que você não parece estar chegando a lugar nenhum. Você está prestes a desistir quando ele diz que vai tentar falar com o gerente da loja uma última vez. Quando se levanta, ele fala: "Sabe de uma coisa, estou com sede. Vou pegar um pouco de água. Você gostaria de uma também?". "Claro!", você diz, sem perceber a tática do profissional. Ele volta com a água e também com um acordo um pouco melhor. Não é aquilo que você queria, mas você acha que é o melhor que irá conseguir, então aceita a proposta. Mais tarde, conforme pensa sobre o assunto você percebe que um dos motivos pelos quais você comprou o veículo foi uma obrigação que se criou naquele momento – e aquela simples garrafinha de água foi o gatilho subconsciente. De repente você se sentiu em dívida com o vendedor por causa dessa pequena cortesia que não custa mais que R$ 2,00 e, por causa disso, acabou retornando o favor e adquirindo um automóvel de quase R$ 50 mil reais.

DEFINIÇÃO DA LEI DA OBRIGAÇÃO

A lei da obrigação, também conhecida como "pré-doação" ou reciprocidade, diz que, quando alguém faz algo por nós, sentimos uma forte necessidade de retornar o favor, ou seja, há uma

compulsão de retribuir. O ato de devolver a gentileza nos livra da obrigação criada pela boa ação anterior. O princípio de que "um ato bom merece outro" faz parte do condicionamento social em todas as culturas do mundo. E não só isso, essa máxima serve como um código de ética que não necessariamente precisa ser ensinado, mas é **sempre compreendido!** Por exemplo, quando alguém sorri para nós ou nos faz um elogio, sentimos uma forte necessidade de retornar pelo menos um dos dois. Mesmo que esses gestos não sejam solicitados, identificamos em nós mesmos um senso de urgência que nos leva a pagar a pessoa que criou essa dívida mental ou psicológica. Em alguns casos, essa obrigação de quitar essa dívida é tão avassaladora que acabamos excedendo em muito o favor original. O gatilho da reciprocidade criado pela garrafinha de água oferecida pelo vendedor de automóveis é um exemplo clássico desse princípio. E muitos de nós mantemos uma espécie de cartão de marcação desses favores.

As pessoas, com frequência, desencadeiam sentimentos de endividamento e obrigação nos outros ao oferecer-lhes alguma coisa não solicitada, seja um favor, um brinde, um convite, um sorriso, um elogio ou até parte do seu tempo. E mesmo quando não pedimos – nem queremos – essa **doação**, sentimo-nos na obrigação de retribuir. O fato de estar em dívida com alguém, mesmo que minimamente, pode criar no indivíduo um enorme desconforto psicológico (e até embaraço) e, às vezes, acabamos indo muito longe para remover esse fardo de nossos ombros. E é justamente aí que oferecemos ao doador original uma recompensa desproporcional.

Quando minha família se mudou, decidimos dar aos novos vizinhos um pequeno presente de natal. Não acho que cada lembrancinha tenha custado mais que US$ 5[a] Éramos novos no bairro e queríamos conhecer todo mundo. Cerca de trinta minutos depois de entregarmos os presentinhos, a campainha tocou. Lá estava um dos nossos vizinhos com uma enorme caixa de trufas de chocolate, que certamente havia custado pelo menos US$ 50 dólares.[b] "Bem-vindos à vizinhança e boas festas" disse ele, antes de ir embora ra-

---

a – Aproximadamente R$ 12,00, em fevereiro de 2014. (N.T.)

b – Cerca de R$ 120,00, em fevereiro de 2014. (N.T.)

pidamente. O homem simplesmente não conseguiu lidar com a repentina dívida subconsciente que sentiu em relação à minha família, então, para se livrar dela ele nos devolveu **dez vezes mais** do que havia recebido. É por essa razão que muitas pessoas compram presentes extras de Natal. Elas querem estar preparadas caso recebam algum presente inesperado.

A **lei da obrigação** também se aplica quando o indivíduo abriga o desejo de pedir algum favor a outra pessoa, mas sabe de antemão que não terá condições de retribuir a ela e que, aliás, nem deveria pedir o tal favor.[1] A aflição emocional e psicológica que surge no indivíduo em virtude desse tipo de situação é, em geral, forte o suficiente para que ele prefira abrir mão do benefício do favor a ter de experimentar o embaraço e o fardo que poderiam advir da solicitação. Por exemplo, uma mulher que receba presentes caros de um homem poderia alegar que, embora esteja lisonjeada e goste de ganhar presentes, se sente desconfortável em relação à obrigação de retribuir o que lhe foi dado pelo cortejador. Estudos mostram que o oposto também se aplica: quando indivíduos quebram a **lei da reciprocidade**, cobrindo o outro de favores e não lhe dando a chance de retribuir, surge na pessoa essa mesma sensação de desconforto.[2]

O impulso de aliviar a sensação de obrigação é tão poderoso que é capaz de fazer com que as pessoas se dobrem aos desejos de indivíduos que elas sequer conheçam. Aceitar presentes e favores sem tentar retribuir é visto universalmente como uma atitude egoísta, ambiciosa e cruel. E é justamente por causa dessa pressão interna e externa que as pessoas acatam a lei da reciprocidade. Um dos professores de uma universidade escolheu aleatoriamente alguns nomes em uma lista telefônica e então enviou a esses desconhecidos cartões de Natal. Ele recebeu de volta vários cartões de felicitações, todos de pessoas que ele não conhecia e que obviamente jamais tinham ouvido falar dele.[3] Um aluno meu levantou a mão durante um seminário e disse: "Eu conheço esse professor, e ele ainda recebe cartões de Natal de estranhos, mais de vinte anos depois do experimento." Você consegue acreditar que, depois de tanto tempo, as pessoas ainda estejam enviando cartões para alguém que nunca conheceram?

A lei da obrigação pode ser usada para eliminar animosidade ou suspeita. Em um estudo da Universidade de Cornell, o pesquisador Dennis Regan pediu a dois indivíduos que vendessem rifas a trabalhadores idôneos. Um dos vendedores esforçou-se para fazer amizade com os compradores em potencial, antes de oferecer-lhes a rifa, enquanto o outro fez de tudo para parecer rude e insolente. Durante um intervalo, o sujeito que havia se comportado de modo deseducado, comprou bebidas para todos antes de pedir às pessoas que comprassem suas rifas. O resultado do estudo demonstrou que o homem rude conseguiu vender duas vezes mais números que o outro que havia sido simpático com todos desde o início.[4]

A LEI DA OBRIGAÇÃO E O *MARKETING*

Quando empresas distribuem calendários, canetas, camisetas ou canecas comemorativas a seus clientes, estamos apenas testemunhando mais uma vez a aplicação da lei da obrigação. Esse tipo de publicidade representa um negócio de US$ 18,5 bilhões.[5] Essa prática não visa apenas criar obrigação no cliente, mas manter o nome da companhia vivo na mente de quem recebe o brinde. Estudos mostram que 52% das pessoas que receberam produtos promocionais se disseram mais inclinadas a fazer negócios com os presenteadores.

O mesmo princípio se aplica quando você vai ao supermercado e depara com aqueles atraentes balcões de amostras. É difícil aceitar uma amostra grátis e simplesmente sair andando sem pelo menos fingir que está interessado no produto. Para aplacar a sensação de obrigação, algumas pessoas já aprenderam a aceitar a amostra e continuar andando sem fazer contato visual direto com o funcionário que a ofereceu. Estudos mostram que 70% das pessoas abordadas costumam experimentar a oferta, e que 37% delas compram o produto.[6] Porém, alguns desses indivíduos já experimentaram tantas amostras que já não sentem qualquer obrigação em comprar ou sequer em fingir algum interesse pelo produto. Mesmo assim, essa técnica funciona tão bem que foi expandida para lojas de móveis e equipamentos de áudio e vídeo. Estas oferecem *pizza*, cachorro quente e até refrigerantes aos clientes para que estes entrem na loja e sintam obrigação instantânea em comprar.

Oferece algo de antemão é uma técnica eficiente porque faz com que as pessoas sintam que precisam retornar o favor. M.S. Greenburg disse que esse sentimento de desconforto é criado porque o favor ameaça nossa independência.[7] Quanto mais endividados nos sentimos, mais nos mostramos motivados a eliminar a dívida. Um relatório interessante da Organização de Veteranos Norte-Americanos Deficientes (Disabled American Veterans Organization) revelou que, quando a mala direta de pedido de doação passou a incluir um pequeno brinde, a doação usual de 18% praticamente dobrou.[8]

Uma loja de roupas masculinas oferece aos clientes um benefício interessante: os ternos comprados na loja são passados gratuitamente no local. Isso cria uma senso de obrigação entre os clientes, que, quando precisam comprar ternos novos se sentem mais inclinados a efetuarem a compra naquele estabelecimento. Oferecer uma avaliação ou orçamento gratuito também cria obrigação. Lembre-se: isso não significa que as pessoas irão fazer negócios com você, mas que elas certamente estarão mais dispostas a ouvir e que o seu nome estará no topo de sua lista de contatos.

Um efeito colateral interessante da obrigação é o que ela provoca a quem oferece o brinde. Pessoas que ajudam os clientes ou oferecem a eles algum tipo de agrado, sentem-se mais positivas em relação a si mesmas, além de maior autoestima.[9] O outro bônus é que o doador também se sente mais comprometido com o recebedor.[10] Isso significa que você sempre deveria permitir que eles se mostrem **recíprocos**.

DÊ UM BRINDE E RECEBA EM TROCA OUTRO BRINDE

Antes de iniciar uma negociação, ofereça um brinde ao cliente. Note, porém, que é crucial que isso seja feito antes, e não durante a conversa, de outro modo, sua atitude poderá ser vista como uma tentativa de suborno. O presente sempre será aceito pelo cliente, mesmo que apenas por pura cortesia ou para atender a uma normal social.

Independentemente de o cliente apreciar, ou querer, o presente, a necessidade psicológica de retribuição se instalará na mente dele, o que aumentará a probabilidade de que o seu pedido seja atendido. É claro que mesmo ao oferecer o brinde antes de fazer sua proposta, você deve se certificar de estar sendo honesto e sincero em sua tentativa de ajudar o cliente, não a si mesmo.

Quando o assunto é gorjeta, sabemos que o oferecimento e a reciprocidade exercem efeito direto sobre o valor presenteado. Um estudo foi realizado na cidade de Nova York sobre a reciprocidade e a oferta de gorjetas. Quando o garçom (ou a garçonete) entregou aos clientes a conta juntamente com um chocolate, a gorjeta subiu em média 3%. Aliás, o percentual subiu ainda mais quando, depois de oferecer o primeiro chocolate e ir embora, o mesmo funcionário retornou e ofereceu um segundo chocolate.[11]

EXEMPLOS DA LEI DA OBRIGAÇÃO

- Levar um cliente em potencial para jantar ou jogar tênis.
- Oferecer rotação de pneus gratuita ou completar os fluídos do automóvel durante a realização de outros serviços.
- Lavar os vidros do carro do cliente no posto de gasolina sem que ele necessariamente peça o serviço.
- Arrecadar dinheiro em um lava-rápido "gratuito", pedindo por doações depois de o serviço ter sido realizado.
- Um lavador de carpetes oferecendo para limpar seu sofá de graça.
- Voluntariar-se para ajudar em uma reunião.
- Levar outro gerente para almoçar.
- Ouvir sobre os desafios/problemas de outra pessoa.

Concessões recíprocas

Estudos mostram que quanto mais você permite que alguém o persuada, ou cede às concessões oferecidas, mais a outra parte demonstrará **reciprocidade**. Pesquisadores descobriram que quando somos convencidos a mudar nosso jeito de pensar, a pessoa que nos convenceu também se mostrará mais inclinada a ser convencida por nós. Em contrapartida, quando não nos deixamos convencer pelo outro, este também não será facilmente convencido. Considere como utilizar esse efeito em vantagem própria. Aproxime-se de alguém com quem planeja negociar no futuro e diga algo como, "Sabe, eu fiquei pensando sobre aquilo que você me disse e, acho que está certo." Esse tipo de concessão é crucial em negociações. Ceder de vez em quando em suas expectativas facilita futuras concessões por parte do outro.

> ### FATOS SOBRE CONCESSÕES
>
> ▶ Quando alguém faz uma concessão durante o processo de influenciação ou negociação, você se sente mais obrigado a fazer uma concessão. Fazê-lo, por sua vez, cria laços ainda mais fortes.[12]
> ▶ O número de concessões que você faz durante uma negociação está intimamente relacionado ao número de concessões que seu oponente irá fazer.[13]
> ▶ Faça com que as pessoas trabalhem duro para obter concessões. Pense sobre isso: se você ceder rápido ou fácil demais, talvez seja percebido como fraco.[14]

Em um estudo realizado com alunos de um curso universitário de psicologia, todos foram colocados em pares aleatórios e inseridos em uma situação de barganha. As duplas foram informadas de que um aluno seria o vendedor. A ideia era comprar um aparelho que custaria US$ 125, se fosse novo, e US$ 35, se usado. Quando melhor a negócio que conseguissem fechar, mais dinheiro lucrariam. O fator mais importante para se chegar a um acordo seriam as concessões. Os alunos que se mostraram recíprocos na maior parte das concessões fecharam acordos mais frequentemente e de maneira mais rápida.[15]

APLICANDO A LEI DA OBRIGAÇÃO

MANEIRAS DE AUMENTAR O PODER DA OBRIGAÇÃO

Seu brinde/amostra é **valioso(a)**?
- Ele é útil para o seu cliente potencial?
- Seu cliente potencial precisa dele ou irá gostar de recebê-lo?
- Ele tem um alto valor percebido?

Seu brinde/amostra **tem um alvo definido**?
- Ele atende a um público específico?
- Ele resolve um problema, oferece credibilidade ou atesta o valor do recebedor?
- Ele apresenta suas informações de contato? Ele sempre fará com que seus clientes potenciais se lembrem de você?

Seu brinde/amostra **tem um tempo determinado de vida**?
- Você planeja continuar distribuindo? (A obrigação diminui com o tempo).[16]
- É possível oferecê-lo antes de uma negociação? (Quando antes melhor).
- É possível renovar várias vezes a sensação de obrigação nos clientes?
- O oferecimento do brinde/da amostra deve ser percebido como uma atitude altruísta. Se o doador o faz pensando nos ganhos futuros, é menos provável que o recebedor retorne a gentileza.[17]

Esta é uma lei muito fácil de se implementar. Tudo o que precisa fazer é criar uma necessidade ou uma obrigação na mente do outro. Pergunte a si mesmo o que poderia fazer, doar ou dizer que seria capaz de criar uma sensação de endividamento na mente do seu cliente. Conforme pensa em uma situação persuasiva perfeita, inclua um ou mais dos itens a seguir para ajudá-lo a criar uma maior **senso de obrigação**. Qualquer um deles, ou uma combinação adequada de vários, irá criar no cliente em potencial uma necessidade de retribuir.

Exemplos de reciprocidade

- Amostras
- Produtos gratuitos
- Livreto/folheto
- *Kit* para planejamento
- Catálogo
- Relatório de um setor industrial/de negócios
- Informação exclusiva
- Áudio/vídeo
- Consultoria pessoal
- Orçamento gratuito
- Inspeção
- Férias
- Almoço ou jantar
- Pesquisa ou análise
- Avaliação sem custo
- Bônus de viagem
- Brinde útil
- Amostras/alimentos
- Jogos esportivos (futebol, tênis etc.)
- Entretenimento (cinema, *shows* etc.)
- Concessões
- Serviços
- Favores
- Elogios
- Convites
- Atenção personalizada

EFEITO REVERSO

A lei da obrigação poderá apresentar um efeito reverso caso você a utilize do modo errado ou ofereça um brinde/presente já demonstrando esperar algo em troca. As pessoas estão tão céticas atualmente, que suspeitam de qualquer um que lhes ofereça algo de graça. Elas perceberão suas táticas, recusarão suas ofertas e inclusive se aproximar de você. Seus brindes serão percebidos como armadilhas. Os clientes potenciais logo verão que será apenas uma questão de tempo até que você lhe peça algo em troca. "Quando a doação antecipada de um presente/brinde é percebida como algum tipo de suborno, ou tática de pressão, ela reduz a aceitação e a submissão do cliente."[18] A obrigação criada deve ser percebida como um ato não egoísta.

ESTUDO DE CASO

Os donos de uma loja de sucos e cafés queria ampliar os negócios. O objetivo era fazer com que os clientes permanecessem mais tempo no local e consumissem mais bebidas. As manhãs sempre apresentavam um bom movimento, mas eles queriam gerar mais lucros no período da tarde e, com isso, aumentar os lucros. Eles queriam atrair mais clientes do nicho empresarial. Para conseguir mais tráfego, eles pensaram em cobrar por um sistema *Wi-Fi*, pelo oferecimento de cópias e até pela disponibilização de uma sala de reuniões. Usando a lei da obrigação, o que você recomendaria para aumentar o fluxo de pessoas no local?

O termo-chave aqui **"grátis"**. Eles queriam cobrar pelos serviços extras, entretanto, nenhum desses diferenciais eram suas especialidades, tampouco gerariam grandes margens de lucros. No início os donos resistiram à ideia de oferecer os serviços gratuitos, mas logo descobriram que o oferecimento de *Wi-Fi* gratuito aumentava o fluxo de clientes na loja, e as vendas também. É óbvio que faz sentido cobrar pelo sinal de Internet, mas, o oferecimento gratuito do benefício promove o aumento nas vendas e, consequentemente, na receita. Eles estavam preocupados com a possibilidade de as pessoas tirarem vantagem do serviço, o que certamente irá acontecer, mas quem se importa com isso se os lucros vão crescer? Durante essa fase eles também distribuíram amostras e balas (reciprocidade), o que também contribuiu para as vendas e a lucratividade em longo prazo.

Recursos adicionais: Vídeo – *Como Pensam os Clientes em Potencial* (maximuminfluence.com)

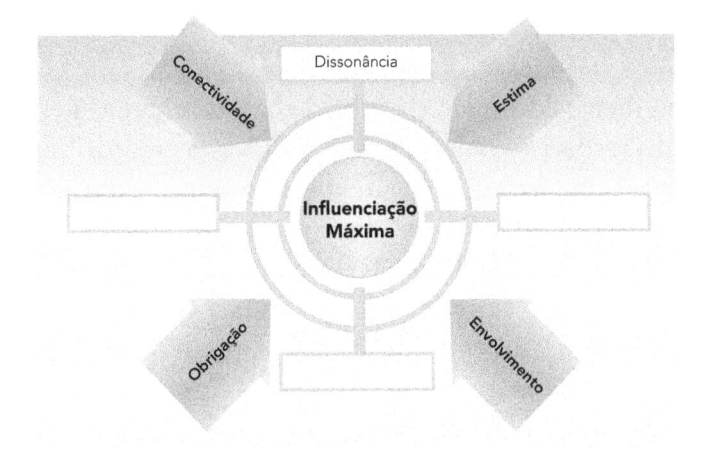

CAPÍTULO 7

A LEI DA DISSONÂNCIA
O segredo está na pressão interna

"Há somente um jeito (...) de fazer que as pessoas façam algo: fazer com que elas queiram fazê-lo."
— Dale Carnegie

Certa vez meus alunos na faculdade estavam realizando um trabalho sobre dissonância e buscando maneiras de criar **pressão interna** em outros alunos. Depois de pesquisarem bastante, eles descobriram um estudo muito interessante sobre "o ato de lavar as mãos." De acordo com esse estudo, 97% das mulheres e 92% dos homens entrevistados afirmavam sempre lavar as mãos depois de realizar suas necessidades fisiológicas. Porém, na verdade, somente 75% das mulheres e **58%** dos homens costumavam realmente lavar as mãos.[1] Os alunos resolveram, então, montar uma espécie de observatório na porta do banheiro da biblioteca e esperar pela saída de algum aluno que não tivesse lavado as mãos. Cada vez que um "infrator" saía, os observadores imediatamente o seguiam até o corredor que separava a ala dos banheiros do salão da biblioteca e os chamava em voz alta, dizendo: "Ei, espere! Você esqueceu de lavar as mãos!" Esse evento criou o que se costuma chamar de **dissonância**: a discrepância entre aquilo em que o indivíduo acredita (ou diz acreditar) e o que realmente faz. A dissonância é uma ferramenta de persuasão crucial.

Os resultados dessa experiência foram fascinantes. Pouquíssimas pessoas admitiram que estavam erradas, que haviam cometido um erro, mesmo que de julgamento. A maioria dos alunos não reconheceu que não havia lavado as mãos, mas vários deles fizeram comentários interessantes:

- "Não, você está enganado. Eu lavei as mãos."
- "Chamem a segurança. Esse pervertido estava me observando no banheiro."
- "Meu professor disse que os germes são tão resistentes que já não faz diferença."
- "Eu estava prestes a usar meu próprio desinfetante."
- "Você só tem de lavar as mãos antes de comer."

Foi muito raro ouvir...

- "É verdade, vou cuidar disso agora mesmo."

A **dissonância cognitiva** é um desconforto psicológico que ocorre quando as ações ou as decisões de alguém não são congruentes com seus valores, suas crenças ou com seus compromissos passados. A maioria das pessoas entrevistadas acreditava que deveria ter lavado as mãos, portanto, quando agiram de maneira contrária às suas crenças (ou seja, não lavaram as mãos), elas sentiram o que chamamos de dissonância e imediatamente buscaram maneiras de reduzir a desarmonia e justificar sua atitude, em vez de simplesmente admitirem que estavam erradas.

Criar dissonância irá aumentar sua habilidade de persuasão. Quando alguém sente que você está preste a tentar convencê-las a fazer alguma coisa, digamos, a comprar algo – mesmo que elas precisem do objeto, gostem dele, queiram possuí-lo e, inclusive, tenham condições de comprá-lo – elas **resistirão**. A dissonância irá ajudar as pessoas a persuadirem a si mesmas; a criar sua própria pressão interna. Nesse caso, elas próprias desejarão fazer o que você quer que elas façam.

Nota: Cuidado! Se pressionar demais ou colocar o indivíduo contra a parede (como nesse experimento), a abordagem poderá ter o efeito reverso.

A TEORIA DA DISSONÂNCIA COGNITIVA

Leon Festinger formulou a **teoria da dissonância cognitiva** na Universidade Stanford (EUA). Ele afirmou que: "Quando atitudes ou crenças entram em conflito com nossas ações, sentimo-nos desconfortáveis e, ao mesmo tempo, motivados a tentar mudar." A teoria de Festinger serve de base para a teoria da dissonância.

A lei da dissonância afirma que as pessoas irão naturalmente agir de uma maneira que seja consistente com suas experiências e seus compromissos. Cognição é um processo mental que usa pensamentos, crenças, experiências e percepções do passado. Basicamente, isso significa que quando as pessoas se comportam de uma maneira inconsistente em relação a essas cognições (crenças, pensamentos e valores), elas se sentem **desconfortáveis**. Nessas situações, elas estarão motivadas a ajustar seus comportamentos ou crenças de modo a restabelecer o equilíbrio mental e emocional. Quando nossas crenças, atitudes e ações se mesclam, sentimo-nos **congruentes**, mas quando isso não ocorre, percebemos algum grau de desarmonia e sentimo-nos embaraçados, desconfortáveis, irritados ou nervosos. Para eliminar ou reduzir a tensão, faremos tudo o que é possível para ajustar nossas crenças ou racionalizar nosso comportamento, mesmo que isso signifique fazer algo que não desejamos.

Imagine que exista um elástico dentro de você. Quando a dissonância é criada, esse elástico começa a se esticar. Enquanto a dissonância persistir, ele continuará a se estender cada vez mais. É preciso agir antes que ele chegue ao limite e se parta. A motivação para reduzir a tensão é o que nos faz mudar; faremos tudo o que for necessário e possível para resgatar nosso equilíbrio mental. Gostamos de sentir um nível de consistência em nossas ações e interações diárias. Essa harmonia é a cola que mantém tudo devidamente unido e que nos ajuda a lidar com o mundo e com todas as decisões que precisamos tomar. A dissonância nos leva a distorcer nossas memórias ou a lembrar daquilo que gostaríamos de ver, ou de como gostaríamos que acontecesse. Isso torna a realidade nebulosa e nos permite encobrir nossos erros e enganos.

O cérebro humano precisa estar certo. É muito difícil para as pessoas admitir que estão erradas. Estamos programados para justificar o que fazemos e dizer que o que estamos fazendo é certo e evitar assumir responsabilidade quando as coisas vão mal. Descobrir maneiras de provar que estamos certos (mesmo quando isso não é verdade) é mais fácil que admitir a razão pela qual estamos equivocados. Até quando somos colocados contra a parede ou vemos evidências que provam que erramos, tendemos a manter nosso raciocínio ou ponto de vista. Ainda encontramos razões, provas ou apoio social para demonstrar que o que fizemos estava certo. A partir daí, passamos a acreditar em nossas próprias mentiras. Afinal, não podemos ter incorrido em um erro, então, persuadimos a nós mesmos que as justificativas se aplicam. Isso nos permite conviver com nossos pensamentos, administrar nossas atividades diárias e dormir à noite. Alguma vez você já provou para alguém que ele/ela estava equivocado? Você já colocou essa pessoa contra a parede? O que aconteceu? Você provou de forma definitiva que estava certo, e nunca mais ouviu falar da pessoa que errou.

O CÉREBRO HUMANO

As experiências passadas das quais o cérebro se recorda são geralmente bem diferentes da realidade. Veja um exemplo interessante. Quando casais foram entrevistados sobre o percentual de tarefas domésticas que cada cônjuge realizava durante a semana, os resultados foram interessantes. As esposas estimaram ser responsáveis por **90%**

do trabalho; os maridos, por **40%**.² Obviamente a soma desses dois percentuais é de 130%. De fato, os números variaram de casal para casal, mas o percentual final sempre excedeu os **100%**. Ninguém está deliberadamente mentindo sobre o assunto, apenas é assim que o cérebro humano se recorda das tarefas domésticas semanais.

Neurocientistas registraram progresso significativo no entendimento de como o cérebro processa informações. Nosso cérebro pode se revelar bastante tendencioso, em especial no que se refere à política. As pessoas sempre verão o lado bom de seus candidatos e o lado ruim dos adversários. Durante uma eleição, enquanto submetiam algumas pessoas a exames de ressonância magnética, cientistas perguntaram a elas sobre seus candidatos e os da oposição. Ao receberem dados sobre seus candidatos capazes de criar dissonância, o lado lógico do cérebro simplesmente se desligava e elas não conseguiam perceber sua inclinação favorável.³

Você sabia que de acordo com estatísticas quando tomamos uma decisão estamos certos 50% das vezes e equivocados nas demais 50%? Você percebeu o que acabou de acontecer? Eu criei dissonância em você. Você provavelmente pensou: "Não, isso não pode estar certo. Talvez isso se aplique a outras pessoas, mas não a mim." É possível que você considere que essa estatística esteja incorreta. Seja como for, eu consegui esticar seu elástico e criar dissonância, e dentro de segundos você encontrou um jeito de os dados não estarem corretos a seu respeito.

Mas o que tudo isso tem a ver com influenciar outras pessoas? Tudo! Como persuasor, você precisa fazer com que as pessoas sintam essa dissonância em relação ao lugar onde estão e àquele aonde precisam chegar. Em geral, elas irão resistir quando você demonstrar que elas estão enganadas. Apenas pinte o quadro para elas e deixe que sintam a pressão interna. Elas têm um problema e, como persuasor, você está lá para ajudá-las a resolvê-lo. Simplesmente ajude-as a perceber que o caminho em que elas estão não as levará até onde precisam chegar. Isso construirá dissonância e pressão interna, o que será bastante influenciador enquanto elas próprias convencem a si mesmas.

MÉTODOS PARA PROTEGER O ALINHAMENTO **MENTAL**

Quando sentimos dissonância, precisamos encontrar um meio de lidar com a tensão psicológica. Quando o elástico se estica, não podemos viver com essa pressão interna.

Nesse caso, tentamos instantaneamente encontrar um meio de aliviar essa tensão e reduzir nossa dissonância. Temos à disposição todo um arsenal de mecanismos para restabelecer nosso equilíbrio cognitivo. Quando você vê um cliente potencial exibindo um desses comportamentos (exceto modificar), você esticou demais o elástico. Ele se partiu. A pressão interna foi demasiada e o cliente acabou optando por um caminho diferente e buscando outra solução. A lista a seguir demonstra diferentes maneiras pelas quais as pessoas tentam reduzir a dissonância.

- **Negação** – Para eliminar a dissonância, você nega a existência de um problema, seja ignorando-o ou demonstrando desprezo pela fonte. Você poderia, por exemplo, atacar (em geral, verbalmente) essa fonte, sugerindo que a falha seja dela. **A culpa é de outra pessoa, não minha!**
- **Reenquadramento** – Você muda sua compreensão ou interpretação do que de fato aconteceu. Isso faz que você ajuste seu próprio pensamento ou **desvalorize a importância da ocorrência,** considerando-a sem importância.
- **Busca** –Você está determinado a encontrar falhas na posição do outro, e, assim, **desacreditá-lo como fonte,** e então encontrar validação social ou evidências que sustentem seu ponto de vista. Talvez você tente convencer a fonte (se disponível) de seu erro. Também é possível que você tente persuadir os outros de que fez a coisa certa.
- **Separação** – Você **separa as crenças que estão em conflito**. Isso compartimentaliza sua cognição, tornando mais fácil para você ignorar e até esquecer a discrepância. Em sua mente, o que acontece em uma determinada área de sua vida (ou da vida de outra pessoa) não deveria afetar as demais áreas. "Todos deveriam obedecer às regras e se conformar, porém, essas mesmas regras não se aplicam a mim."

- **Racionalização** – Você encontra desculpas para explicar porque a inconsistência é aceitável. Você altera suas expectativas ou **tenta racionalizar o que aconteceu**. Você também encontra motivos para justificar seu comportamento e/ou suas crenças. Você poderia dizer que uma determinada ação não é tão grave, já que todos estão agindo assim.
- **Modificação** – Você **muda suas crenças atuais** para atingir alinhamento mental. Na maioria das vezes, isso envolve admitir que está errado ou fora do rumo e fazer mudanças e ajustes no sentido de retornar ao caminho/comportamento adequado.

Um exemplo de vida real: as resoluções de Ano Novo – algo familiar para todos nós.

Você conta a um amigo sobre sua decisão de perder peso por meio de uma dieta e de exercícios físicos. Esse será o seu ano e você conta com seu amigo para ajudá-la. Então, seu amigo se compromete a ajudar e você começa a trabalhar. Um mês depois esse mesmo amigo pega você devorando um pote de sorvete. Ele o faz se recordar do compromisso, e o seu elástico interior se estica. Você sente dissonância. Como você lida com essa tensão?

- **Negação** – "Você está mais gordo do que eu. Por que está pegando no meu pé? Você se lembra daquela vez em que... ."
- **Enquadramento** – "Bem, na verdade, eu quis dizer que só começaria essa dieta após o término desse grande projeto."
- **Busca** – "Eu pesquisei sobre exercícios na Internet e descobri que eles danificam os joelhos e causam problemas de saúde."
- **Separação** – "Quero fazer uma dieta durante o verão para estar pronto para a praia. Agora é inverno, então ainda tenho um bom tempo antes de começar."
- **Racionalização** – "Eu comi salada no almoço e tomei um *shake* dietético no café da manhã, portanto, hoje estou muito abaixo do limite de ingestão calórica."
- **Modificação** – "Você está correto. Vou começar agora mesmo. Obrigada por me alertar."

Considere como cada uma dessas reações se aplicaria caso a experiência a seguir de fato ocorresse em sua vida: seu político favorito, o prefeito de sua cidade – para quem você não apenas votou, mas colaborou na campanha –, está numa fria. Você gastou seu próprio tempo e dinheiro convencendo pessoas de sua família, seus amigos e vizinhos a votar nele. Você imaginou que se tratasse de uma pessoa de bons valores, alguém em quem você poderia confiar. Hoje, depois de dois anos no cargo, ele foi pego recebendo propina de uma empresa local. Os noticiários criam dissonância dentro de você. Para aliviar essa sensação, você poderia ostentar uma das reações a seguir (ou uma combinação delas):

- **Negação** – "É a mídia que o está perseguindo. Ele está fazendo um ótimo trabalho, então o partido adversário está tentando achincalhar o nome dele. Tudo se resolverá quando a verdade vier à tona. É tudo um grande equívoco."
- **Enquadramento**: "A mídia disse 'propina'. Bem, tenho certeza de que ele não usou esse dinheiro. Talvez tenha sido apenas um empréstimo. Estou certo de que sua equipe sabia de tudo. E mesmo que ele tenha aceitado a propina, quem não aceita? Precisa de todo esse alarde?"
- **Busca** – "Conheço esse jornalista que fez a reportagem. Ele já foi sensacionalista outras vezes. Nenhum dos amigos com os quais conversei acredita nessa história. Esse jornalista sempre foi contra o prefeito, desde que ele era candidato. Vou ligar para esse sujeito agora mesmo."
- **Separação** – "Eu votei para esse homem e acho que ele está fazendo um ótimo trabalho. Cortou os gastos da prefeitura, as taxas de desemprego foram reduzidas e o número de crimes despencou. Ele está cumprindo todas as promessas de campanha. Não importa o que ele faz paralelamente. O que vale é como ele está desempenhando seu trabalho. Não há nenhuma conexão entre a propina e os resultados que ele tem obtido."
- **Racionalização** – "Bem, o salário dele é bem baixo para todas as responsabilidades dele. Ele deveria ter um salário melhor para compensar tudo o que tem de enfrentar. Acho normal que ele faça acordos paralelos. Esse é um dos 'bene-

fícios' da função. Acredito que todos façam isso. Na verdade, creio que eu faria o mesmo."
- **Modificação** – "Não acredito que votei nesse sujeito. Sinto-me traído e usado. Eu realmente acreditei que ele fosse um homem de caráter. Preciso me desculpar com minha família e meus amigos. Não posso apoiar um homem que não tem nenhuma ética."

O remorso do comprador é uma forma de dissonância. Quando adquirimos um produto ou serviço, em geral tentamos nos convencer de que fizemos um ótimo negócio. Se as pessoas ao nosso lado – ou fatores externos – nos fazem questionar nossa decisão, experimentamos o **remorso do comprador**. O indivíduo que sente esse tipo de inconsistência buscará qualquer coisa – fatos, validação externa, opinião de especialistas – para reduzir a dissonância em sua mente em relação à aquisição. Algumas pessoas inclusive utilizam exposição seletiva para minimizar o risco de ver ou ouvir algo que possa causar essa desarmonia. Com frequência, as pessoas evitam contar a familiares e amigos sobre suas compras ou decisões, pois sabem que acabarão criando dissonância.

EXEMPLOS DIÁRIOS DE DISSONÂNCIA

Ação	Crença	Redução de dissonância
Comer uma uva no mercado.	Roubo.	Testando a qualidade.
Dirigir acima da velocidade permitida.	Perigoso.	Reunião superimportante.
Enviar mensagens enquanto dirige.	Contra a lei.	Sou excelente motorista.
Comer *fast-food*.	Não saudável.	Tenho me alimentado bem.
Não se exercitar durante as férias.	Exercícios todos os dias.	Farei mais exercícios na próxima semana.
Jogar na loteria.	Jogo de azar = impossível ganhar.	Alguém tem de vencer.
Contar uma mentira inofensiva.	Mentir é errado.	Protegendo os sentimentos alheios.

MANTENDO O ALINHAMENTO PSICOLÓGICO

Um estudo realizado por Knox e Inkster descobriu resultados interessantes em uma pista de corridas. Eles entrevistaram várias pessoas que estavam na fila para apostar e, em seguida, voltaram a entrevistá-las depois que as apostas já haviam sido feitas. Ambos perceberam que os apostadores se sentiam bem mais seguros depois de registrarem suas apostas do que antes.[4] Uma vez que a escolha é feita, o nome do cavalo soa melhor, o produto parece melhor e nossa decisão parece mais acertada. E não apenas tudo parece mais adequado, mas as alternativas se revelam piores e indicam que tomamos a decisão mais acertada.

Younger, Walker e Arrowood decidiram conduzir experiência similar. Eles entrevistaram indivíduos que já haviam feito suas apostas em vários tipos de jogos (bingo, roleta etc.), assim como pessoas que ainda iriam apostar. Eles perguntaram a todos se estavam confiantes de que iriam ganhar. Comparando com as descobertas no estudo de Knox e Inkster, as pessoas que já haviam apostado se sentiam mais seguras e sortudas (antes dos resultados) que aquelas que ainda não haviam feito seus jogos.[5]

Esses estudos mostram que para reduzir a dissonância, nós simplesmente nos convencemos de que tomamos a decisão certa. Imagine a carga psicológica do ser humano se ele tivesse de constantemente reavaliar suas decisões, principalmente se elas foram consideradas incorretas. Uma vez que tenhamos feito uma aposta ou adquirido um produto ou serviço, sentimo-nos mais confiantes em relação a nós mesmos e com a opção escolhida.

Esse conceito se mantém na persuasão e nas vendas. Uma vez que os clientes tenham comprado seu produto ou serviço, eles em geral se sentirão mais seguros com a própria decisão. Faça com que eles efetuem o pagamento ou finalizem o processo de compra o mais rápido possível! Isso os fará sentir mais confiantes sobre a escolha, e então eles buscarão justificativas para apoiar sua opção. A chave é compreender que as pessoas estão tão céticas e desconfiadas nos dias de hoje que procurarão qualquer motivo para não fechar o negócio com você. Uma vez que encontrem algumas razões ou alguns benefícios que vão ajudá-las a resolver seus problemas, é hora de celebrar o acordo. E, uma vez assinado o contrato, eles passam a procurar motivos pelos quais o negócio foi bom. Você sempre poderá preencher as lacunas posteriormente.

USANDO A DISSONÂNCIA PARA CRIAR AÇÃO

A dissonância é uma ferramenta poderosa para ajudar os outros a criar e manter compromissos. Em um estudo, pesquisadores criaram situações de roubo para testar as reações de espectadores desavisados. Na Jones Beach, uma praia de Nova York, os pesquisadores aleatoriamente selecionaram um cúmplice para colocar sua toalha de banho e rádio portátil a cerca de um metro e meio de onde eles se encontravam. A idade dos espectadores desavisados variava de 14 a 60 anos e o grupo incluía ambos os gêneros. Depois de relaxar um pouco, o cúmplice se levantava e saía. Depois disso, um dos pesquisadores se levantava e fingia ser um ladrão, furtando o rádio. Praticamente ninguém reagiu ao ocorrido. Pouquíssimas pessoas se mostraram dispostas a se arriscar confrontando o ladrão. Na verdade, somente 20% dos que estavam no local fizeram qualquer tentativa no sentido de interromper o furto.

Os mesmos pesquisadores realizaram uma experiência bastante similar, só que dessa vez em um cenário diferente. Porém, essa pequena mudança fez uma enorme diferença. Dessa vez, antes de sair, o cúmplice fez um pedido a cada pessoa próxima, "Por gentileza, tenho de ir até a passarela por alguns minutos. Você poderia ficar de olho nos meus pertences?". Todos concordaram. Dessa vez, com a **lei da dissonância** em plena ação, **95%** dos expectadores tentaram impedir o roubo indo atrás do ladrão, agarrando e trazendo o rádio de volta e, em alguns casos, até impedindo fisicamente que o ladrão fugisse.

Outro estudo foi realizado na cidade de Nova York. Os pesquisadores foram a um restaurante lotado e fizeram que uma jovem bem vestida se sentasse à mesa. Em seguida, ela se levantou, saiu e deixou sua maleta na cadeira. Alguns minutos depois, o ladrão entrou no local e furtou o pertence. Poucas pessoas tentaram impedir o roubo. Na segunda fase do experimento, a moça disse: "Por favor, posso deixar essa maleta aqui por alguns minutos?". Todos concordaram em vigiar a maleta. Esse compromisso mais uma vez produziu resultados totalmente distintos e aumentou o número de expectadores que tentaram impedir o furto.[6]

A maioria das pessoas tenta agir de acordo com a promessa feita, em especial quando ela ocorre na forma escrita. É por isso que grandes corporações patrocinam competições com trabalhos escritos sobre questões sociais ou seus produtos. Elas não se importam com o seu estilo pessoal, apenas buscam endosso do consumidor para sua marca. Quem participa apenas coloca por escrito, em suas próprias palavras, tudo o que acha que a empresa gostaria de ouvir sobre a questão ou o produto. Depois de fazer esse compromisso escrito de apoiar e endossar o assunto ou produto, o consumidor agora irá apoiar a empresa patrocinadora em sua causa ou voluntariamente comprar o produto por ela fornecido. Ou seja, você aumenta a persuasão utilizando-se de compromissos ao longo de sua apresentação.

COLOCANDO UM PÉ DENTRO DA EMPRESA CLIENTE

Um aspecto da lei da dissonância é a necessidade de manter consistência entre nossas respostas e compromissos. Mesmo que alguém comece com um pedido pequeno e então prossiga com solicitações de mais peso, ainda tendemos a permanecer consistentes em nosso comportamento e em nossas respostas. Essa técnica de capitalizar em cima desse princípio tem sido chamada de várias maneiras: teoria da autopercepção ou solicitação sequencial ou "pezinho na porta". Esse princípio é um meio de usar a autopercepção de uma pessoa para motivá-la a agir de uma determinada maneira. Quando um indivíduo aceita seu pedido da primeira vez, ele percebe a si mesmo como útil. Se é solicitado a ajudar uma segunda vez, e de modo mais efetivo, é provável que ela consinta. Em um esforço de se manter consistente em relação à primeira impressão causada e também à sua própria percepção de si, ele concorda em colaborar ainda mais.

A chave para se utilizar a técnica do "pezinho na porta" é fazer que a pessoa concorde com um primeiro pedido. Por exemplo, peça a alguém os seguinte: "Você poderia ceder 30 segundos do seu tempo?" A maioria das pessoas responderia de modo afirmativo. De acordo com a autopercepção, o indivíduo observaria seu próprio comportamento e, em relação a essa breve interação, consideraria a si mesmo como o tipo de pessoa útil. O segundo passo nessa técnica é fazer do segundo pedido algo um pouco mais envolvente. "Será que eu posso testar esse produto nessa mancha no seu carpete?" A pessoa então acha que deve consentir nesse segundo pedido, afinal, ela é "desse tipo de pessoa." Ela já viu a si mesma apoiando esse produto ou serviço, portanto, ela está disposta a acatar essa segunda solicitação.

Outra pesquisa envolveu testes para ver se alunos de um curso introdutório de Psicologia acordariam cedo para participar de uma sessão de estudos sobre processos de pensamento que aconteceria às 7 horas da manhã. Em um dos grupos os alunos foram informados de que a sessão iniciaria exatamente nesse horário. Desses alunos, somente 24% concordaram em participar. No segundo grupo os alunos foram primeiramente informados sobre o conteúdo da sessão, e então convidados a participar. O horário matinal não foi mencionado até depois de eles terem concordado em participar. Neste caso, 56% dos alunos participaram. Quando a oportunidade de mudar de ideia se apresentou, porém, ninguém se aproveitou dela. Dos que concordaram em comparecer, 95% apareceram na sessão.[7]

Em ainda outro estudo, os pesquisadores decidiram testar a técnica do "pezinho na porta" com doações. Na primeira parte do trabalho, os participantes foram convidados a assinar uma petição duas semanas antes de serem solicitados a fazer uma doação. Na segunda parte, os participantes foram requisitados a realizar a doação logo no início. O resultado demonstrou que, quando o pedido da assinatura ocorreu antes daquele da doação, o montante reunido foi maior.

A técnica do "pezinho na porta" também funcionou bem com fumantes. Eles receberam um pedido para que se abstivessem de fumar por 18 horas e que, em seguida, escrevessem todas as razões para terem aceitado esse desafio. O trabalho escrito não era obrigatório. Posteriormente, essas mesmas pessoas foram solicitadas a parar de fumar por 6 dias. O grupo que escreveu suas razões e racionalizou sobre os motivos para não fumar por 18 horas também aceitou o desafio mais prolongado – **82%** das vezes. Já no grupo que não escreveu o trabalho, somente **26%** dos participantes da primeira fase também participaram da segunda.

Se você consegue fazer que alguém mentalmente se comprometa com um produto ou uma decisão, é provável que essa pessoa se mantenha comprometida mesmo depois que os termos e as condições tenham mudado. É por isso que, quando as lojas anunciam preços muito baixos para, digamos, computadores, elas incluem em letras bem pequenas na oferta: **"Quantidade limitada."** Então, quando você chega na loja para levar o seu, todos os computadores mais baratos já foram vendidos. O problema é que agora você já está comprometido a adquirir um computador. Por sorte, ainda há modelos bem mais caros disponíveis e você pode satisfazer o seu desejo, então você volta para casa depois de gastar 500 reais a mais do que havia planejado, apenas porque precisava manter a consistência entre o seu desejo por um novo computador e a ação de estar na loja.

Usando a técnica do "pezinho na porta" de maneira efetiva

Veja a seguir três princípios básicos para utilizar essa técnica:

1º) Pequenos compromissos geram grandes compromissos. Por exemplo, os vendedores geralmente se concentram em assegurar um pedido inicial, mesmo que pequeno. Uma vez que isso seja conseguido, é mais provável que o cliente se comprometa a comprar novamente dele.
2º) Compromissos escritos são mais poderosos que os verbais. Conhecemos a força da palavra escrita. Quando contratos são assinados e promessas são colocadas na forma escrita, o grau de compromisso se eleva em **10 vezes**.
3º) Compromissos públicos são mais fortes que os privados. Fazer uma declaração pública na frente de testemunhas é

algo que nos faz manter o compromisso. De outro modo, nos arriscamos a ser vistos como inconsistentes ou desonestos. Por exemplo, muitos centros especializados na perda de peso fazem seus clientes assinar um documento no qual se comprometem a atingir seus objetivos e a divulgá-lo para o maior número de pessoas possível, o que aumenta a probabilidade de sucesso.

Ao utilizar essa técnica é preciso que você primeiramente determine exatamente o resultado esperado – o grande compromisso que deseja. A partir daí elabore uma lista de pequenos pedidos que estejam relacionados ao seu objetivo maior, certificando-se de que eles possam ser atendidos com facilidade.

Lembre-se de que esse primeiro pedido deve ser "do tamanho certo para que a técnica possa funcionar"[8], mas, por outro lado, não deve ser tão grande que se torne inapropriado e/ou não possa ser atendido prontamente. Apresente um pedido que possa ser aceito de imediato e você receberá um sim.

QUATRO PASSOS PARA UTILIZAR A LEI DA DISSONÂNCIA

Passo 1 – Descubra o quanto as pessoas sabem

Quais são as crenças dos seus clientes potenciais, suas experiências passadas, a atitude e os sentimentos deles em relação a você, ao seu produto ou serviço? Você precisa descobrir os desejos e as necessidades deles antes de criar dissonância. Como gentilmente esticar o elástico? Qual é a diferença entre o local onde eles estão agora e aquele aonde desejam chegar?

Passo 2 – Consiga um compromisso

Os compromissos por parte dos seus clientes potenciais devem ser públicos, afirmativos e voluntários.

Público

Torne a decisão do seu cliente o mais visível possível. Consiga um compromisso escrito e torne-o público. Envolva a família e os amigos dele na ação proposta. Engaje seu cliente em um aperto de mão patente para fechar o acordo na frente de outros funcionários e clientes.

Afirmativo

Você deseja obter o maio número possível de respostas positivas – **sim!** – para desenvolver consistência no seu interlocutor. Essa técnica facilita a resposta afirmativa dos clientes potenciais à sua proposta final. Mesmo que a concordância se dê em relação a algo simples e sem grande valor, isso facilita uma resposta similar no final.

Use uma série de perguntas cujas respostas sejam afirmativas. O desejo das pessoas aumenta a cada sim, e diminui a cada não. Cada vez que dizemos sim a um benefício, nosso desejo aumenta.

Voluntário

Ao conseguir compromissos, comece por coisas pequenas e alcance as maiores. Acordos não podem ser forçados. A aprovação de longo prazo deve surgir do desejo dos seus clientes potenciais – é algo que eles desejam fazer ou dizer. Eles precisam se mostrar voluntários para o *test-drive*, para preparar um contrato ou solicitar mais informações. Transformar o compromisso em algo voluntário por parte do cliente solidifica o acordo.

Passo 3 – Crie dissonância

Uma vez que conseguir o compromisso você poderá criar dissonância. Você cria esse desequilíbrio mostrando ao seu cliente potencial que ele não cumpriu ou não está cumprindo o compromisso assumido por ele. Por exemplo: "Se não agirmos agora, as crianças sem-teto vão dormir famintas." A autoimagem do indivíduo é constringida de ambos os lados por pressões relacionadas a consistência. O cliente potencial sentirá forte pressão para alinhar sua autoimagem às próprias ações. Ao mesmo tempo haverá tensão no sentido de reduzir a dissonância.

Passo 4 – Ofereça uma solução

Como persuasor efetivo, sempre que criar dissonância você terá de oferecer uma saída. Você precisará mostrar, provar ou explicar como seu produto ou serviço será capaz de reduzir a dissonância sentida pelo cliente. Por exemplo: "Se algo acontecer com você, sua família conseguirá sobreviver financeiramente?"

Mantenha sua maior solicitação em mente. Prepare toda a sua apresentação em torno do momento em que fará o pedido final. Uma vez que seu cliente aceite a solução proposta, ele se convenceu e tomou a decisão certa – e a única possível. Assim ele se sentirá ótimo em relação à própria escolha. Isso fará a dissonância desaparecer. A decisão foi uma opção do cliente. Ele sabe o que fazer.

A solução é o seu chamado à ação.

NOTA FINAL

Como seres humanos diferentes entre si, devemos compreender que cada um de nós sentirá um grau distinto de dissonância em relação a uma mesma experiência. Algumas pessoas precisam tanto de consistência e previsibilidade na própria vida que tendem a sentir níveis muito mais elevados de dissonância que outras. Os introvertidos também tendem a sentir mais dissonância que os extrovertidos.

EFEITO REVERSO

A dissonância exercerá um efeito reverso se você esticar demais o elástico e ele se partir. Isso acontece quando um cliente potencial não acredita em você, considera ridícula sua afirmação ou você não oferece a ele uma solução. Durante a persuasão, nunca coloque ninguém contra a parede.

ESTUDO DE CASO

Durante uma sessão de treinamento para apresentação persuasiva com planejadores financeiros, descobri que os profissionais sabiam como apresentar fatos interessantes e usar estatísticas. O objetivo do treinamento era torná-los mais persuasivos e gerar mais negócios depois de suas apresentações. Esses planejadores eram bastante capazes de demonstrar o valor de seus produtos e provar que o planejamento era um grande investimento, mas não estavam felizes com o número de novos clientes. Muitos dos clientes potenciais desses profissionais achavam que tinham tempo demais pela frente e apresentavam a tendência a esperar para investir. Qual seria, em sua opinião, a principal razão (usando a lei da dissonância) para a resistência desses clientes a fechar contratos?

Esses planejadores esticaram o elástico, mas nunca se voltaram para o fator da negação dentro da dissonância. Faz parte da natureza humana negar a existência de um problema e adiar sua decisão. Se as pessoas sentem que podem fazer algo mais tarde, então o elástico já não está esticado, e elas simplesmente adiam a decisão. Todos sabemos que geralmente isso significa um **não**.

Para superar essa negação, pedi aos planejadores que acrescentassem o elemento tempo em suas apresentações. Os clientes agora poderiam visualizar uma tabela indicando que, se optassem por esperar ou adiar, perderiam dinheiro. Isso resolveu a questão da negação dentro da dissonância, e o número de clientes subiu drasticamente. Os clientes viram quanto dinheiro já haviam perdido e ainda perderiam esperando para investir. A chave nesse caso é impedir que o cliente crie uma razão pela qual os efeitos negativos da espera não se apliquem a eles.

Recurso adicional: Vídeo sobre aplicação de dissonância (maximuminfluence.com).

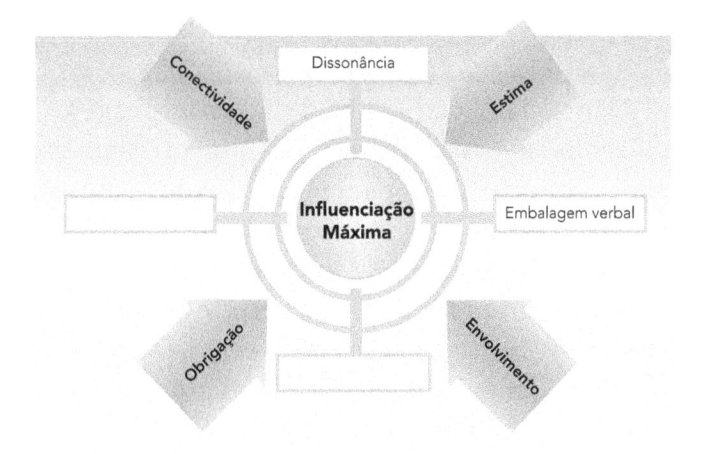

CAPÍTULO 8

A lei da embalagem verbal

A otimização da linguagem

"A verdadeira persuasão acontece quando você coloca mais de si mesmo naquilo que diz. Palavras têm efeito, e, quando carregadas de emoção, esse efeito é poderoso."
— Jim Rohn

Você já prestou atenção às instruções das companhias aéreas antes da decolagem? Os comissários de bordo são cuidadosos em cada palavra empregada. No evento de um pouso sobre a água, o assento de sua poltrona poderá ser usado como **"equipamento de flutuação"**. Repare que ninguém da tripulação jamais usa o termo **"salva-vidas"**, mas o que eles estão realmente dizendo neste caso é que, "no caso de o avião cair sobre a água, você deve agarrar o assento de sua poltrona para não se afogar." Também não existe na aeronave **"saco para vômito"**; o disponibilizado é um **"saquinho para eventual desconforto"**. Ninguém diz que o avião está quebrado, mas que "no momento estamos enfrentando algumas dificuldades mecânicas." Não se faz "faxina" no avião; a aeronave é "higienizado." Os aviões nunca **"estão atrasados"** por problemas da companhia aérea, do aeroporto ou da tripulação; eles apenas **"sofreram um (leve) atraso"**. E agora a minha favorita, nas viagens de avião ninguém nunca **"perde"** sua mala; ela foi **"extraviada"**.

Certa vez, quando um avião estava preste a decolar, um dos motores pegou fogo. A fumaça negra podia ser vista através das janelas da aeronave, assim como os vários caminhões de bombeiros que repentinamente tomaram a pista. Todavia, ao explicar a situação pelo sistema de comunicação, o piloto disse aos passageiros: estamos com uma **"pequena dificuldade no motor"**. Pequena dificuldade? Como seria então uma "grande dificuldade?"

Sem dúvida as companhias aéreas reconhecem o poder que as palavras têm de afetar as emoções e o ponto de vista de seus clientes.

Mais de 60% do seu dia é gasto em comunicação verbal, que pode ser persuasiva, esclarecedora, influenciadora, motivadora ou instrutiva. Com as palavras escolhidas, é possível criar movimento, entusiasmo e visão. As palavras certas são cativantes; as erradas são devastadoras. Os vocábulos corretos fazem tudo ganhar vida; eles criam energia e são bem mais capazes de convencer que seus pares incorretos. Como disse certa vez Mark Twain: "A diferença entre a palavra certa e a quase certa é a mesma que existe entre a luz de um relâmpago e a de um vagalume." No final das contas, as palavras que você escolhe podem atrair ou repelir seu cliente potencial. Numerosos estudos já demonstraram que um traço comum de homens e mulheres bem-sucedidos é o uso habilidoso da linguagem.

A lei da embalagem verbal afirma que quanto mais habilidoso você se mostrar no uso da linguagem e das técnicas vocais, mais persuasivo será. As pessoas são convencidas por nós por conta das palavras que escolhemos utilizar. As palavras afetam nossas percepções, atitudes, crenças e emoções. Aquelas usadas em um processo de persuasão fazem toda a diferença do mundo. A linguagem aplicada de modo inadequado desencadeia uma resposta indesejada e diminui sua capacidade de persuadir. A habilidade com as palavras também está diretamente relacionada ao ganho de poder. Indivíduos bem-sucedidos são capazes de usar a linguagem de maneira a evocar pensamentos, sentimentos e ações absolutamente vívidos nas pessoas às quais se dirigem. Carl Jung (o famoso psiquiatra) afirmou que todas as palavras estão repletas de simbologia, e que cada um desses símbolos desencadeia uma reação emocional e/ou um sentimento no ouvinte. O significado emocional de uma palavra difere daquele encontrado em um dicionário. Portanto, compreender as palavras e seus desencadeadores emocionais irá aumentar sua habilidade de persuadir e influenciar.

A FORÇA INTRÍNSECA DAS PALAVRAS

Palavras são usadas para explicar situações e eventos, compartilhar sentimentos e ajudar as pessoas a visualizar o futuro. As palavras dão forma aos nossos pensamentos, sentimentos e às nossas atitudes em relação às pessoas. Elas nos ajudam a decidir se devemos correr, permanecer neutros ou agir. Até mesmo a leitura das palavras pode afetar o que pensamos, sentimos e o modo como agimos. Por exemplo, leia as seis palavras a seguir em voz alta, devagar e com emoção. Repare no modo como cada uma delas o faz sentir.

Assassinato... Ódio... Deprimido... Câncer... Guerra... Desespero...

Agora leia esta outra lista de palavras, seguindo as mesmas instruções anteriores.

Riqueza... Sucesso... Felicidade... Saúde... Inspirador... Amor...

Como você se sentiu ao proferir essas palavras? Persuasores bem-sucedidos sabem exatamente como usar as palavras certas para obter a resposta desejada de seus interlocutores. Indivíduos com ótima habilidade verbal são considerados mais confiáveis, competentes e convincentes. Já aquele que hesitam, usam palavras não apropriadas ou não apresentam fluência em seu discurso, são vistas como menos confiáveis, mais fracas e menos eficientes.

OS PRINCÍPIOS BÁSICOS DO USO DA LINGUAGEM

Quando usada de maneira adequada e bem embalada, a linguagem se torna um instrumento poderoso que pode ser perfeitamente ajustado para funcionar a seu favor. Todos conhecemos os fundamentos da linguagem, mas o perfeito domínio não apenas do uso das palavras como também do controle vocal pode afetar o comportamento humano. O uso adequado da **embalagem verbal** torna a pessoa que fala mais adaptável, fácil de entender e, inclusive, mais persuasiva. Esse tipo de linguagem é sempre conciso, e jamais ofensivo.

Escolha da palavra

Compreenda primeiramente que a linguagem adequada varia de acordo com o ambiente e com o evento (a situação). Um conjunto específico de palavras não funciona em todas as circunstâncias e culturas. A escolha de palavras também pode se revelar crítica para desarmar situações potencialmente perigosas e também para fazer que as pessoas aceitem o seu ponto de vista. Uma única palavra pode fazer a diferença entre rejeição e aceitação. Em um estudo realizado pelo psicólogo social Harold Kelley,[1] estudantes foram divididos em dois grupos, sendo que cada qual recebeu uma lista de qualidades que descreviam um palestrante convidado que se apresentaria na sequência. Cada uma das listas incluía cinco palavras:

1º) Frio, diligente, crítico, prático e determinado.
2º) Caloroso, diligente, crítico, prático e determinado.

É óbvio que entre os alunos que leram a primeira lista os sentimentos em relação ao palestrante foram menos positivos. O mais interessante, porém, é que, exceto pela primeira palavra, o restante da lista é absolutamente idêntico. Eles observaram que a colocação daquela primeira palavra logo no início da lista condicionava o modo como os estudantes se sentiriam em relação aos demais adjetivos. Não importava o fato de que nenhuma das outras palavras fosse negativa. A mera leitura da palavra "frio" no começo da lista já norteava o modo como os alunos entenderiam o resto.

Como já mencionado, o setor aeroviário conhece perfeitamente o poder das palavras. Quem trabalha nessa área sabe muito bem que a escolha dos vocábulos é crucial para, ao mesmo tempo, transmitir mensagens e reduzir o estresse. Certa vez, durante um longo voo internacional, uma comissária de bordo percebeu que não havia carne suficiente para servir a todos os passageiros. Em vez de simplesmente dizer que a única opção disponível era frango, ela fez o seguinte comunicado: "Senhores passageiros, para o almoço vocês poderão optar entre um delicioso filé de frango marinado, servido com batatas *sauté* e deliciosos *champignons* refogados cobertos com um leve molho branco..., ou bife." Depois dessa descrição, é claro que as pessoas escolheram o frango – afinal, o prato soava bem mais apetitoso. Na próxima vez que você ler o cardápio em um restaurante, preste atenção no modo como as opções são descritas.

Profissionais de vendas também escolhem cuidadosamente as palavras que serão usadas. Eles sabem perfeitamente que uma única palavra equivocada é capaz de afastar o cliente. Veja a seguir alguns exemplos da linguagem adotada por vendedores para tentar desarmar situações potencialmente perigosas.

Palavras repelentes	Expressões superiores
Contrato	Acordo/papelada
Assine aqui	Dê o seu "de acordo" aqui
Cancelamento	Direito à rescisão
Vendedor	Consultor de vendas
Comissão	Taxa de serviço
Custo/preço	Investimento
Cartão de crédito	Forma de pagamento
Objeção	Área de preocupação
Caro	Modelo superior/*top* de linha
Mais barato	Modelo mais econômico
Custo de serviço	Taxa de processamento
Problema	Desafio
Solicitação de assistência técnica	Agendamento de visita técnica

As palavras também exercem um papel importante no modo como nos lembramos de certos detalhes. Em um estudo, entrevistadores perguntaram para um grupo de participantes se suas dores de cabeça eram "frequentes." Para um outro grupo de participantes, eles perguntaram se as dores eram "ocasionais." Os entrevistados cuja pergunta incluía a palavra "frequente" reportaram 2,2 dores de cabeça por semana, enquanto aqueles cuja pergunta incluía a palavra "ocasionais" reportaram uma média de 0,7 episódios semanais.[2]

Em outro estudo, perguntou-se a um grupo de indivíduos se eles achavam que os EUA deveriam **permitir** discursos públicos contra a democracia. Enquanto isso, para outro grupo foi perguntado se eles consideravam que os EUA deveriam **proibir** discursos públicos contra a democracia. Embora as implicações de ambas as perguntas fossem similares, note que a escolha das palavras tornava contrário o significado das duas. Ainda assim, talvez pudéssemos esperar que as respostas fossem parecidas, já que ambas as perguntas se concentravam em um mesmo ponto. Porém, por causa da palavra **proibir** – que naturalmente faz que as pessoas queiram ouvir o discurso – a resposta afirmativa para a segunda pergunta foi mais acentuada.

Você já reparou o oposto da embalagem verbal nos anúncios farmacêuticos? Todos eles apresentam os maravilhosos benefícios dos produtos, usando uma voz macia e sofisticada para enfatizá-los. Então, no final, eles são obrigados a veicular a seguinte mensagem: "Se persistirem os sintomas, um médico deverá ser consultado." Dessa vez, o texto é lido rapidamente e por uma voz baixa e monótona! Ou seja, os fatores negativos, ou eventuais efeitos colaterais, nunca são claramente acentuados, e nós, telespectadores, ficamos com uma impressão positiva do produto. Por exemplo, nunca ouvimos falar claramente na TV que comprimidos para gripe podem causar diarreia.

Uso de eufemismos

A palavra eufemismo significa "usar um termo mais leve e menos ofensivo no lugar de outro mais pesado e agressivo", fazendo com que suas palavras criem um ambiente mais favorável e atraente. Veja alguns exemplos interessantes de eufemismos que encontraram seu lugar no mundo corporativo.

Efeito negativo	Efeito positivo
Downsizing (redução de custos ou de atividades)	*Right-sizing (o tamanho adequado)*
Rebaixamento de posto/cargo	Correção de desequilíbrio nas funções
Reduzir/cortar/extinguir	Simplificar
Queda de ações/colapso da bolsa	Correção de mercado
Sua ideia é estúpida	Com todo o respeito...
Perda de dinheiro	Lucro bruto negativo
Mentira	Deturpar os fatos
Fracasso	Sucesso incompleto
Falência	Patrimônio líquido substancialmente negativo
Desinformação	Licença criativa
Furto praticado por funcionário	Encolhimento do inventário
Irregularidade	Leve imperfeição

Embalando números

No *marketing*, e em qualquer situação envolvendo persuasão, as pessoas com frequência precisam apresentar os números de um jeito um pouco diferente, fazendo que pareçam mais positivos ou menos negativos do que realmente são. No primeiro caso, os persuasores usariam o seguinte tipo de linguagem:

- Mais de três quartos...
- Quase oito em cada dez...
- Mais de dois em cada três...

Na segunda situação, a linguagem seria a seguinte:

- Menos que a metade...
- Menos que dois terços...
- Não chega a três quartos...

Escolha de palavras no *marketing*

A escolha adequada de palavras no *marketing*, na publicidade e na propaganda é absolutamente crucial. Até na área de teste de anúncio cada expressão importa e muito. Aliás, quando escrevemos um *e-mail* ou uma carta, cada palavra escrita é capaz de atrair ou afastar o leitor. Portanto, utilize sempre palavras que aumentem a curiosidade, atraiam a atenção e desencadeiem emoções positivas em seu contato.

Quando os anunciantes decidem investir milhões de dólares (ou de reais) por ano em um produto é porque eles já testaram cada palavra que será usada. Eles querem que suas escolhas atuem de maneira psicológica no sentido de levar o consumidor a acreditar que um determinado produto é o melhor e mudará sua vida. Especialistas em publicidade conseguem fazer os telespectadores absorver inconscientemente suas mensagens. Eles podem até mesmo embalar um produto idêntico com palavras e expressões diferentes só para alcançarem um segmento maior de público.

O psicólogo Daryl Benn conduziu um estudo sobre o modo como os publicitários escolhem as palavras e frases de impacto para vender diferentes marcas, igualmente eficientes, do medicamento à base de ácido acetilsalicílico.

- **Marca A** – Afirma ser: "Um produto 100% puro; nada é mais forte no mercado." Benn explica que testes do governo norte-americano atestaram que nenhuma das marcas testadas era mais fraca ou menos eficiente que a outra.
- **Marca B** – Afirma que: "O produto é insuperável em termos de rapidez no alívio; nenhuma outra marca oferece efeito tão rápido." Os mesmo testes oficiais comprovaram que a marca B não age mais rápido que as demais.
- **Marca C** – Declara utilizar um ingrediente "recomendado por médicos." Testes do governo revelaram que o tal ingrediente especial nada mais é que o próprio ácido acetilsalicílico.[3]

A escolha de palavras nesses anúncios funciona porque a conotação positiva nos leva a acreditar que cada marca é a **melhor**. Os profissionais da área de publicidade sabem que alterar uma única palavra no anúncio pode aumentar dramaticamente a taxa de resposta dos consumidores.

Publicitários também utilizam outras palavras conhecidas como palavras-doninhas (*weasel words*). Trata-se do uso de termos **"evasivos"** ou **"vazios"** que, apesar de positivos, não permitem a agregação de um número exato à afirmação do anunciante. Neste caso, o consumidor pode ele próprio justificar sua opção de compra e acreditar no que quiser. Essas palavras recebem tal nome porque esse pássaro – a doninha – é famoso por invadir galinheiros e sugar o interior dos ovos, sem quebrar a casca. Os ovos parecem perfeitos, mas, na verdade, estão vazios. Use esse tipo de palavra quando não quiser definir um número exato ou quando estiver tentando desacentuar algo potencialmente negativo.

PALAVRAS-DONINHAS

Ajuda	Até	Espera-se que...
Pode	Quase	Talvez/poderia
Possivelmente	Cerca de	Afirma que...
Aprimorou	Aproximadamente	Supostamente

É provável que o maior desafio do *marketing* na escolha de palavras ocorra quando empresas bilionárias precisam traduzir para outro idioma uma palavra previamente definida na língua original, e encontrar sua equivalente perfeita. O maior fiasco de tradução na área de *marketing* (ou lenda urbana) ocorreu no caso do Chevy Nova. A palavra "nova", traduzida de forma separada para o espanhol acabou se transformando em *"no va"*, cujo significado é **"não vai"** (**Não anda!**). Quando a American Airlines decidiu anunciar no mercado mexicano seus novos assentos de couro para a primeira-classe, a empresa simplesmente traduziu letra por letra sua campanha *Fly in Leather* ("voe sentado em couro legítimo"), entretanto, a tradução literal obtida no espanhol foi "voe pelado." Quando a Coors colocou seu *slogan Turn It Loose* ("Liberte-se!") no espanhol, o resultado foi nada menos que "Tenha uma diarreia." O grande sucesso da Dairy Association (Associação de Laticínios) com a campanha *Got Milk?* ("Toma leite") fez com que a empresa resolvesse expandir a propaganda no México. Entretanto, eles logo perceberam que o anúncio havia sido traduzido como "Você está amamentando?" A empresa escandinava de aspiradores de pó, Electrolux, usou a seguinte frase em sua campanha nos EUA: "*Nothing sucks like a Electrolux*" ("Nada suga tão bem quanto um Electrolux"), porém, a palavra *suck* em inglês pode significar sugar, chupar ou, como gíria, "ser uma porcaria".

O uso do silêncio

Com que frequência vemos representantes comerciais se estenderem demais em seu próprio discurso? O cliente está pronto para fazer a compra, mas o vendedor insiste em discorrer sobre todas as características e todos os detalhes do produto, a ponto de deixar o cliente potencial em dúvida e fazê-lo pensar mais um pouco sobre a aquisição. Quando alguém já se convenceu, não há razão para você continuar falando. Lembre-se do ditado: **"É melhor um pássaro na mão que dois voando!"**

O fato é que às vezes o melhor a fazer é não dizer nada; é permanecer em silêncio e deixar que a outra pessoa fale. É comum ouvir dizer que, em negociação, aquele que fala primeiro sai perdendo. Depois que o processo de persuasão chegou ao fim e o cliente está pronto para tomar sua decisão, faça uma proposta e cale-se! O silêncio assusta e incomoda, mas é crucial para que seu cliente tome uma decisão sem ter de ouvir você falando sem parar sobre o produto.

Mais comunicação nem sempre significa maior persuasão. De fato, quanto menos você falar, mais esperto as pessoas o acharão. Quanto mais fala, mais comum você parece aos olhos dos outros, e menos no controle da situação. Muitas pessoas tentam impressionar as outras mostrando toda sua sabedoria, mas, em geral, essa estratégia afasta clientes potenciais. Por que, então, dar motivos a eles para não comprar? Deixe que os outros lhe digam o que estão procurando. Depois de discutir sobre tudo o que importa para os clientes, e de eles já terem tomado uma decisão, será a hora de você complementar o que estiver faltando e informar outros benefícios e outras características do produto.

Use linguagem expressiva e pinte um quadro bem definido

Complete esse exercício de visualização comigo: faça de conta que você está de pé em uma bela cozinha bem iluminada. Você vai até o balcão e pega uma laranja grande e suculenta. Você pode sentir pelo toque que a fruta está no ponto certo, repleta de suco. Você aproxima a laranja do seu nariz e sente um aroma delicioso. Então você pega uma faca e começa a descascá-la. O perfume se torna cada vez mais forte conforme você corta a fruta em pedaços. Gotas do suco caem sobre seus dedos, então você pega uma parte da fruta e leva até os lábios. À medida que morde a laranja o suco se espalha pela sua boca. **O gosto é deliciosamente doce!**

Você sentiu água na boca? Praticamente todo mundo sente. O mais interessante, entretanto, é que se eu tivesse apenas instruído você a produzir saliva, isso jamais teria acontecido. Uma narrativa vívida funciona muito melhor que um comando direto, pois sua mente não consegue distinguir entre o que está sendo imaginado e o vivenciado.

O bom persuasor tem a capacidade de pintar um quadro absolutamente vívido com suas palavras. Seus clientes podem ver, ouvir, sentir e experimentar exatamente o que você está dizendo. Eles se tornam parte da mensagem e conseguem compreender de maneira mais exata como o produto ou o serviço poderá alterar suas vidas. Você precisa estimular os sentidos das pessoas usando palavras que ativem a mente delas. Você apresenta sua mensagem por meio de emoções positivas porque os pensamentos positivos das pessoas vão colorir as percepções delas sobre aquilo que você deseja que elas façam.

Qualquer um pode falar: "Eu caminhei pela praia." Mas nem de longe isso se compara a dizer algo do tipo:

"*O sol estava forte e brilhava sobre a areia quente. Tirei os sapatos e imediatamente senti a maciez da areia por entre os dedos dos pés. As gaivotas flutuavam preguiçosamente sobre o oceano azul. O ritmo das ondas tranquilizava minha alma, conforme se quebravam nas pedras. Podia sentir o gosto de sal na brisa que envolvia o meu rosto.*"

Acho que você consegue sentir a diferença nas duas narrativas, não é? As palavras dão vida a tudo o que fazemos. Elas podem nos deixar doentes, emocionalmente exauridos, famintos e até nos fazer salivar. Elas também podem exacerbar o seu desejo de comprar!

Uma empresa de produtos domésticos, tentando convencer seus clientes das vantagens do isolamento térmico doméstico, mandou seus técnicos visitarem proprietários de imóveis e mostrar para eles quanta energia estava sendo desperdiçada. Na ocasião, esses profissionais ofereceram várias dicas e sugestões sobre como os donos das casas poderiam economizar dinheiro se se tornassem mais eficientes em termos de gasto de energia. Apesar de todos os benefícios de longo prazo apresentados, somente 15% dos proprietários visitados aceitaram fazer as alterações necessárias. Depois de conversarem com dois psicólogos a respeito de como poderiam apresentar as vantagens do isolamento térmico de maneira mais eficiente, os responsáveis pela empresa decidiram mudar de estratégia e descrever de maneira mais vívida as ineficiências do não isolamento. Nas vistorias seguintes, os profissionais se concentraram em alertar os proprietários de que, coletivamente, todas as pequenas rachaduras aqui e ali eram equivalentes a uma bola de basquete. Dessa vez, 61% dos donos de imóveis concordaram em realizar melhorias![4]

Quando se encontrar numa situação em que realmente precise de pessoas ao seu lado, use palavras capazes de criar imagens mentais fortes. O advogado Gerry Spence disse certa vez: "Não me fale que alguém sentiu dor. Diga-me como foi ter a perna quebrada e ver o osso saindo da carne. Conte-me como foi a experiência! Mostre-me como foi a cena! Faça-me sentir a dor!"[5] As palavras são mais poderosas quando ostentam fortes conotações emocionais. Você quer que suas palavras sejam claras e confiáveis, mas elas terão impacto bem maior se provocarem uma reação emocional em seus interlocutores.

É possível até se divertir com os próprios comentários depreciativos. Por exemplo, você pode chamar alguém de idiota ou estúpido, mas o que acontece quando consegue embalar verbalmente esse sentimento e descrever a situação em detalhes? Veja o resultado:

- Burro feito uma porta.
- O Tico e o Teco não têm se falado ultimamente.
- Se os cérebros pagassem imposto de renda, esse sujeito teria um bom abatimento.
- Ele estudou para o exame de sangue, mas não passou.
- E dizer que ele foi o espermatozóide mais rápido e esperto do grupo.
- O cérebro dele só dá sinal de ocupado... pi pi pi.
- O estoque de capim desse sujeito precisa ser reforçado.
- Ele se esqueceu de passar na fila dos cérebros.
- Esse aí caiu de cabeça quando era bebê.

Palavras simples, mas poderosas

Todos sabemos que certas palavras causam mais impacto que outras, mas quem poderia imaginar que expressões simples como **vamos**, **porque** e **você** teriam o poder de mover montanhas? Num estudo realizado por Langer, Blank e Chanowitz, os pesquisadores descobriram que certas escolhas de palavras podem influenciar pessoas a agir contra os próprios interesses. Uma das pesquisadoras se aproximou de uma longa fila de alunos que esperavam para tirar cópias e os abordou de três maneiras distintas, escolhendo palavras diferentes para fazer o mesmo pedido. As tentativas foram feitas em horários diferentes para ver como seria a resposta dos estudantes. Quando ela disse: "Desculpe, tenho cinco páginas. Posso usar a copiadora?", 60% dos alunos concordaram; quando ela falou, "Desculpe, tenho cinco páginas. Posso usar a copiadora? É **porque** estou com muita pressa", 94% dos estudantes aceitaram; e quando ela disse, "Desculpe, tenho cinco páginas. Posso usar a copiadora? É porque eu preciso tirar essas cópias", 93% concordaram.[6]

A mágica estava na palavra **porque**. Mesmo quando ela utilizou uma razão óbvia (preciso tirar essas cópias), o grau de aceitação foi superior. A palavra **porque** é extremamente poderosa: ela prepara a mente para uma razão, e mesmo que o motivo não seja legítimo, ainda assim ele existe.

Em contrapartida, há uma palavra que certamente dificultará o processo de persuasão: o "**mas**." A razão é simples: o **mas** nega tudo o que veio anteriormente. Todos nós sabemos como funciona:

"Eu amo você, mas...", ou "Eu quero ajudar, mas..." O **mas** coloca um freio na persuasão. É possível usar o **mas** de maneira estratégica para negar coisas, porém, ele geralmente é usado fora do lugar. Pratique seu vocabulário e aprenda a usar o **e** em sua comunicação persuasiva em vez do **mas**. Outra mudança simples é usar **pode** em vez de **poderia**. Por exemplo, diga "Você **pode** levar isso..." em vez de "Você **poderia** levar isso... ." Do mesmo modo, opte por **irei** em vez de **iria**, e **farei** no lugar de **tentarei**.

Com frequência precisamos direcionar pessoas, lhes delegar atividades ou até mesmo dar ordens a elas. Em geral, isso implica comandos curtos, como: "Você pode fazer isso ou aquilo... ." Porém, é possível criar unidade e aliança no grupo – e, ao mesmo tempo, diminuir atitudes defensivas – simplesmente incluindo-se na ação ("**Vamos** nos certificar de que isso seja colocado no correio ainda hoje, correto?"), em vez de falar de modo imperativo ("**Certifique-se** de que isso seja colocado no correio ainda hoje."), mesmo quando a atividade caberá ao outro. É muito simples, mas funciona extremamente bem. Transforme o uso da palavra "**vamos**" em um hábito e você perceberá maior cooperação em sua equipe.

O valor de uma afirmação simples

O simples é melhor que o complicado. Pelo fato de ser impossível recapturar as palavras que foram ditas ou rebobinar e repetir o que foi falado, esperamos que tudo tenha sido devidamente compreendido logo da primeira vez. Infelizmente, entretanto, as palavras faladas muitas vezes se revelam uma forma de comunicação bastante mal-interpretada, o que pode prejudicar a persuasão efetiva. Quando estiver em uma situação persuasiva, evite demonstrar seu alto grau de eloquência e opte por uma linguagem simples, direta e concisa. Em geral, os persuasores tentam usar um palavreado complexo para serem percebidos como pessoas espertas, mas o fato é que palavras simples são bem mais eficazes para convencer as pessoas. Se insistir em adotar uma linguagem rebuscada, saiba que muitos fingirão compreendê-lo, mas, no final, não estarão convencidos.

REGRAS SIMPLES PARA MANTER SUA APRESENTAÇÃO NOS TRILHOS

- Não utilize linguajar técnico ou jargões a menos que tenha certeza de que todos no recinto compreenderão o significado do que está sendo dito.
- Não use palavras de baixo calão, pois, em geral, isso prejudica sua credibilidade.[7] Tenha a sensibilidade de não usar qualquer tipo de linguagem que o seu público possa considerar ofensiva ou politicamente incorreta.
- Use linguagem simples e do dia a dia. Você quer que o seu público se relacione com você e se sinta o mais confortável possível ao seu lado. Adote um linguajar que faça você parecer familiar e fácil de ouvir e atender.
- Mantenha sua linguagem simples e clara.
- Use frases curtas. A menos que esteja na fase de "pintar o quadro bem definido", empregue o menor número possível de palavras em suas frases. Apresente somente uma ideia de cada vez.
- Evite palavras vagas e abstratas. Elas criam confusão e podem confundir o interlocutor.
- Não use palavras difíceis e pretensiosas ao se dirigir ao seu ouvinte.
- Use verbos de ação para tornar suas frases mais convincentes. Isso promoverá um senso de ação e motivação no público, que, por sua vez, se sentirá mais envolvido em termos emocionais, tanto consciente quanto inconscientemente. Verbos abstratos ou superutilizados não comunicam entusiasmo.

Palavras que atraem atenção

Com tantas palavras disponíveis, é preciso ser bastante específico ao escolher as que vai empregar. Algumas atrairão mais atenção que outras. As 20 palavras abaixo são comumente utilizadas no processo de persuasão:

1. Descobrir
2. Garantir (garantia)
3. Agora
4. Aprimorar (melhorar)
5. Resultados
6. Economizar
7. Saúde
8. Riqueza
9. Rápido
10. Fácil
11. Dinheiro
12. Gratuito
13. Evitar
14. Novo
15. Benefício
16. Provado (demonstrado)
17. Impedir (prevenir)
18. Você/seu
19. Transformar
20. Eliminar

Entre todas as listadas, a palavra **"gratuito"** sempre atrai atenção a qualquer momento e em qualquer situação. Suponhamos que você esteja encarregado de designar e escolher as palavras que serão usadas nos folhetos que sua empresa está planejando enviar para os clientes em três semanas. Que frase você usaria?

1º) Metade do preço!
2º) Compre um e leve outro de graça!
3º) 50% de desconto!

Veja que cada uma delas oferece exatamente o mesmo benefício, mas, a segunda frase é a mais eficiente. Estudos já demonstraram que frases que usam a palavra "gratuito" (grátis, de graça) **superam em 40%** outras construções que possuem absolutamente o mesmo significado, apenas utilizam termos distintos![8]

TÉCNICAS VOCAIS: MANTENHA AS PESSOAS ATENTAS E NA ESCUTA

O tom de voz exerce um papel crucial sobre a influência.[9] O modo como dizemos as palavras escolhidas é tão importante quanto as próprias palavras. Nossa voz é um instrumento tão poderoso que é capaz de motivar nossas tropas ou, até mesmo, fazê-las dormir. Há enorme diferença entre apresentar e persuadir, informar e influenciar, comunicar e convencer. A voz humana abriga em si um arsenal completo de técnicas de persuasão. É possível dizer uma mesma frase ou expressão e transmitir ideias absolutamente distintas, dependendo do **tom escolhido**. Por exemplo, um simples **"Obrigado"** pode vir recheado de **sarcasmo, amor, ódio** ou **irritação**, conforme a inflexão adotada.

Em uma pesquisa, o professor Peter Blanck descobriu que as inclinações e atitudes dos juízes em relação aos réus eram comunicadas pelo tom de voz utilizado. Quando o histórico e os antecedentes criminais dessas pessoas já eram conhecidos previamente, a probabilidade de elas serem condenadas pelos júris californianos se mostrava duas vezes maior. A lei diz que um juiz não pode compartilhar com os jurados qualquer informação que já possua sobre os réus. Entretanto, de acordo com estudos realizados, sua inclinação pode perfeitamente ser transmitida por meio das atitudes, das palavras e do tom de voz empregados durante a fase de instruções – **falta de calor humano**, de **paciência** e de **tolerância**.[10]

O ser humano é capaz de alterar o ritmo, o volume, o tom, a inflexão, a ênfase e, inclusive, as pausas realizadas durante um discurso e, assim, prender a atenção do seu público e aumentar o grau de energia no recinto, enfeitiçando a todos com o poder da própria voz.

Nossa voz revela quem somos de verdade. Ela é a nossa marca registrada; nosso cartão de visitas. Ela deve projetar força, confiança e convicção. É comum julgarmos os outros pela voz: será que ele está confiante, nervoso, relaxado, energizado ou cansado? Sua voz é fraca ou forte? Se a pessoa parece insegura e/ou tímida, sua habilidade de persuadir se torna falha. Vozes capazes de convencer ostentam volume adequado, variação na ênfase empregada, boa articulação e um tom agradável.

A boa notícia é que é perfeitamente possível alterar várias características da voz. Utilize um gravador e então escute a si mesmo posteriormente. **O que sua voz projeta?** Para que seja capaz de ajudá-lo na hora de persuadir (em vez de atrapalhar), sua voz deve ser interessante e fácil de ouvir. Sua voz funciona a seu favor ou contra você? Em relação ao modo como se comunica verbalmente, o que você tem a dizer sobre os seguintes aspectos de sua voz:

Ritmo

O **ritmo** se refere à rapidez com que você fala. Mehrabian e Williams descobriram que as pessoas que falam mais rápido, mais alto e de maneira mais fluente, assim como as que costumam variar sua frequência vocal, são vistas como mais persuasivas que as demais.[11] Em um estudo similar, verificou-se que indivíduos que falam **mais rápido** são percebidos como mais **competentes**.[12]

De fato, discursos realizados em um ritmo mais acelerado mostram-se mais capazes de convencer a plateia que outros ministrados de modo mais lento ou moderado, tendo em vista que, conforme já mencionado, pessoas que falam mais rápido são consideradas mais capazes e conhecedoras dos tópicos apresentados. Além disso, durante discursos mais céleres, o público não tem tempo para contra-argumentar.

O ritmo e a velocidade também são fundamentais para capturar e manter a atenção do público. As pessoas conseguem **pensar três vezes mais rápido** do que são **capazes de falar**. Todos já nos envolvemos em conversas durante as quais conseguíamos ouvir o interlocutor e, ao mesmo tempo, pensar em outras coisas. Quando falamos mais rápido, conseguimos prender a atenção das pessoas por mais tempo – há menos chances de a mente divagar. Estudos demonstram que, em geral, apreciamos e consideramos mais interessantes as pessoas que falam mais rápido. Indivíduos persuasivos empregam um ritmo suficientemente célere para entusiasmar e energizar o ambiente e a plateia, mas, ao mesmo tempo, são capazes de diminuir o ritmo para criar certa curiosidade.

Para evitar e combater o tédio, use sempre que possível um ritmo mais rápido, variando-o de tempos em tempos. Diminua o passo quando quiser parecer pensativo ou quando tiver algo importante ou muito sério a dizer. Faça-o também quando quiser demonstrar grande respeito por alguém ou alguma coisa. Em contrapartida, volte a aumentar o ritmo quando quiser criar entusiasmo, influência ou energia.

Um estudo realizado pela Universidade Southern California revelou o grau de persuasão alcançado de acordo com o ritmo da fala. Os indivíduos que conduziram a experiência se aproximaram de pessoas em *shopping centers* ou indo de porta em porta, apresentando-se como membros de uma estação de rádio local. Aos participantes foram apresentadas peças de áudio com diversas opiniões sobre questões do dia a dia. Havia gravações em um ritmo mais lento (com 102 palavras por minuto – PPM) e outras mais rápidas (com 195 PPM). Depois que as pessoas escutaram os áudios, os pesquisadores lhes fizeram algumas perguntas. O estudo demonstrou que quando a gravação era mais rápida, o indivíduo que falava era percebido como mais versado no assunto e mais persuasivo.

Marcadores de conversação

No discurso oral, a verborragia é capaz de destruir apresentações, prejudicar a credibilidade do expositor e, inclusive, irritar a plateia. A maioria das pessoas acredita não padecer desse tipo de problema, mas elas estão equivocadas. Ao gravar a si mesmo, você certamente ficará surpreso (a) ao perceber quantas palavras utiliza para preencher espaços vazios. Todavia, esses elementos são inaceitáveis e precisam ser eliminados do discurso. Eles incluem os famosos **hum, é, hã, sabe, hein, né, entende, de acordo**, entre outros. Algumas pessoas têm suas próprias maneiras de preencher aqueles longos e desconfortáveis momentos de silêncio que se estabelecem entre uma ideia e outra. Alguns indivíduos optam por repetir as primeiras palavras de uma frase até que consigam se decidir quanto ao que irão dizer na sequência. Outros podem incluir um "de acordo?" no final das frases para se certificar de que o interlocutor entendeu o que foi dito. Embora todos tenhamos tendência natural a usar marcadores conversacionais, seria muito interessante reduzir o número deles durante qualquer conversa.

Tom de voz

O **tom** se refere às diferenças percebidas na voz humana, dos sons mais baixos aos mais elevados. Os preferíveis são os tons mais baixos. Na maioria das culturas, quanto mais grave a voz do homem ou da mulher, mais a pessoa é percebida como portadora de poder e autoridade. Além disso, a voz mais baixa e profunda é considerada mais digna de credibilidade e, geralmente, indica mais sinceridade e confiabilidade. Muitas pessoas praticam a diminuição do tom de voz justamente por conta dos benefícios implícitos. Alguns palestrantes chegam a ingerir **chá quente** antes de subirem ao palco, uma técnica que faz o **tom da voz soar mais baixo.**

Já a tarefa de empregar maior variedade na fala se revela mais difícil de recordar e, portanto, um desafio constante. Todavia, tal variação é de suma importância. A pior coisa na tentativa de persuasão é uma apresentação decorada ou lida, palavra por palavra. Você pode manter as pessoas em alerta enquanto aumenta e diminui seu tom de voz. Essa estratégia funciona por duas razões principais. Em primeiro lugar, a variação do tom evitará que sua voz soe monótona. Em segundo, a inflexão alternada poderá ajudá-lo a enfatizar pontos específicos. Se você não se mostrar um palestrante **envolvente, não será persuasivo.**

CONCLUSÕES DOS ESTUDOS SOBRE TOM DE VOZ

- ➤ O tom grave cria atitudes mais favoráveis.[13]
- ➤ Um aumento no tom de voz demonstra nervosismo e indica que você está escondendo algo.[14]
- ➤ Uma elevação no tom diminui a competência do indivíduo.[15]
- ➤ Vozes agudas denotam fraqueza.[16]

Volume

É óbvio que o indivíduo não se mostrará muito persuasivo se ninguém conseguir escutá-lo. É possível que você já tenha experimentado o desconforto de ter de se esforçar para ouvir um palestrante.

Antes de uma apresentação, teste o ambiente e **assegure-se de que será ouvido em todas as partes**; verifique a necessidade de instalar amplificadores no recinto. Mas lembre-se de que o oposto também se aplica. Nesse sentido, tenha a certeza de que o público não ache que você está gritando e sendo agressivo com ele durante a palestra. Isso seria tão prejudicial quanto fazer que a plateia se esforçasse para escutá-lo – ou até mais. Essa mesma lógica também se aplica nas comunicações via telefone e Internet.

Elevar seu tom de voz com o objetivo de causar impacto não funciona tão bem quando diminuí-lo. Essa técnica pode até funcionar, mas você precisa ter muito cuidado ao utilizá-la. Além disso, pessoas que mantêm um tom de voz calmo e regular durante momentos emotivos são consideradas mais competentes e dignas de confiança.

Articulação

Articule de maneira clara cada frase e cada palavra. Quando sua fala é cristalina e coerente, ela transmite competência. Um discurso desarticulado ou desleixado sugere falta de educação acadêmica formal e preguiça. Considere quanto advogados, médicos, supervisores de área, consultores motivacionais e outros profissionais desse tipo precisam se mostrar articulados se quiserem sobreviver na carreira. Uma boa articulação transmite credibilidade e experiência. Outra razão prática para se desenvolver uma boa articulação verbal é o fato de que isso tornará sua apresentação bem mais fácil de seguir e compreender. Como discutido anteriormente, as pessoas acatarão suas ideias com mais facilidade se elas entenderem o que foi dito.

Uma inflexão mais grave demonstra poder e controle.[17] Âncoras de telejornais são ensinados a imprimir um tom mais baixo no final de suas frases, pois isso sugere confiança e autoridade. Inflexão ascendente, em contrapartida, tende a sugerir falta de confiança e dúvida.

Pilotos de avião também são treinados para usar inflexão mais grave e, assim, projetar sentimento de confiança nos passageiros. Imagine um desses profissionais fazendo o seguinte anúncio com um tom ascendente no final da frase: "Faremos um voo absolutamente tranquilo no dia de hoje." Isso soaria muito mais como uma pergunta do que como uma afirmação, certo?

Pausas

Suas **pausas** valem **ouro**. Quando bem utilizadas, elas atraem atenção para pontos específicos de sua apresentação, dão aos ouvintes tempo para processarem e se sintonizarem à sua mensagem, e ainda ajudam você a se reequilibrar e ganhar confiança quando se sentir agitado. Use pausas intencionais para os pontos sobre os quais deseja que as pessoas pensem com mais atenção. Além de promover um aumento no grau de compreensão, esse tipo de interrupção também ajuda a enfatizar pontos cruciais do discurso. Use-as para gerar atenção, criar ênfase e provocar estado de espírito desejado.

Uma pausa bem planejada geralmente surge antes de um ponto específico que precisa ser salientado. Não manter a pausa pelo tempo necessário é um erro comum. Certifique-se de segurá-la pelo tempo que for preciso para causar o efeito desejado. Quando isso ocorre, a plateia fica curiosa e se concentra para ouvir o que será dito na sequência: **certamente algo importante!** Essa estratégia funciona ainda melhor quando combinada ao uso do tom de voz adequado: cuide para que, ao chegar a uma pausa, seu tom de voz seja elevado. Isso provocará **suspense** em relação ao que será dito a partir daí. Usar uma inflexão grave, neste caso, lhe trará o efeito contrário – uma sensação de que tudo já foi dito, sem criar expectativas.

EXEMPLOS DE EMBALAGENS VERBAIS USADAS PELO GOVERNO	
Negativo	**Mensagem reembalada**
Recessão.	Crescimento negativo acelerado.
Lixeiro.	Engenheiro sanitário.
Pessoas pobres.	Indivíduos necessitados/menos favorecidos.
Vítima de tiro disparado por policial.	Alvo de intervenção legal.
Buraco no asfalto.	Deficiências na pavimentação.
Trabalhador irregular.	Funcionário não registrado.
Tumulto/motim/manifestação.	Desordem civil.
Aumento de impostos.	Aumento de receita fiscal.

EFEITO REVERSO

Não tente soar tão educado nem usar palavras que sejam demasiadamente complexas ou difíceis de compreender. Expressões que visam claramente embelezar ou adocicar verdades absolutas acabarão gerando efeito reverso sobre o indivíduo que as utilizar. Variedade vocal é crucial em apresentações que visam persuadir pessoas. A embalagem verbal exercerá um efeito contrário caso você tente parecer supereducado e polido e ainda lançar mão de expressões obscuras.

ESTUDO DE CASO

Um político famoso (membro do Congresso norte-americano) que participava da corrida eleitoral percebeu que precisaria de ajuda para se tornar mais carismático em seus discursos. Ele queria ampliar sua influência, se conectar melhor com o público e aumentar as doações recebidas. Certo dia ele fez um discurso que considerou como fundamental para sua reeleição, pois definiria sua posição perante os concorrentes. Eu assisti ao vídeo e percebi que ele foi bastante articulado ao ler sua apresentação – palavra por palavra – e se certificou de que todos haviam compreendido sua mensagem. Ele ficou firme no pódio e usou palavras persuasivas. Por que será, então, que seu discurso não reverberou entre o público? Por que as doações não aumentaram? Usando a Lei da embalagem verbal, o que você recomendaria?

As frases que ele utilizou em sua palestra foram bastante persuasivas. De fato, a escolha de palavras foi perfeita. Porém, o grande desafio ficou por conta da apresentação. Ler um discurso sempre tira de você toda a sua energia e sua presença de palco. Quando você está parado **atrás de um púlpito**, você se conecta **menos** com seu público. Pelo fato de o candidato ler um texto escrito, sua taxa de aprovação acabou reduzida. Isso fez que a plateia perdesse a concentração no conteúdo do discurso. A capacidade de persuasão também foi diminuída. Ele estava mais preocupado em ler e se mostrar articulado que em **alcançar** e **inspirar** seu público. A apresentação forçada não provocou emoção na plateia.

· ·

Recursos adicionais: Vídeo de desencadeadores de embalagem verbal (maximuminfluence.com)

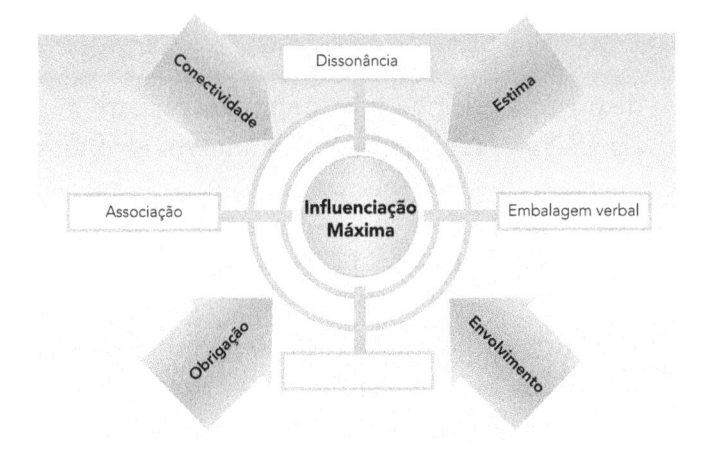

CAPÍTULO 9

A lei da associação

Criando o ambiente de influenciação

"Não é a situação. É a sua reação à situação." — Bob Conklin

A **cor** é um grande desencadeador de **associação**. Isso se aplica especialmente ao modo como certas cores nos fazem sentir. Acrescente cores aos alimentos e coisas interessantes podem acontecer. Mesmo que eu dissesse que cada um dos itens a seguir tem um ótimo sabor, é bem provável que, por conta da associação, as cores o fizessem se sentir um pouco estranho. O que dizer, por exemplo, da época em que a margarina foi introduzida no mercado, ostentando a cor branca? Você acha que isso afetaria sua decisão de comprar o produto ou você até gostaria de experimentá-lo? No lançamento do produto "cola" tanto a Pepsi quanto a Coca apresentaram bebidas em tons claros. Isso soa normal para você? Alguma vez já ouviu falar em um *ketchup* verde que foi lançado no mercado e fracassou terrivelmente? Os nomes e termos escolhidos também fazem diferença.

Você estaria disposto a pedir ao funcionário da peixaria por um quilo de *Dissostichus Eleginoides,* ou se sentiria melhor se o tal peixe fosse chamado de merluza-negra? Você prefere carne de bife marmorizada[a] ou com gordura? O fato é que todos esses itens criam sensações diferentes e representam desencadeadores naturais. Esse será o foco deste capítulo.

Para manter ordem no mundo, nosso cérebro **associa objetos, gestos** e **símbolos** aos nossos sentimentos e também às nossas memórias e experiências de vida. Mentalmente nos associamos a visões, sons, cores, músicas e símbolos. Essas associações criam rápidos desencadeadores subconscientes, e os sentimentos gerados podem ajudar ou prejudicar nossa habilidade de persuadir.

Persuasores eficientes se aproveitam dos desencadeadores para evocar sentimentos e pensamentos positivos que correspondam à mensagem que estão tentando transmitir. Nesse sentido, enquanto persuasor, o indivíduo consegue provocar um sentimento específico em seu público ao encontrar a chave de associação para "destrancar sua porta." Essa associação não é a mesma para todas as pessoas. É óbvio que cada indivíduo e cada cultura possui seu próprio conjunto de desencadeadores. Porém, uma vez que as regras gerais tenham sido compreendidas, é possível encontrar as associações certas para qualquer situação. Por que, afinal, você acha que os restaurantes utilizam um tipo de decoração, de iluminação e de música específicos? **A lei da associação define os desencadeadores mentais e as âncoras que irão gerar os sentimentos, as emoções e os pensamentos certos para criar um ambiente persuasivo.**

A lei da associação está sempre em funcionamento. Se o público gosta de uma imagem, um logotipo ou de uma música (*jingle*) que aparece no anúncio de um produto, em geral ele também tende a apreciar o produto. Mas essa lei também pode funcionar de modo negativo – você certamente já ouvir falar da prática de **"matar o mensageiro!"** Um estudo foi realizado em que alunos esperavam

---

a – Segundo a Embrapa, o marmoreio representa a gordura intramuscular que contribui para a maciez e o sabor da carne e, portanto, diz respeito à própria qualidade do produto. (N.T.)

pela sua vez para participar de uma experiência. Um dos estudantes recebia a tarefa de contar aos colegas sobre um importante telefonema que ele recebera. Em 50% das vezes, as notícias eram boas, no restante, ruins. O estudo revelou que o modo como cada aluno revelava as boas e más notícias recebidas diferia bastante. Quando a ligação trazia boas novas, estas eram imediatamente retransmitidas para os demais colegas; quando as notícias eram negativas, entretanto, o receptor preferia se desassociar e se afastar da informação. O resultado final aponta para a seguinte conclusão: todos temos consciência de que preferimos ser associados a boas notícias e nos afastarmos da ruins.[1] Outro estudo revelou que a mera associação com notícias ruins, mesmo que nada tenhamos a ver com o problema (a situação), gera desconforto.[2]

Certa vez, enquanto trabalhava para uma empresa (cujo nome não será revelado), eu recebi um cartão de crédito corporativo. Porém, a empresa tinha o péssimo hábito de não pagar suas contas. Certo dia, recebi a ligação de uma agência de cobrança. O funcionário da casa afirmou que, pelo fato de o meu nome estar no cartão, eu seria o responsável por efetuar o pagamento. Eu expliquei a situação ao representante da agência, mas ele se mostrou bastante persistente. É óbvio que eu não era responsável pela dívida, mas a associação interessante neste caso é que o funcionário ao telefone disse se chamar Thor (**O deus do trovão**). Vale dizer que, se você quiser criar uma aura de sujeito durão, persistente e forte, Thor é um nome perfeito. Nomes como Eriberto ou Percival simplesmente não parecerão tão imponentes ou ameaçadores.

Publicitários sabem que a maioria das pessoas gosta de estar associada à fama, à fortuna e ao sucesso. É por isso que costumamos seguir os passos das celebridades que admiramos, respeitamos e de quem gostamos. Também é por essa razão que usamos os produtos por elas endossados. É impressionante como os adolescentes ignoram os avisos de seus pais sobre drogas, mas param imediatamente de consumi-las quando são alertados por seu atleta, ator ou músico favorito. **Este é o poder da associação.**

ÂNCORAS: CAPTURE O SENTIMENTO

A ancoragem é uma técnica que captura os sentimentos, as memórias e as emoções de certos eventos, lugares e objetos. A psicologia está no uso dos elementos de uma situação anterior para causar a repetição das mesmas emoções e dos mesmos sentimentos daquela experiência específica. Uma âncora pode ser qualquer coisa que provoque um pensamento ou sentimento e nos faça recordar de algo vivenciado no passado. Neste caso, geralmente a mesma emoção é revivida. Para isso, basta se aplicar certos estímulos para criar uma associação que levará à resposta desejada.

Âncoras podem ser produzidas tanto externa quando internamente. Não é preciso que elas sejam condicionadas ao longo de vários anos para que se estabeleçam de maneira firme. De fato, elas podem se formar em eventos isolados. Quanto mais intensa a experiência, mais forte será a âncora. Fobias também são consideradas âncoras, e são criadas durante experiências emocionais intensas.

A partir de agora discutiremos três conjuntos distintos de âncoras: os **odores**, os **sons** e os **símbolos**. Outros elementos (imagens e sabores) também podem ser usados como âncoras, mas os três primeiros são os estímulos mais poderosos para se evocar lembranças.

Em um interessante estudo sobre ancoragem, estudantes universitários tiveram de trabalhar em sua área favorita: solucionar problemas matemáticos. Porém, antes de começarem a analisá-los, foi solicitado a 50% dos estudantes que se recordassem de dez livros que tivessem lido durante o ensino médio. À outra metade, foi pedido que se lembrassem dos Dez Mandamentos da *Bíblia*. Uma condição-chave na experiência era o fato de que todos poderiam trapacear se quisessem. Depois que listaram os livros e os mandamentos, todos foram autorizados a resolver as questões matemáticas. **O resultado?** Os alunos que se lembraram dos dez livros do ensino médio se mostraram bem mais **dispostos** a **trapacear** que os outros, que tiveram de se lembrar dos Dez Mandamentos, cujos casos de trapaça foram raros.[3]

Odores: o aroma da persuasão

Todos sabemos o que o cheiro da pipoca no cinema causa em todos nós. O cheiro está diretamente associado às nossas emoções.[4] Nosso sentido do olfato é tão poderoso que é capaz de desencadear rapidamente associações com memórias e emoções. Nosso sistema olfativo é um senso primitivo que está ligado diretamente ao centro de nosso cérebro. Em um período de quatro a seis semanas, os bebês são capazes de sentir a diferença entre o cheiro de suas mães e de estranhos.[5] Quase todo mundo já experimentou situações em que um odor evocou uma lembrança nostálgica (ou nem tão nostálgica assim). Pense nos cheiros que o transportam de volta à sua infância. Para alguns, é o aroma do pão fresquinho recém-saído do forno, para outros, o cheiro de grama recém-aparada. Por meio do olfato é possível retornar vinte anos no passado em apenas um segundo. Os perfumes exigem pouco esforço mental para serem experimentados; a reação subconsciente ocorre com pouca atenção consciente.[6]

Fragrâncias, aromas e **odores** desencadeiam memórias, sentimentos e atitudes em nossa mente. O cheiro pode ressaltar ou reforçar respostas desejadas e também provocar estados de espírito positivos e negativos. Existem inúmeros exemplos disso. Supermercados que dispõem de padaria exalam por todo o ambiente o aroma de pão fresquinho e de café. Algumas lojas de roupas e acessórios para bebês depositam talco infantil em seus dutos de ventilação. A Victoria's Secret usa em suas lojas uma mistura de perfumes para exacerbar o sentimento de feminilidade entre suas clientes. Pizzarias dependem do cheiro das massas recém-assadas. Os vendedores de automóveis se utilizam do cheiro de carro novo, até mesmo em veículos usados. Na Kajima Corporation, no Japão, a administração usa aromas específicos para aumentar a produtividade ao longo do dia: pela manhã a fórmula é **cítrica**, por causa do efeito despertador; no período da tarde o perfume é **floral**, para aumentar a concentração; já antes do almoço e no final do dia, o cheiro escolhido é o de **floresta**, para ajudar a relaxar os empregados.[7] Um estudo revelou que as pessoas se sentiam duas vezes mais inclinadas a oferecer troco para um dólar a um estranho se estivessem próximas o suficiente de uma confeitaria Cinnabon para sentir o aroma de seus produtos.[8] Agentes imobiliários são famosos por sugerirem aos atuais proprietários de imóveis que **assem** pães e bolos antes de trazerem potenciais compradores para visitá-los. Grandes parques de diversão liberam no ar certos aromas em horas específicas do dia para desencadear repostas e reações desejadas. O uso do cheiro nesses casos representa uma tentativa de associar o produto ou o serviço de um vendedor a uma atitude positiva, induzindo o comprador a adquiri-los. Você também pode ligar aromas positivos à sua mensagem para criar reação positiva em seus clientes potenciais.

Inúmeros estudos já foram conduzidos sobre o impacto dos aromas e das fragrâncias no processo de associação. Em um deles, envolvendo alunos de faculdade, descobriu-se que estudantes do sexo feminino que usavam perfume eram consideradas mais atraentes pelos alunos do sexo masculino.[9] Percebeu-se, inclusive, que os cheiros bons são capazes de aumentar as notas em avaliações profissionais.[10] É claro que odores ofensivos também podem ser usados para evocar respostas negativas (e são usados). Essa técnica foi usada uma vez quando comitês de campanha eleitoral nos EUA estavam avaliando *slogans* políticos. De modo não surpreendente, odores ruins fizeram que o conceito de certos *slogans* fosse ruim.[11] Em outro experimento, o perfume cítrico do produto de limpeza multiuso Windex levou os alunos entrevistados a se mostrarem mais generosos na doação de tempo e dinheiro à instituição Habitat for Humanity. Aromas de limpeza ajudam as pessoas a serem mais honestas e justas, e também a contribuírem mais em suas negociações.[12]

PESQUISAS ADICIONAIS SOBRE AROMAS

- Aromas agradáveis aumentam o tempo de permanência das pessoas nas lojas.[13]
- Em simulações na condução de veículos, aromas agradáveis aumentaram o grau de atenção e de reflexo das pessoas.[14]
- Em situações médicas, cheiros agradáveis aumentam o nível de relaxamento e reduzem a tensão antes de um exame de ressonância magnética.[15]
- Aromas agradáveis aumentaram em 300% as vendas em padarias.[16]

> Cheiros agradáveis levam as pessoas a estados de espírito mais elevados, enquanto os desagradáveis desencadeiam estados de espírito ruins.[17]
> Fragrâncias agradáveis ajudam no processo de persuasão.[18]

Sons: sinta o ritmo

A **música** funciona exatamente como os **odores,** e o nosso cérebro a associa a experiências e atitudes do passado. A música está intimamente associada às nossas emoções. Academias de ginástica tocam músicas alegres e de alto astral para vinculá-las a bons tempos e a um estado de energia elevado. Em certa ocasião, os donos de uma loja de conveniência tiveram problemas com adolescentes que vadiavam do lado de fora do estabelecimento. Eles queriam atender a um público jovem, mas não desejavam ter de lidar com as drogas e as brigas que comumente estavam associadas a essa faixa etária. Assim, decidiram tocar Frank Sinatra do lado de fora da loja e logo perceberam que os adolescentes voluntariamente deixaram de perambular no local.[19] É possível que você ainda se recorde de uma música específica que tocou durante sua formatura. A música exerce um efeito poderoso sobre todos nós e desencadeia lembranças instantâneas.

Em lojas de departamento, clientes expostos a música permanecem no local 18% mais tempo e compram 17% mais que em ambientes sem música. Há inclusive diferentes ritmos, tons e estilos que são mais adequados a diferentes tipos de compradores. Os frequentadores de mercearias e mercados respondem melhor a ritmos mais lentos. Restaurantes *fast-food* usam ritmos mais acelerados. Para que a música seja eficiente, os clientes não devem estar conscientes de sua existência. Ela não deve se impor, apenas exercer uma leve presença ambiental.

Pelo fato de a música ser tão poderosa, os persuasores precisam selecionar cuidadosamente o tipo que irão utilizar. Publicitários com frequência usam canções populares ou *jingles* sugestivos e fáceis de lembrar. Na próxima vez que assistir TV, repare em quantas músicas reconhece dos comerciais; você ficará surpreso. Cada vez que um anúncio é veiculado, o som reforça o apelo do produto. A música é universal, já que tem o poder de evocar emoções compartilhadas por toda a humanidade. Sabemos que a música é capaz de tranquilizar os mais agitados e, ao mesmo tempo, de criar energia e entusiasmo instantâneos.

> **PESQUISAS ADICIONAIS SOBRE MÚSICAS**
>
> ▶ A música tem relação positiva com a compreensão e a memória.[20]
> ▶ As vendas aumentam em restaurantes e supermercados que tocam músicas lentas.[21]
> ▶ Quando o ritmo da música acelera, o mesmo ocorre com os níveis de alegria e animação.[22]
> ▶ A música altera o humor dos consumidores.[23]
> ▶ A música não afeta clientes que estão adquirindo produtos que envolvem elevado envolvimento mental (por exemplo, automóveis, computadores, câmeras etc.[24]).

O poder dos símbolos

Vivemos em um mundo simbólico. De fato, os símbolos burlam nossos pensamentos e nossa lógica; eles afetam nossas percepções e comportamentos. O **ouro** é um bom exemplo. Sendo um dos metais mais preciosos do planeta, o ouro é o principal símbolo de riqueza e sucesso. A despeito do fato de outros materiais serem muito mais preciosos e bem mais difíceis de encontrar, inúmeras são as histórias que envolvem a busca por esse metal específico. O que realmente importa nesse caso é o **simbolismo**.

Os símbolos também nos ajudam a captar e sentir uma mensagem sem ter de passar por uma determinada experiência. Por exemplo, um crânio com ossos cruzados estampados em uma garrafa já dizem tudo; não é preciso ingerir o veneno para saber que ele nos será fatal. Uma simples placa vermelha de pare desencadeia uma resposta automática nas pessoas. Para muitos, a mera visão de um carro de polícia na estrada provoca uma freada.

Conforme ler a lista a seguir, pense nos símbolos e preste atenção aos sentimentos, lembranças, atitudes e experiências que eles desencadeiam em sua mente:

- Crucifixo.
- Estátua do Cristo Redentor.
- Avenida Paulista.
- Bandeira do Brasil.
- Suástica.
- Uniforme militar.
- Anéis olímpicos.
- Vestido de noiva.
- Árvore de Natal.

Quando se está tentando moldar atitudes, é útil saber de que modo os símbolos são percebidos pelo seu público. Estude e pesquise cuidadosamente os símbolos que você planeja utilizar antes de empregá-los. Quando bem escolhidos, eles influenciam positivamente os sentimentos e o comportamento de sua plateia, em seu benefício. Executivos de *marketing* e publicidade usam símbolos de uma maneira bastante sofisticada para aumentar o reconhecimento das marcas pelos clientes. Você sabia que a maioria das crianças já consegue reconhecer os **arcos amarelos** do McDonald's antes mesmo de completarem dois anos de idade?[25] Há símbolos que representam liberdade, sucesso e pobreza. Encontre e use os símbolos de que precisa para criar uma associação adequada com seus clientes potenciais.

AFILIAÇÃO: CRIE O *LINK*

Outro aspecto da **lei da associação** é o uso da afiliação. O persuasor deseja que você associe a empresa dele a imagens, sentimentos e atitudes positivas. O ambiente que nos cerca desencadeia sentimentos e nós os transferimos às pessoas que estão conosco. Por exemplo, uma técnica frequentemente utilizada é levar alguém para almoçar. Os alimentos também podem gerar desencadeadores subconscientes (desde que a comida e a empresa sejam de qualidade, é claro). Estudos mostram que as pessoas **gostam mais de outros indivíduos** quando **eles estão comendo**. O alimento nos brinda com sentimentos bons e atitudes melhores.[26]

A ideia é associar à sua mensagem algo positivo do ambiente. Por exemplo, um bom jogo de tênis, um fim de semana na praia, ingressos para o futebol ou um cruzeiro por lugares exóticos – todos esses promoveriam associações e sentimentos tipicamente positivos em clientes potenciais. As pessoas querem estar associadas a vencedores. Um estudo mostrou que sempre que uma equipe universitária vencia os jogos, mais alunos vestiam a camisa da equipe na semana seguinte. De fato, quanto maior o placar, maior também o número de alunos vestindo as cores do time. Quando agrega estímulos positivos a uma situação, você naturalmente é associado aos sentimentos agradáveis que mesmo criou.

PUBLICIDADE E *MARKETING*

As três técnicas de afiliação mais utilizadas são: **publicidade, imagens** e **cores**. Cada uma delas tem um papel único na afiliação.

Publicitários e profissionais de *marketing* usam a afiliação para evocar associações valiosas na mente de clientes potenciais. Eles sabem que bebês e filhotes de cães carregam automaticamente ótimas associações de afeto e conforto na mente das pessoas. É por isso que vemos comerciais de pneus com bebês e propagandas de carro com bichinhos de estimação, apesar de pneus e automóveis não serem fofinhos nem suscitarem abraços carinhosos. Esses apelos calorosos atraem nossa atenção e criam associações positivas em nossa mente.

Um dos exemplos mais comuns de afiliação na propaganda ocorre nos anúncios de bebidas alcoólicas. Nesse setor industrial, os publicitários usam pessoas jovens e vibrantes que se encontram no auge da vida. As fabricantes de cerveja querem associar o consumo desse produto à ideia de se divertir e atrair pessoas do sexo oposto. Os anúncios mostram homens e mulheres gozando a vida cercados de garrafas de cerveja. A mensagem é clara: **"Se você não está bebendo, não está se divertindo."** Em um nível intelectual, todos sabemos que são apenas anúncios, porém, as associações que eles provocam nas pessoas permanecem na mente delas e desencadeiam futuras compras.

Quando empresas sentem que precisam mudar sua imagem, em geral elas se agarram a uma boa causa. Por exemplo, uma fábrica de sorvete pode divulgar seu apoio a um movimento em prol do meio ambiente; outra de iogurtes talvez inicie uma campanha para divulgar o câncer de mama. Também é possível observar endossos patrióticos sendo usado para criar uma associação positiva na mente das pessoas. A simples visão da bandeira do seu país ou de frases como "Compre produtos nacionais" ou "Produzido no Brasil" podem desencadear associações positivas instantâneas.

Patrocínios também são usados na publicidade. Empresas e organizações patrocinam eventos que elas acreditam capazes de produzir uma associação positiva aos olhos do seu público-alvo. Elas realmente esperam retorno dos efeitos positivos da associação feita com esses eventos. Os Jogos Olímpicos atraem grandes anunciadores; empresas pagam altas somas para atrelarem seus nomes e produtos aos Jogos. Que companhia não gostaria de ter sua marca associada a unidade, perseverança, determinação, sucesso e ouro? As afiliações que as empresas criam para nós são muito fortes e memoráveis.

Imagens: como penetrá-las

Não é nenhum segredo que ao tomarmos nossas decisões diárias somos amplamente influenciados por imagens. Sentimo-nos muito mais inclinados a doar para alguém fantasiado de Papai Noel que para uma pessoa em trajes normais. Alguns sentem mais segurança em negociar com um vendedor que esteja usando um crucifixo dourado no pescoço. As imagens que vemos criam comportamentos. Não é por acaso que a maioria dos presidentes norte-americanos mantém um **cão de estimação** na Casa Branca. De modo consciente ou inconsciente, acreditamos que um cãozinho adorável, obediente e confiável crie uma imagem positiva de seu dono. É bem provável que os eleitores rejeitassem um candidato que preferisse manter crocodilos, cobras ou tarântulas de estimação.

As empresas de cartão de crédito estão entre as maiores usuárias de imagens e associações. Pelo fato de essa forma de pagamento nos oferecer gratificação imediata sem que tenhamos de enfrentar as consequências negativas até cerca de duas semanas mais tarde, com frequência nos concentramos nas associações positivas antes de pensar nas negativas. O pesquisador de consumo Richard Feinberg conduziu vários estudos em que foram testados os efeitos dos cartões de crédito sobre os hábitos das pessoas, e deparou com alguns resultados bem interessantes. Ele descobriu, por exemplo, que fregueses em restaurantes costumavam dar gorjetas mais altas quando usavam cartões ao invés de dinheiro vivo. Em outro estudo, ficou provado que consumidores aumentavam seus gastos em **29%** quando a loja ostentava os símbolos das operadoras de cartão de crédito.

As cores como desencadeadores

Incontáveis horas de pesquisa indicam que as cores importam. Repare no modo como restaurantes *fast-food*, escolas e profissionais de equipes esportivas escolhem certas cores para representá-los. Você sabe, é claro, que as cores podem sugerir um estado de espírito ou comportamento, mas será que você já se deu conta de que elas são responsáveis por 60% da aceitação ou rejeição de um objeto ou pessoa?[27] Essas impressões não mudam da noite para o dia. Todos nós possuímos desencadeadores automáticos e fazemos associações veladas a partir das cores. Elas impactam nossos pensamentos, nossas ações e reações. Armados com o conhecimento, devemos levar em consideração a associação das cores em nossas iniciativas de persuasão e *marketing*.

A cor é um fantástico mecanismo de persuasão. Pelo fato de o ser humano não perceber conscientemente o que está acontecendo, ele não desenvolve resistência contra técnicas de convencimento baseadas em cores. De fato, esse processo ocorre em um nível subconsciente. As cores são fundamentais no *marketing*, na publicidade e na definição das embalagens dos produtos. Elas não servem apenas para dar boa aparência; elas têm significado próprio. Por exemplo, no que diz respeito aos alimentos, as cores de preferência são o **vermelho**, o **amarelo**, o **laranja** e o **marrom**.[28] Cada uma delas desencadeia respostas automáticas em nosso sistema nervoso e estimula o apetite. Os restaurantes *fast-food*, por exemplo, adotam diferentes tons de vermelho, amarelo e laranja. O objetivo é, ao mesmo tempo, estimular o apetite e encorajar o cliente a **comer mais rápido**. Compare essa paleta de cores àquela mais relaxante de restaurantes mais sofisticados e caros. Estes costumam adotar tons de **verde** e **azul** em seu *design*, cores que estimulam o cliente a **permanecer mais tempo** no local.

As cores também podem ser usadas para atrair nossa atenção. Mais uma vez, as preferidas nesse caso são os tons de vermelho e laranja. O amarelo é conhecido como uma cor rápida, e é a primeira a ser registrada em nosso cérebro. Ele nos faz ficar atentos e em posição de alerta. Esses resultados explicam porque caminhões de bombeiro e hidrantes estão sendo pintados de amarelo em alguns países. O desafio é que cada cor ostenta múltiplos significados, o que permite que as pessoas cheguem a conclusões diferentes ao observá-las. O vermelho pode ser estimulante para um grupo, mas se mostrar "desvantajoso" para outro. Para um terceiro essa cor poderia significar "pare" ou "perigo." O vermelho denota ousadia, vigor e extroversão, mas também pode representar raiva, perigo, pecado e sangue.

Um estudo interessante sobre o uso das cores foi desenvolvido no Centro Penitenciário Naval dos EUA (U.S. Naval Correctional Center), em Seattle, no Estado de Washington. Muitos prisioneiros que eram colocados nas celas de contenção temporária do centro se mostravam hostis e violentos, então, o local foi totalmente pintado de rosa, exceto pelo chão. Essa pintura tinha por objetivo verificar se a cor rosa exerceria algum efeito calmante sobre os detentos. Cada indivíduo foi mantido nesse local somente 10 min a 15 min por dia. Depois de 156 dias de uso constante, não ocorreram quaisquer comportamentos erráticos por parte dos internos.[29]

Mas as celas de prisão não são os únicos lugares em que o rosa exerce um papel importante. O estádio Kinnick, de Iowa, disponibiliza um vestiário bastante interessante para as equipes visitantes. Todo o local é rosa, inclusive os vasos sanitários. Isso deixa os times visitantes bastante **irritados** e o uso do rosa acabou se tornando um assunto controverso. O técnico Hayden Fry, responsável pela inovação, disse ter lido sobre os efeitos calmantes do rosa nas pessoas. Ele afirma que essa cor configura um fator importante para o sucesso de sua equipe.

E o que dizer sobre as cores dos comprimidos que tomamos? Pesquisas mostram que a cor de um medicamento pode mudar nossa percepção sobre ele e nossa forma de associá-lo. Quando cientistas estudaram os remédios que as pessoas costumavam ingerir e as associações que elas faziam com as cores apresentadas por eles, descobriu-se que a maioria dos pacientes considerava as **pílulas brancas** mais **fracas** e as **pretas** mais **fortes**. Em outro estudo, pesquisadores ofereceram placebos nas cores azul e rosa para alunos de medicina. Todavia, antes de consumir as "drogas", o grupo todo foi informado de que os comprimidos eram estimulantes e sedativos. No final, os estudantes que tomaram a pílula rosa se sentiram mais energizados, enquanto os que consumiram a azul se mostraram sonolentos.

As cores também exacerbam o sabor percebido e a desejabilidade pelos alimentos que consumimos. Por exemplo, o suco de laranja com uma coloração mais forte foi preferido em comparação ao que apresentava cor natural, mais fraca. O sabor do primeiro também foi considerado mais doce que o segundo. Isso também se aplicou aos morangos, às framboesas e aos tomates. Quanto mais vermelhos eles pareciam, mais as pessoas os preferiam.[30]

Em um experimento, o sabor do café foi manipulado pela cor do recipiente em que foi colocado. Foi solicitado a duzentas pessoas que julgassem o café servido a partir de quatro diferentes garrafas térmicas: vermelha, azul, marrom e amarela. Todas elas continham a mesma marca de café, mas, ainda assim, o café da garrafa amarela foi considerado "demasiadamente fraco", enquanto o da garrafa azul foi tachado de "moderado." Do grupo, 75% das pessoas acharam o café da garrafa marrom "forte demais" e 85% descreveram o café da garrafa vermelha como "rico e encorpado."[31]

Um experimento similar foi realizado com mulheres e cremes faciais. As participantes receberam cremes nas cores rosa e branca. Ambos eram idênticos, exceto pela cor. Cem por cento das mulheres afirmaram que o creme rosa foi mais eficiente e suave na pele sensível.[32]

Em ainda outro experimento, pesquisadores ofereceram sabão em pó aos participantes para que estes avaliassem a qualidade do produto. É claro que todas as caixas continham exatamente a mesma coisa, mas as cores das embalagens eram diferentes. Algumas eram amarelas, outras azuis e havia também algumas caixas que combinavam as duas cores. Depois de um período de duas semanas, os grupos reportaram que o sabão da caixa amarela era "forte demais", enquanto o da azul era "fraco demais." O produto das caixas de duas cores foi considerado "perfeito." As descobertas indicaram que o amarelo representou "força" e o azul "poder antisséptico."[33]

ASSOCIAÇÕES COMUNS DAS CORES

- **Vermelho:** força, poder, raiva, perigo, vigor e excitação.
- **Azul:** frieza, verdade, lealdade, harmonia, devoção, serenidade e relaxamento.
- **Amarelo:** brilho, inteligência, hostilidade, sabedoria, vivacidade e intensidade.
- **Verde:** paz, tranquilidade, jovialidade, prosperidade, dinheiro, persistência, crescimento e esperança.
- **Laranja:** brilho, desagrado, sol, calor, coragem, vigor, radiação e comunicação.
- **Violeta:** realeza, paixão, autoridade, altivez, integridade, misticismo e dignidade.
- **Branco:** sinceridade, pureza, frieza, limpeza, inocência e higiene.
- **Preto:** desespero, perversidade, futilidade, mistério, morte e maldade.
- **Cinza:** neutralidade, inexistência, indecisão, depressão, tédio, tecnologia e impessoalidade.

UTILIZE A ASSOCIAÇÃO PARA PERSUADIR E INFLUENCIAR

A lei da associação é uma ferramenta poderosa para ajudar você a influenciar e persuadir pessoas. Quando usada corretamente, você será capaz de criar os sentimentos, as emoções e os comportamentos desejados em seus clientes potenciais. Conseguirá usar as associações para promover melhores experiências e criar um ambiente persuasivo. Seja o que for que atraia, impressione ou cause desejo em seu público-alvo, tente incorporar a associação em sua mensagem, em seu produto e/ou em seu serviço.

EFEITO REVERSO

Tome cuidado com os símbolos e as associações que empregar durante o processo de influenciação. Se criar uma âncora inadequada ou desencadear as emoções erradas, a lei da associação terá um efeito reverso. Conheça seu cliente potencial! Faça pesquisas para descobrir sua profissão, setor de atuação e/ou dados culturais e saber quais são os desencadeadores de associação.

ESTUDO DE CASO

Um novo restaurante por quilo foi inaugurado no Estado da Califórnia. Ao adentrar o local, era possível ver uma enorme balança para pesar as pessoas. O equipamento não tinha números no visor, somente categorias de preços. Para saber quanto gastaria para comer (com base no peso) o cliente tinha de subir na balança. Dependendo de onde a seta apontava, a balança determinava quanto custaria o almoço. **Que ideia criativa e divertida!** O local tinha uma decoração bonita e servia comida de qualidade, mas não conseguia decolar. Usando a lei da associação, o que você recomendaria?

Os proprietários foram bastante inteligentes em retirar os números da balança, mas certamente não entendiam muito sobre desencadeadores de associação. Ao optar por um restaurante, em especial um que sirva comida por quilo, o cliente gosta de pensar que as calorias não importam. Ele não quer ser lembrado do seu peso ou de quanto ele deveria comer ou não comer. Nesse sentido, a balança funcionava como um **desencadeador de associações ruins**, fazendo que as pessoas fossem embora e não retornassem. Muitas vezes o motivo nem estava claro para elas; de modo subconsciente elas simplesmente não gostavam do restaurante. Em contrapartida, as crianças achavam divertido subir na balança. Em geral, os desencadeadores infantis são diferentes daqueles dos adultos.

Recursos adicionais: Relatório sobre como resistir à persuasão (maximuminfluence.com)

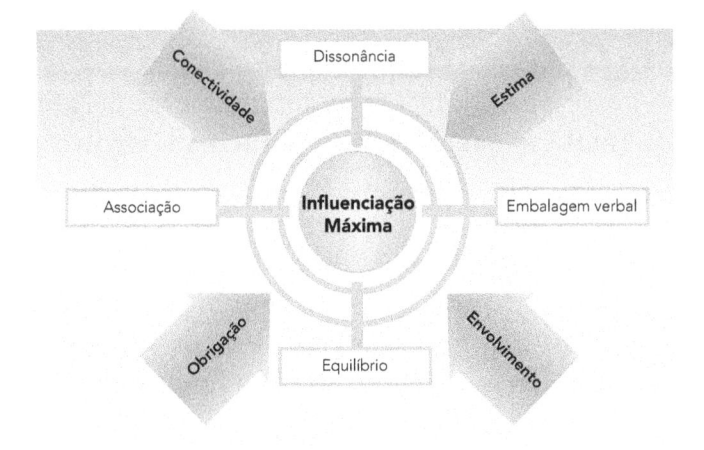

CAPÍTULO 10

A lei do equilíbrio

Mente lógica *versus* Coração emocional

"Ao lidar com as pessoas, lembre-se de que não está lidando com criaturas lógicas, mas emotivas, cheias de preconceito e motivadas pelo orgulho e pela vaidade."
— Dale Carnegie

Todas as empresas querem ser únicas e manter sua vantagem competitiva. Elas sentem como se tivessem que criar o produto perfeito, mas, então, isso não acontece. Professores de *marketing* afirmam que 80% de todos os novos produtos fracassam no mercado. **Por que será?** As empresas fizeram suas pesquisas, seus testes, conversaram com os consumidores, mas, ainda assim, o produto não decolou. **Será que os clientes não sabem o que querem?**

Uma questão é que as empresas olham para os novos produtos de maneira lógica, mas os consumidores os compram a partir de suas emoções. Uma fabricante de eletrodomésticos descobriu que, todos os anos, a despeito da tendência mundial de economizar, muitas pessoas desperdiçam energia simplesmente deixando a porta da geladeira aberta enquanto olham o que há lá dentro. Por conta disso, a empresa desenvolveu uma solução ambientalmente correta para ajudar na economia dos clientes: **um refrigerador com porta transparente.** Que ótima ideia, não é? Você pode decidir o que deseja antes mesmo de abrir a porta, e ainda economizar energia e dinheiro, tudo ao mesmo tempo. Em termos lógicos, a invenção fazia pleno sentido, mas, emocionalmente, foi um fiasco. Em vários aspectos, nossas geladeiras são como armários de medicamento – **o conteúdo não é da conta de ninguém.** O que acontece quando aquele parente curioso olha pelo vidro e pergunta se o que está na travessa é um bolo de carne ou um pudim? A chave é manter o equilíbrio entre **lógica** e **emoção.**

Essa é a lei do equilíbrio. Lógica e emoção devem se manter mescladas e equilibradas. As emoções desencadeiam ações, enquanto a lógica justifica o acordo. A fusão adequada entre emoção e lógica fala tanto à parte consciente quanto à porção inconsciente da mente humana, aumentando sua habilidade de persuadir.

As emoções criam movimento e ação. Elas geram energia durante a apresentação e fazem com que os clientes potenciais ajam diante de uma proposta. O desafio em confiar exclusivamente nas emoções para persuadir seu cliente está no fato de que depois de sair da situação persuasiva as emoções desse cliente se dissipam e nada de concreto permanece para que ele se apoie. Esse equilíbrio entre lógica e emoção pode ser denominado **mecanismo duplo de persuasão e influência.**

Persuasores efetivos sabem que cada público – e cada indivíduo – ostenta um equilíbrio diferente entre lógica e emoção. Personalidades analíticas precisam mais da primeira que da segunda, já com as mais afáveis e descontraídas, a situação é exatamente inversa. Lembre-se, entretanto, que o ser humano sempre precisa agregar ambos os elementos em sua mensagem, independentemente do tipo de personalidade do interlocutor. Isso significa **lançar o foguete das emoções** sem jamais deixar de equipá-lo com o **paraquedas da lógica.** Um persuasor efetivo sabe criar o equilíbrio perfeito entre lógica e emoção e elaborar a situação e a mensagem mais adequadas.

Somos persuadidos pela razão, mas, ao mesmo tempo, somos movidos pela emoção. Vários estudos concluíram que cerca de 90% de nossas decisões se baseiam em emoções, e que então usamos a lógica para justificar nossas ações para nós mesmos e também para os outros.

Nota importante – A emoção sempre sairá vencedora diante da lógica; e a imaginação sempre ganhará da realidade. Pense em como é conversar com as crianças sobre seu medo do escuro ou com alguém que tenha fobia de cobras. Você bem sabe que é muito difícil usar a lógica para persuadi-los de que seus pensamentos e ações não fazem o menor sentido. Ambos continuam assustados.

Esse padrão emocional também pode ser observado no modo como compramos e, inclusive, como nos convencemos de alguma coisa. Nossa cabeça olha para os números e nos diz para optar pelo carro econômico e mais barato, mas o nosso cérebro emocional só tem olhos para o esportivo caríssimo. Nossa mente (o hemisfério esquerdo do cérebro) nos mostra quão ridícula é a ideia de comprar outro par de sapatos, afinal, já existem outros quatorze no armário. Podemos, inclusive, saber que ninguém além de nós mesmos irá perceber esse novo par. Mas a nossa emoção mais uma vez sai vitoriosa, imaginando todas as roupas novas que ficarão perfeitas com o novo modelo de calçados. Então voltamos para casa felizes, balançando a sacolinha da loja. Nossa cabeça racional nos diz para **não acreditarmos** em tudo o que ouvimos, mas quase sempre nos deixamos **levar por discursos apaixonados de políticos mentirosos**.

LÓGICA: O QUE MOVE UMA PLATEIA?

Somos de fato animais racionais? Seguimos a lógica? Só agimos quando sentimos que é o certo a fazer? Será que sequer desejamos ver os fatos? Você já tentou persuadir um indivíduo emocional com a lógica? E o que dizer de inspirar um indivíduo lógico com emoção? Geralmente pensamos que tomamos nossas decisões com base em fatos, mas, na verdade, esse não é o caso. Já foi descoberto que quando as pessoas concordam com uma mensagem, elas tendem a percebê-la como lógica ou racional. Em contrapartida, quando discordam do que foi dito, elas o percebem como uma afirmação emocional.[1] A verdade é que nosso processo de tomada de decisão depende de uma mescla de emoção e lógica. Porém, não podemos confiar totalmente na emoção até que nosso lado lógico esteja devidamente engajado.

Em uma pesquisa, estudantes universitários foram solicitados a preparar discursos escritos em que teriam de adotar uma perspectiva lógica ou emocional. Todos os discursos foram apresentados, gravados e então avaliados por outros alunos. O objetivo era descobrir se eles seriam percebidos de acordo com seu propósito, ou seja, como emocionais ou lógicos. O estudo concluiu que os trabalhos com os quais os avaliadores concordavam foram considerados mais lógicos (mesmo evidenciando que havia uma certa lógica), enquanto aqueles com os quais os avaliadores não concordavam foram vistos como emocionais (mesmo intencionando a lógica). Portanto, o fato de o discurso ser considerado lógico ou emocional pareceu depender do interlocutor. Pesquisadores também concluíram que, via de regra, as pessoas parecem incapazes de distinguir de modo consistente entre apelos lógicos e emocionais.[2] O lado lógico de um argumento apela para a nossa razão. Raciocinar é o processo de tirar uma conclusão com base em evidências. Para um argumento ser legítimo, ele precisa ser verdadeiro e válido, e o raciocínio lógico deve ser usado para sustentá-lo.

EVIDÊNCIA E LÓGICA

Evidências concretas deveriam ser a pedra fundamental de uma apresentação lógica. Além de fazerem com que um argumento pareça verdadeiro em situações persuasivas, elas também aumentam substancialmente sua credibilidade. Há quatro tipos principais de evidências: o **testemunho**, a **estatística**, a **comparação** e a **exemplificação**. Você reforçará sua posição ao usar elementos variados, retirados das quatro categorias, em vez de depender apenas de uma delas. Quando oferece provas bem-fundamentadas, você remove quaisquer dúvidas que possam permear a mente do seu público.

Testemunho

Seu público deseja saber o que os **especialistas** têm a dizer sobre você ou seu produto. O testemunho é o julgamento ou a opinião de *experts* em um campo ou em uma área de interesse específicos. Ele pode ocorrer na forma de citação, entrevista ou endosso por parte de alguém confiável. Pode ser sugerido pela presença de alguém (que participa de um evento), pela imagem de uma pessoa (no seu produto) ou pelo aval desse indivíduo (em seu *website*).

Estatística

Estatísticas são provas numéricas de afirmações. Por exemplo, "Esse grupo demográfico usa...", ou "quatro em cada cinco dentistas recomendam... ." O uso de gráficos e tabelas torna as estatísticas mais memoráveis e cria uma impressão mais forte no interlocutor.

Algumas pessoas não confiam muito em provas estatísticas, portanto, certifique-se de que elas sejam críveis e consistentes. Seu público precisa saber onde você conseguiu os dados e quem fez a pesquisa. Todos sabem que é possível arrumar estatísticas sobre praticamente qualquer coisa, portanto, utilize-as de forma moderada e somente em conjunto com outras evidências. Além disso, apresentar uma lista de estatísticas ao cliente pode ser incrivelmente **entediante**.

Comparação

Analogias exercem forte impacto na mente do receptor. Elas permitem que você esclareça o que é preciso de maneira fácil e rápida, e de um jeito que os clientes compreendam de modo imediato. ("Instalar nosso novo sistema de segurança é como ter um policial protegendo sua casa 24h por dia.") Comparações permitem a apresentação de ideias novas e diferentes e o confronto delas com coisas às quais seus clientes estão acostumados e, portanto, poderão facilmente relacioná-las. Analogias também nos fornecem novas perspectivas sobre velhos conceitos.

Exemplificação

Os **exemplos** podem realmente dar vida às suas evidências. Adoramos exemplos que servem de ponte entre a lógica e nossa vida pessoal. Os clientes compreendem os exemplos em um nível mais profundo porque estes se baseiam em experiências comuns e na interpretação de significados. Os exemplos podem ser reais ou hipotéticos e incluem relatos pessoais, evidências físicas, estudos empíricos ou relatórios publicados.

EVIDÊNCIA IRREFUTÁVEL

Conforme prepara sua mensagem, é importante compreender que os seres humanos não são capazes de absorver toda a informação apresentada. Somos bombardeados com informações o dia todo e, na maioria das vezes, não conseguimos guardar tudo. De fato, somos muito seletivos quanto ao que permitimos que nossa mente retenha. Quando chegamos a um limite de carga cerebral, nossa mente se desliga e não conseguimos assimilar mais nada.

Um estudo sobre a compreensão de mensagens persuasivas produziu resultados bastante reveladores. Depois de assistirem vários comerciais e mensagens na TV, surpreendentes **97%** dos telespectadores demonstraram não ter compreendido alguma parte de cada mensagem assistida. Em média, eles perderam **30%** do conteúdo apresentado.[3] As informações são descarregadas em um ritmo demasiadamente acelerado, portanto, a evidência que você optar por oferecer ao cliente terá de ser seletiva, precisa e poderosa. Não se pode correr o risco de bombardear o público-alvo com informações desnecessárias e inúteis.

Invista o tempo que for necessário pesquisando os tipos de evidência que deseja usar para fortalecer seus argumentos. Você já sabe que usar evidências corretas e de fontes adequadas aumenta bastante a credibilidade de sua mensagem. Porém, o oposto também se aplica; evidências pobres ou irrelevantes minam a credibilidade de sua mensagem. Quanto mais confiança um cliente potencial tem na pessoa que discursa sobre um produto/serviço, menos tempo ele perde pensando e processando a mensagem.[4] Ao reunir evidências, considere o seguinte:

- Utilize evidências sustentadas por um especialista independente.
- Evidências estatísticas são mais persuasivas quando combinadas a estudos de caso.
- Documente as fontes de todos os que ofereceram testemunhos.
- Use informações recentes. Fatos e pesquisas novas são mais convincentes.
- Reconheça a existência do outro lado. Diálogos têm mais peso que monólogos.[5]

As evidências funcionam mais quando são adequadas ao público-alvo e às experiências dessas pessoas. Ao realizar uma apresentação, considere os pontos a seguir:

- Referir-se a evidências, considerando-as fatos verdadeiros, aumenta a importância delas.
- Evidências verificáveis são mais persuasivas.
- Evidências específicas são mais persuasivas.
- Testemunhos não tendenciosos são mais persuasivos que os tendenciosos.
- Experiências pessoais são mais persuasivas que as impessoais.
- Apresentadores com baixa credibilidade se beneficiam do uso de evidências.
- Evidências são especialmente importantes quando o público não está familiarizado com o assunto.
- A evidência factual é persuasiva quando o público-alvo consiste de indivíduos de alto grau de inteligência.
- Evidências são mais persuasivas quando são oferecidas as fontes e as qualificações delas.[6]

EMOÇÃO: GANHANDO O CORAÇÃO DAS PESSOAS

Enquanto a lógica é a linguagem da **mente consciente**, a emoção é o idioma da **mente subconsciente**. Sabemos que as emoções são reações a estímulos percebidos e imaginados; elas se baseiam nas experiências pessoais das pessoas, não na lógica. As emoções geralmente sobrepujam nossa lógica. Imagine um tanque com um tubarão de mais de 3,5 m de comprimento. Alguém lhe diz que esse tipo de tubarão não fere seres humanos e nunca atacou ninguém, e pede que você entre no tanque e nade ao lado dele. Pela lógica, você sabe que ficará bem; centenas de indivíduos já fizeram isso antes. Ninguém lhe pediria algo assim se não tivesse certeza de sua segurança, mas, então, suas emoções assumem o controle. Elas superam a lógica. De repente, sua imaginação fértil e vários **"mas e se..."** suplantam seu conhecimento lógico a respeito de sua própria habilidade de nadar em segurança ao lado daquele tubarão específico.

Quando você está tentando persuadir alguém, as emoções são um trampolim para a execução bem-sucedida de seus argumentos. De fato, eu diria que as emoções são a energia e o combustível do processo de persuasão. Sem acessar as emoções do seu público, sua mensagem não tem poder ou energia. A emoção é uma força que pode ser canalizada e usada em praticamente cada aspecto do processo de persuasão. A lógica é importante, mas a emoção ajuda a catapultar a outro nível informações que poderiam ser entediantes.

Considere as seguintes vantagens da emoção sobre a lógica:

- ➤ A emoção engaja seus interlocutores e os distrai da sua intenção de influenciá-los.
- ➤ A emoção exige menos esforço mental que a lógica, que demanda esforços cognitivos; a emoção é automática.
- ➤ Apresentações que se valem de emoções são mais interessantes que as lógicas.
- ➤ Apresentações baseadas em emoções são mais fáceis de recordar que as argumentativas.
- ➤ As emoções geram mudanças mais rapidamente que a lógica.[7]

Você precisa saber exatamente quando criar emoções positivas e negativas e também quando se livrar das emoções que atrapalham a persuasão. É necessário encontrar maneiras de acessar as emoções dos clientes potenciais, como esperança, amor, orgulho, gratidão e entusiasmo. Quando conseguir fazê-lo, será capaz de influenciar qualquer um. Decida com antecedência que clima emocional você deseja criar, capture essas emoções dentro de si mesmo e ficará surpreso em como conseguirá transferir essas emoções para seu público.

TIPOS DE EMOÇÃO

Veja na sequência algumas emoções importantes e como elas afetam o processo de persuasão.

Preocupação

Quando seu cliente potencial está **preocupado** com alguma coisa no presente ou no futuro, sua habilidade de persuadi-lo diminui. A preocupação significa ansiedade, desconforto e inquietação em relação a algo que talvez já tenha acontecido ou que esteja prestes a acontecer. A ansiedade cria tensão – um medo que ocupa nossos pensamentos e que, se encorajado, cresce e continua a dominá-los. Já ouvi a seguinte definição para preocupação: estabelecimento negativo de metas.

Você pode combater a preocupação de seus clientes potencias ao facilitar ou modificar o grau de ansiedade em que eles se encontram. Traga-os de volta à realidade ao fazê-los perceber que não é possível alterar muitas coisas do passado nem predizer o futuro. Enfatize que muitas das coisas com as quais nos preocupamos são as mesmas que não podemos mudar ou controlar e que, possivelmente, nem irão acontecer. Ajude seus clientes a substituírem imagens mentais negativas por outras positivas.

A preocupação também pode ser causada por indecisão. Estimule-os a tomar uma série de decisões menores em importância e a aflição deles vai diminuir.

Medo

O medo é uma tensão causada por **perigo, apreensão, dor** ou **destruição**. A possibilidade de dano pode ser real ou imaginária. O medo nos motiva e nos afasta de circunstâncias desconfortáveis ou de potenciais destruições. O medo nos convence a fazer muitas coisas que de outro modo não faríamos. Por causa do medo adquirimos seguros de vida, remédios, alarmes residenciais e até armas. Ele faz que as pessoas avaliem a situação e aumentem sua percepção de risco.[8]

Entretanto, o medo não funciona em todas as situações; se fôssemos motivados única e exclusivamente pelo medo, jamais dirigiríamos o carro em velocidade alta ou começaríamos a fumar. A dose adequada de medo é essencial na persuasão. Se muito pequena, não estimula ação; se grande demais, desencadeia resistência e a aceitação diminui.[9] Para que o medo se mantenha e crie ação e persuasão, ele precisa possuir as seguintes características:

> - A imagem do medo deve ser desconfortável, como uma ameaça de dor, destruição ou sofrimento.
> - Ele deve ser iminente. Seus clientes devem sentir que o evento apavorante não apenas pode acontecer logo, mas que poderia vitimá-los. Eles devem se sentir vulneráveis.
> - Você deve oferecer uma solução para o medo. Recomende a seus clientes potenciais uma ação capaz de suspender ou eliminar o medo.
> - Seus clientes potenciais devem acreditar que são capazes de fazer o que lhes foi pedido. Eles possuem as ferramentas?

Raiva

A **raiva** é uma emoção secundária. Entre os clientes potenciais, ela geralmente indica que algo os está incomodando e que precisam ou desejam atenção. Você pode ajudar a diminuir a irritação deles se verificar o principal motivo do incômodo. Também é bastante eficaz pedir a ajuda, as opiniões ou os conselhos desses clientes. Isso, em geral, consegue neutralizar a raiva deles ou até mudar completamente a atitude dessas pessoas em relação a você. Em algumas circunstâncias, talvez você queira usar essa raiva para estabelecer um ponto importante ou evocar certa reação. Porém, pessoas com raiva tendem a culpar outras. Elas não acham que erraram. Quando estiverem tristes, geralmente culparão a situação.[10]

Quando as pessoas ficam com raiva, elas tendem a confiar mais em intuições ou palpites e conjecturas. A raiva desencadeia o processamento de informações não analíticas. A raiva nos faz usar atalhos mentais para decidir se um argumento está correto.[11] Em um experimento no qual a raiva foi induzida nos participantes, aqueles que abrigavam esse sentimento demonstraram tendência a distinguir argumentos persuasivos fracos e fortes. Já os que mantiveram estado de humor neutro não apresentaram a mesma reação. Em outras palavras, indivíduos sob o efeito da raiva se mostraram mais inclinados a se deixar influenciar por pistas heurísticas (intuição) que aqueles cujo humor (ou modo) era triste ou neutro.[12]

HUMOR E FELICIDADE

O humor afeta o modo como o ser humano pensa, julga e até a sua disposição para dizer **sim**. Quando a pessoa a quem estamos tentando persuadir está de **bom humor**, é mais provável que ela aceite nossa oferta. Mas o oposto também se aplica, ou seja, quando não está de bom humor, a chance de o indivíduo não aceitar nossa sugestão é bem maior. Sendo assim, o bom humor do cliente é uma ótima vantagem para o persuasor. Os mais eficientes criam o humor certo, ou seja, colocam os clientes potenciais em um **estado de felicidade**. Quando estamos felizes, tendemos a pensar coisas alegres e a buscar na memória ideias e experiências positivas. Em contrapartida, quando estamos de mau humor, abrigamos pensamentos tristes e resgatamos informações negativas em nossa mente. Em última análise, quando nosso estado de espírito é negativo, tendemos a nos concentrar mais na pessoa que nos fala; quando é positivo, nos prendemos não somente ao interlocutor, mas à mensagem que ele nos traz.[13] O estado de humor negativo geralmente faz que nossa mente procure por problemas e encontre algo errado.

Existem amplas evidências de que o humor do indivíduo é um importante fator na persuasão. Até mesmo métodos bastante simples para melhorar o estado de espírito das pessoas, como oferecer um doce ou tocar uma música agradável, já se mostraram eficientes no sentido de facilitar a persuasão.[14] Um entrevistador bem humorado tende a oferecer notas mais altas aos candidatos avaliados para um emprego.[15] Consumidores de bom humor se mostram mais conscientes das qualidades positivas dos produtos e também das experiências que vivenciam.[16] O sentimento de alegria interfere em nossa habilidade mental de comparar e nos faz pensar menos.[17] Você é mais persuasivo quando seu cliente potencial está feliz e age com benevolência.[18] Harry Overstreet, autor na área de psicologia, disse certa vez: "A melhor maneira de se obter uma resposta afirmativa é colocar o interlocutor em um humor afirmativo."

Embora emoções negativas possam desencadear a persuasão, elas têm de ser usadas com cautela, pois, em demasia, elas fazem com que o cérebro se desligue, impedindo assim a persuasão. Em contrapartida, como já mencionado anteriormente, a alegria e o estado de espírito positivo facilitam o processo persuasivo.

O QUE O HUMOR POSITIVO DESENCADEIA NAS PESSOAS

- Faz que elas passem mais tempo olhando os anúncios.[19]
- Faz que elas tenham uma atitude melhor em relação à publicidade.[20]
- Melhora a atitude delas em relação à marca.[21]
- Faz que elas se mostrem mais dispostas a ajudar os que precisam.[22]
- Aumenta as possibilidades de as pessoas doarem para a caridade.[23]
- Aumenta a disposição delas para participar de experiências.[24]
- Aumenta a probabilidade de uma alteração na atitude.[25]

Um estudo foi realizado com pessoas que assistiram a um de dois *shows* específicos na TV – um **divertido** e **alto-astral** e o outro **triste** e **deprimente**. Todos os participantes foram posteriormente solicitados a listar suas sensações sobre os comerciais veiculados durante os intervalos. Como você provavelmente já imagina, aqueles que assistiram ao programa alegre apresentaram mais pensamentos positivos sobre os anúncios que os outros que viram o programa deprimente.[26]

INCLINE A BALANÇA

Como **persuasor eficiente**, você precisa saber como usar o mecanismo duplo de equilíbrio, que lhe permitirá ser absolutamente honesto e justo em uma situação persuasiva. Torne-se um estudioso da lógica e da emoção, desenvolva a habilidade de articular a lógica de modo que pareça verdadeiro com seu público, e aprenda como usar seu radar de emoções humanas. Isso irá ajudá-lo a determinar aspectos importantes do seu público-alvo, como: 1º) o que ele está sentindo; 2º) que emoções está tentando esconder; 3º) que emoções você deveria desencadear; e 4º) como você poderá usar cada emoção em um processo persuasivo. Como persuasor efetivo, você sabe exatamente que emoção utilizar, quando, de que modo desencadeá-la e como equilibrar a emoção e a lógica em seu público. Projete sua mensagem persuasiva com equilíbrio.

EFEITO REVERSO

A lei do equilíbrio terá o efeito reverso quando você utilizar doses erradas de lógica e emoção. Isso acontece por falta de pesquisa, pelo desencadeamento de emoções inadequadas ou pelo fato de você não conseguir se adaptar à pessoa ou à situação. Use o *check-list* de persuasão (Capítulo 15) para descobrir que emoção usar e que tipo de lógica implementar.

ESTUDO DE CASO

Uma grande corporação possuía dois departamentos – *marketing* e TI (tecnologia da informação) – que não cooperavam entre si e, inclusive, estavam se tornando insensíveis e hostis um com o outro. O conflito atingiu o ponto em que algo precisava ser feito para forçar ambos os departamentos a cooperarem e terminarem um projeto antes do prazo final. Cada setor acusava o outro pelos atrasos. O CEO (*Chief Executive Officer* ou o executivo principal) pediu a todos que colocassem suas diferenças de lado e finalizassem o projeto, mas sua solicitação não foi atendida. Pensando na lei do equilíbrio, o que está havendo nessa empresa? **O que você faria?**

A questão é que os estilos de comunicação dos dois departamentos eram totalmente distintos, como o dia e a noite. O setor de TI tendia a se mostrar mais lógico, já o de *marketing*, mais emocional. Ambos se comunicavam um com o outro dentro dos estilos que eles próprios gostavam de usar. Por conta desses diferentes estilos, e também das personalidades distintas, os dois achavam que o outro estava errado. A chave para a solução do problema estava em ensinar cada setor a compreender a personalidade do outro e a se comunicar da maneira correta. Ajudar ambos os departamentos a entender como seus colegas pensavam e processavam as informações abriu os olhos de todos. A habilidade deles de ajustar o equilíbrio entre a emoção e a lógica unificou os dois setores.

Recursos adicionais: Áudio de psicologia da motivação (maximuminfluence.com)

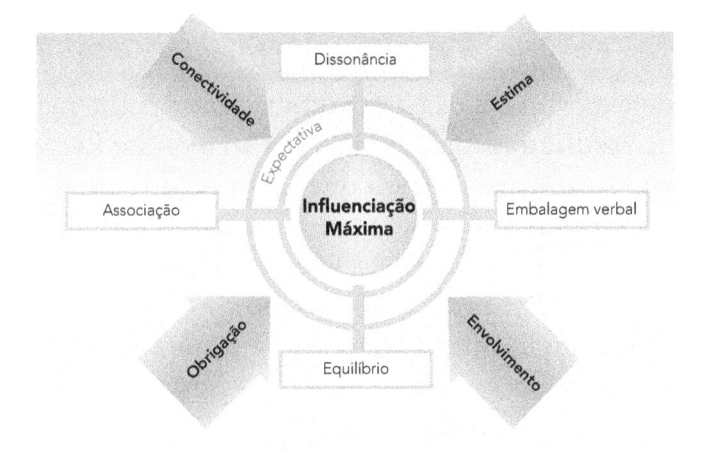

CAPÍTULO 11

A lei da expectativa
O impacto da sugestão

"O que é projetado, acaba se realizando." — Peter Drucker

Podemos influenciar a realidade. Embora eu não esteja recomendando que você faça isso, peço que apenas visualize a seguinte situação. Selecione um colega de trabalho e então reúna outros três ou quatro colaboradores da empresa em uma brincadeira. Você chega para a pessoa escolhida e diz: "Você está doente? Você não parece muito bem." É provável que ela responda: "Não. Eu estou bem." Então o próximo colega chega e diz: "Você está pálido. Está doente?" E a vítima responde: "Não, eu estou perfeitamente bem!" A terceira pessoa entra em cena e diz ao escolhido: "Você parece um pouco amarelado, está se sentindo mal?" Dessa vez o colega poderá responder: "Bem, de fato acho que estou um pouco indisposto." Por fim, o quarto participante chega e pergunta: "Você está bem? Está doente? Precisa ir para casa?" Finalmente, a vítima acaba se sentindo adoentada e retorna para casa.

A lei da expectativa usa a expectação para influenciar a realidade e criar resultados. Indivíduos tendem a tomar decisões baseadas em como os outros esperam que eles se comportem ou atuem. Como resultado, as pessoas cumprem o que é esperado delas, seja positivo ou negativo. Além de exercerem impacto poderoso sobre aqueles em quem confiamos e respeitamos, as expectativas também impactam, e de modo interessante, sobre estranhos. Quando sabemos que outras pessoas esperam algo de nós, tentamos satisfazê-las para ganhar respeito, confiança e simpatia.

É provável que você já conheça o **ditado "O que é projetado, acaba se realizando."** O mesmo se aplica no caso das expectativas. O que é esperado é o que de fato acontece. As pessoas se esforçam para cumprir com aquilo que os outros antecipam para elas. Essa é uma força poderosa que pode levar ao sucesso ou à destruição de um indivíduo. Se expressar dúvida, falta de confiança e ceticismo, com grande probabilidade isso poderá se tornar realidade. Em contrapartida, se acreditar nos outros, demonstrar confiança e realmente esperar que eles sejam bem-sucedidos, testemunhará uma transformação positiva. O autor John H. Spalding expressou esse pensamento da seguinte maneira: "Aqueles que confiam em nossas habilidades fazem bem mais que nos estimular. Eles criam para nós uma atmosfera dentro da qual é mais fácil alcançar o sucesso."[1] Quando criamos as expectativas certas, mudamos o comportamento das pessoas.

Comunicamos nossas expectações de várias maneiras: pela linguagem verbal, corporal, pela escolha de palavras ou inflexão de voz. Pense nas situações em que você é apresentado a outras pessoas. Em geral, se elas se identificam só pelo primeiro nome, você faz o mesmo. Se elas fornecem nome e sobrenome, você também repete a atitude. Percebendo ou não, você aceita as dicas dos outros em relação às expectativas deles, e age de acordo. De modo similar, nós também enviamos às pessoas nossas próprias dicas e expectativas. O poder da lei da expectativa está em usá-la de modo **consciente**!

Diversos estudos já demonstraram como a lei da expectativa influência de maneira dramática o desempenho humano. Por exemplo, em um desses trabalhos, jovens do sexo feminino que ouviram que não se sairiam bem em um teste de matemática, de fato obtiveram notas ruins. Em outro estudo, parte de um grupo de funcionários de uma linha de produção que escutou que seu trabalho era complexo passou a apresentar menos eficiência que a outra parte, à qual foi dito que o trabalho era simples. Outro estudo demonstrou que adultos conseguiram solucionar quebra-cabeças de alto grau de complexidade quando foram informados de que o nível de dificuldade era de ensino fundamental.

Ao acrescentar a lei da expectativa à sua caixa de ferramentas de persuasão, você pode alterar o que as pessoas esperam de você – assim como as perspectivas delas em relação à compra de seu produto, serviço ou ideia – e se tornar significamente mais persuasivo.

SUPOSIÇÕES: ESPERE COM CONFIANÇA

Considere o profundo impacto que essa lei pode exercer sobre sua própria vida. As conjecturas e expectativas que você faz sobre si mesmo (ou sobre os outros) são libertadoras ou vitimizantes? Em nosso cotidiano, há inúmeros exemplos de profecias autorrealizáveis e da lei da expectativa. Você já reparou em como as pessoas que acham que serão demitidas repentinamente experimentam uma queda na qualidade e no entusiasmo em seu trabalho? O que acontece em seguida? **Elas são demitidas!** A crença no pior faz que elas ajam de uma maneira específica e, então, suas expectativas operam no sentido de atrair exatamente aquilo que, em princípio, era apenas um produto de sua imaginação.

Num estudo realizado em uma base militar onde soldados eram treinados, homens de igual aptidão foram aleatoriamente distribuídos em três grupos: de nível de expectativa **elevado, regular** e **não especificado**. As três equipes receberam três diferentes tipos de instrutor. O grupo cuja expectativa era de alcançar ótimos resultados, de fato obteve pontuação significativamente mais elevada nos testes, se sentiu mais positivo e demonstrou atitudes melhores.[2]

Em outro estudo, antes de realizarem um teste de matemática, alunos do segundo ano do ensino fundamental ouviram um entre três tipos de comentários de seus professores: 1º) **Expectativa** – "Você é muito bom em matemática!" ou "Você se esforça bastante em matemática" 2º) **Persuasão** – "Você deveria ser bom em matemática" ou "Você deveria obter melhores notas em matemática" e, por fim 3º) **Apoio** – "Estou muito feliz com o seu progresso" ou "Você tem feito um trabalho excelente!". As notas obtidas se revelaram mais elevadas na categoria de **expectativa**, pois os comentários geraram suposições pessoais dentro de cada aluno, que, por sua vez, os condicionaram a alcançar os resultados.[3]

Isso também pode ser denominado **"preparação implícita"**. Em um estudo realizado, dois grupos de participantes foram solicitados a completar frases de um quebra-cabeças a partir de palavras soltas e fora de ordem que pertenciam a várias categorias distintas. Os membros da primeira equipe depararam com palavras rudes, do tipo **odioso, agressivamente, irritantemente, atrapalhar, interromper, deseducadamente**. Os da segunda, encontraram palavras mais educadas, como **respeito, cortês, atencioso, pacientemente, educado, comportado**. Quando todos foram para outra sala para completar a segunda tarefa, eles encontraram o responsável pelo estudo tentando explicar para um aluno uma atividade que este simplesmente não conseguia compreender. O grupo que havia deparado com as palavras rudes, esperou uma média de 5,5 min antes de interromper; já a equipe que trabalhara com as palavras educadas esperou uma média de 9,3 min.[4]

Outro estudo interessante demonstrou como os números podem preparar seu cérebro. Alguns participantes receberam o seguinte conjunto de números e foram instruídos a estimar (não calcular) a resposta em **cinco segundos**.

$8 \times 7 \times 6 \times 5 \times 4 \times 3 \times 2 \times 1$

Os demais participantes foram solicitados a estimar a resposta com base no seguinte conjunto:

$1 \times 2 \times 3 \times 4 \times 5 \times 6 \times 7 \times 8$

É óbvio que sabemos que o resultado estimado deveria ser o mesmo para ambos os conjuntos (40.320), porém, o grupo que deparou primeiramente com o número **8**, avaliou o total em 2.250, enquanto o segundo, que encontrou o número **1** logo no início, chegou a um total de 512.[5] Ambas as equipes sequer chegaram perto da resposta correta.

AS EXPECTATIVAS ALHEIAS AFETAM O COMPORTAMENTO

As expectativas que nós criamos para outras pessoas com frequência também se tornam realidade. Esse efeito pode ter consequências interessantes quando aplicado ao mundo real. Esta parte do livro contém vários exemplos de como expectativas têm mudado a vida e persuadido o comportamento de outros indivíduos.

Avalie de maneira honesta o modo como você acha que faz os outros se sentirem quando estão ao seu redor. As pessoas se sentem pequenas e pouco importantes ou você as inspira a alcançar cada vez mais? Suas ações em relação a outras pessoas lhes dirão como você se sente ou o que você acha delas. O modo como você trata alguém e aquilo que você espera desse indivíduo irão abrir ou fechar as portas da persuasão e da influenciação.

Professores de escola

No âmbito das expectativas, os professores podem representar o maior patrimônio ou a influência mais negativa na vida de uma criança. Sabemos o que acontece quando um educador rotula um aluno de encrenqueiro, já que isso cria certas expectativas para as ações desse estudante. Já vimos que rótulos como **"aluno de aprendizagem lenta"**, **"aluno abaixo da média"** e **"aluno portador de TDAH"** (Transtorno de Déficit de Atenção por Hiperatividade) se tornam projeções dentro do futuro acadêmico do estudante. Isso é frequentemente chamado de **"rotulagem social"**. As pessoas tendem a interiorizar os rótulos positivos e negativos que são colocados nelas.[6]

Um experimento interessante revelou como as expectativas dos professores influenciam os alunos. Dois professores foram selecionados para trabalhar com dois grupos de alunos específicos. Tanto os profissionais como os estudantes foram cuidadosamente escolhidos para que não houvesse diferenças entre os grupos: ambos os professores apresentavam potencial e prática similares; todos os alunos tinham histórico familiar e potencial educacional parecidos. Em seguida, o diretor conversou separadamente com cada professor. Ao primeiro ele disse: "Este ano você tem uma sala com alunos de alto potencial! Não se interponha no caminho deles. Eles aprendem rápido e estão prontos para mostrar sua capacidade." Ao segundo professor ele falou: "Sinto muito sobre seus alunos desse ano. Não se pode sempre esperar alunos brilhantes. Seja compreensivo, independentemente dos resultados." No final do ano, as duas classes foram testadas novamente. A primeira alcançou resultados significativamente melhores que a segunda.[7] O maior fator de diferenciação foi a **expectativa de cada professor**.

Lixo

Todos nós sabemos que crianças tendem a jogar o lixo diretamente no chão. Em uma escola de ensino fundamental, alunos receberam pacotes de balas individualmente embaladas. É óbvio que em vez de usarem as latas de lixo, a maior parte dos papeizinhos acabou indo parar no chão. Ao longo das duas semanas seguintes, o professor comentou com a classe sobre quão organizados e higiênicos eles eram. Em uma visita à sala, o diretor fez questão de parabenizá-los como uma das classes mais limpas e organizadas da escola. Até os zeladores escreveram uma nota no quadro de avisos sobre a higiene e organização daquela sala específica. Depois de duas semanas, as mesmas crianças receberam pacotes com o mesmo tipo de bala, só que, dessa vez, a maior parte dos papeizinhos foi direto para a lata de lixo.[8]

Expectativas dos pais

Uma coisa que se pode notar nos bebês e nas crianças pequenas é que eles se comportam de acordo com as expectativas dos pais. Quando solteiro, eu reparava que ao caírem ou baterem a cabeça enquanto brincavam e se divertiam, as crianças olhavam para os pais para saber como reagir. Se eles demonstravam grande preocupação pelo ocorrido, ou uma feição de sofrimento, os bebês começavam a chorar, e isso acontecia independentemente de sentirem dor ou não.

Quando nos tornamos pais, uma das técnicas que minha esposa e eu adotamos foi exatamente oposta a essa abordagem: nós alteramos a expectativa. Quando nossos filhos olhavam para nós depois de bater cabeça ou se machucar de modo superficial (nada que envolvesse ossos fraturados ou ferimentos graves, é claro), nós apenas **começávamos a rir**. Então eles rapidamente percebiam que aquilo não era o fim do mundo, riam junto conosco e em seguida voltavam às suas atividades normais. O fato é que as crianças baseiam suas ações **nas expectativas de seus pais**. Estas, por sua vez, são criadas pelo tom de voz, pelas ações ou pela escolha de palavras por parte dos adultos.

Vendas

Adoro quando vejo vendedores ambulantes aplicando a lei da expectativa a seu favor. O profissional se aproxima da porta, toca a campainha e, com um enorme sorriso no rosto, tenta convencer o proprietário a permitir que ele entre e apresente seu produto. É claro que, enquanto conversam, o vendedor já limpa os pés no capacho externo, na expectativa de ser autorizado a entrar. Você ficaria surpreso em saber com que frequência essa técnica funciona. Logo é possível ver o profissional entregar ao cliente sua caneta, ansiando pela assinatura no contrato. Alguma vez você já se sentiu culpado ao deixar uma loja, ou uma negociação, sem adquirir nada? Pois saiba que a loja criou uma expectativa de que você compraria algum produto.

PRESSUPOSIÇÃO: PRESUMINDO A VENDA

Por meio da expectativa podemos criar reações imediatas a estímulos, de modo que os clientes nem precisem pensar sobre o assunto, e apenas desempenhem a ação desejada. Com frequência, a pressuposição envolve o uso de palavras e linguagem específicas, indicando a compreensão de que a oferta já foi aceita. Por exemplo, quando organizadores de campanhas de doação de sangue ligam para os participantes, em geral eles encerram o telefonema dizendo algo do tipo: "Então nos vemos amanhã às 10h, certo?" A partir daí, eles simplesmente esperam pelo compromisso por parte do indivíduo contatado. Isso ocorre porque vários estudos já demonstraram que quando você cria nas pessoas uma pressuposição, as taxas de participação sobem de maneira dramática.

O poder da sugestão também pode ser extremamente eficiente quando você envolve emoções em sua apresentação. Por exemplo, ao dizer: "Você vai adorar o modo como esse carro se comporta nas montanhas", o vendedor de automóveis está tirando o foco da venda e criando na mente do comprador uma imagem excitante. A afirmação pressupõe que o cliente já concordou com a compra – afinal, ele jamais dirigirá o carro nas montanhas a menos que decida adquiri-lo. O vendedor está agindo como se já tivesse fechado o acordo, e a verdade é que quanto mais ele agir assim, mais funcionará. Vemos isso nos negócios. Um gerente poderia agradecer antecipadamente ou lhe dizer que você adorará trabalhar em sua equipe.

PRESSUPOSIÇÕES (ASSUNÇÕES ENTRE PARENTESES)

- "Você gostaria que eu providenciasse o almoço para a reunião?" (Haverá uma reunião.)
- "Quando você deseja que o sofá seja entregue?" (Você está comprando um sofá.)
- "Devo telefonar na terça ou na quarta-feira?" (Você quer conversar novamente.)
- "Sua primeira aula será na próxima segunda-feira." (Você está se matriculando para o curso.)

Você ficaria surpreso em ver com que frequência as pessoas simplesmente concordam com sua proposta! Elas nem param para pensar sobre a resposta que lhe darão, pois, na mente delas, o acordo já está sendo finalizando.

Outra maneira de se usar pressuposições é colocando-as por escrito. As pessoas tendem a imaginar que se algo está no papel, deve ser verdade. Com frequência seguimos um caminho específico sem questioná-lo, apenas porque foram essas as instruções que recebemos. Por exemplo, em uma experiência, um sinal de pare foi colocado em uma calçada, mesmo não havendo qualquer motivo para as pessoas pararem naquele local. A placa estava posicionada em um lugar estranho, onde não havia tráfego e, portanto, nenhum perigo iminente. Mesmo assim, quase todos que passaram por lá pararam e esperaram antes de prosseguir, apenas porque a placa dizia para fazê-lo! Em outra experiência interessante, uma placa dizendo "Delaware fechado" fez que muitas pessoas realmente parassem e perguntassem a um suposto oficial uniformizado por quanto tempo o Delaware permaneceria fechado!"[9]

O EFEITO PLACEBO

Um tipo de expectativa é o **placebo**, uma substância não medicinal que é oferecida a pacientes como se fosse remédio. Em geral, ele funciona porque a expectativa de que o medicamento irá ajudar é tão forte que o cérebro do ser humano a transforma em realidade. Vários estudos mostram que os placebos funcionam entre 25% a 40% das vezes em que são usados![10] Quando pacientes foram informados de que receberiam um estimulante (placebo), sua pressão sanguínea e seu ritmo cardíaco foram afetados.[11] Em outra experiência, ao saberem que o placebo era uma substância alcoólica, as pessoas que o ingeriram relataram sinais de intoxicação.[12] Ainda em outro estudo, participantes que acreditaram ter recebido áudios para "aumento de autoestima" e "aprimoramento de memória" afirmaram ter sentido os efeitos propagados pelos materiais.[13]

Veja agora um estudo engraçado realizado na Universidade Harvard. Pesquisadores queriam descobrir se os placebos funcionariam bem para a **síndrome do cólon irritável**, mesmo se os participantes soubessem que estariam ingerindo placebos. Neste sentido, antes mesmo do início da experiência, foi dito claramente aos participantes que a droga não era real. A palavra placebo inclusive aparecia escrita no próprio comprimido. Os participantes foram instruídos a tomar as pílulas duas vezes ao dia e informados de que os placebos são capazes de produzir efeitos curativos no corpo. Inacreditavelmente, três semanas mais tarde, os pacientes que ingeriram placebo relataram sensação de alívio nos sintomas. O fato é que esse estudo descobriu que 59% dos pacientes envolvidos reportaram melhora depois de consumir o placebo.[14]

A EXPECTATIVA DE RECEBER AQUILO PELO QUE PAGOU

Por que será que uma marca genérica de xarope para tosse não produz o mesmo efeito da marca original? Por que consideramos que o caimento de calças *jeans* de grife é melhor que daquelas que compramos em um supermercado?[15]

Muitos estudos já foram conduzidos sobre a percepção e o impacto do preço nos produtos. Em um deles, por exemplo, tentou-se descobrir a eficácia dos analgésicos e dos choques elétricos. Dois grupos de participantes receberam choques controlados para descobrir quanta dor eles sentiriam. (Psiquiatras adoram choques elétricos.) Durante a série, cada choque foi progressivamente aumentado até o ponto em que o participante era capaz de senti-lo e, inclusive, ter o ritmo do coração levemente alterado.

Antes da primeira série, entretanto, alguns participantes receberam um folheto sobre um novo analgésico que seria testado. O medicamento era descrito como a **"última inovação"** nesse campo. O folheto explicava que 92% dos pacientes que recebiam esse analgésico registravam significativo alívio nas dores em até 10 minutos após a ingestão, e que o efeito da droga duraria pelo menos 8 horas. O preço desse novo remédio seria de US$ 2,50 por pílula. Os demais participantes também receberam um folheto similar, só que, dessa vez, o preço do medicamento era de US$ 0,1 a pílula.

Depois da primeira série de choques, ambos os grupos receberam o medicamento (pílulas de açúcar) e foram instruídos a aguardar. Em seguida, a segunda série de choques foi iniciada.

Posteriormente, todos os participantes foram questionados sobre a eficácia do analgésico. O estudo descobriu que 85% dos que haviam consumido a pílula que custava US$ 2,50 reportaram menos dor, enquanto somente 61% dos que ingeriram a pílula de US$ 0,1 afirmaram ter experimentado mais alívio.[16]

Outro exemplo são os vinhos mais caros. Pesquisadores ofereceram cinco amostras da bebida a alguns participantes para que estes as apreciassem e avaliassem.

Os resultados foram interessantes. A bebida que os participantes achavam custar US$ 10 a garrafa foi avaliada com uma média de

2,4 pontos, entre 6 possíveis. Já aquela cuja garrafa custava US$ 90 (preço real), foi avaliada em 4 pontos, de seis.[17]

EXPECTATIVAS DE TEMPO

Nesse mundo moderno em que vivemos, nos sentimos amarrados pelo tempo. Temos grande expectativa em relação ao modo como ele vai se esvaindo e sobre quanto irá levar para realizarmos alguma tarefa. Com frequência, o tempo se torna distorcido por conta de nossas percepções e expectativas. **Por que algumas tardes parecem passar mais rápido que outras? Por que terminamos alguns projetos um minuto antes do prazo?**

A lei de Parkinson afirma que o trabalho se expande para preencher o tempo disponível. Portanto, se temos 3 meses para realizar um projeto, isto nos levará a consumir 3 meses para completá-lo. Todavia, se para esse mesmo trabalho nos fosse dado um prazo de 6 meses, levaríamos seis meses para terminá-lo. Essa lei pode soar estranha, mas tem fundamento: o tempo que nos é dado para completar uma tarefa estabelece nossas **expectativas**. Estas, por sua vez, influenciam o modo como trabalhamos nessa tarefa e, por conseguinte, quando iremos entregá-la. Já reparou no surto de atividades pouco antes de o prazo surgir no horizonte? Todos temos a **tendência de procrastinar**, de esperar até o último minuto para realizar o trabalho. Parece que projetos sem prazo determinado nunca são completados, independentemente de quão boas sejam as intenções. A todo tempo vemos essa lei exercer um efeito negativo nos negócios. Mesmo quando um prazo é estabelecido, se a percepção da empresa é de que isso seja apenas uma formalidade, os funcionários saberão que ele será estendido e agirão de acordo.

COMANDOS EMBUTIDOS

Um comando embutido é uma técnica usada para estabelecer comunicação diretamente com a mente subconsciente, superando a consciente. Comandos embutidos são geralmente utilizados no *marketing* e na publicidade como sugestões ocultas que permeiam a linguagem escrita ou falada, sem que a mente consciente perceba a sua existência. Comandos embutidos criam expectativas sem, entretanto, gerar resistência interna. Por exemplo, a Pepsi costumava usar o seguinte *slogan*: "*Have a Pepsi Day*", cuja tradução seria algo como "Passe um dia tomando Pepsi." O comando embutido neste caso era "*Have a Pepsi*", cuja tradução literal seria "Tome uma Pepsi." Mas atenção, comandos embutidos também podem funcionar de maneira negativa. Quando os pais dizem às crianças: "Não brinquem na rua", o que elas escutam na realidade é o oposto – "Brinquem na rua!"

Comandos embutidos são usados para reforçar comportamentos potenciais e podem ajudar as pessoas a tomarem decisões mais rapidamente.[18] Vemos isso nas propagandas e nas vendas reproduzidas na Internet. O uso de comandos embutidos é capaz de aumentar entre 10% a 20% a eficácia do *marketing*.[19]

Os comandos embutidos mais eficientes são curtos e concisos; eles não devem exceder duas ou quatro palavras. É bem mais fácil usar esses comandos em textos persuasivos escritos, já que é possível evidenciá-los visualmente. Ao usar essa técnica, determine primeiramente o que você deseja dizer ao seu público, então crie frases em que as palavras e expressões embutidas se encaixem de maneira lógica e contextual. Por fim, destaque os comandos embutidos de modo visual, usando itálico, negrito, sublinhado, realce ou diferenciação por cor.

Comandos embutidos também são ferramentas poderosas de *marketing*. Certas frases têm formas específicas de comando que seguem a regra de "duas a quatro" palavras. Elas incluem associações de vocábulos, afirmações de causa e efeito, pressuposições, perguntas ou sugestões ocultas. Em essência, você busca por frases que se destaquem no texto.

EXEMPLOS DE COMANDOS EMBUTIDOS

- ➤ Torne-se realmente interessado.
- ➤ Tome a iniciativa agora.
- ➤ Torne-se milionário.
- ➤ Mude de vida.
- ➤ Você compreenderá.
- ➤ Use esse processo.

- ➤ Compre agora.
- ➤ Use esse material.
- ➤ Como é bom!
- ➤ Vai acontecer.
- ➤ Aja agora.
- ➤ Faça como eu.

- ➤ Aprenda rapidamente.
- ➤ Use essa habilidade.
- ➤ Aprenda agora.
- ➤ Melhore seus resultados.
- ➤ Compre (consiga) hoje.
- ➤ Adote esta solução.
- ➤ Descubra.
- ➤ Consegue imaginar?

Estudos mostram que comandos embutidos podem realmente mudar nossa atitude ou crença, mesmo que não estejamos conscientes desse fato.[20] Veja como os comandos embutidos exercem efeito sobre as pessoas: a mente consciente tende a não analisar ou avaliar o material. Podemos criar expectativas de mudanças comportamentais por meio de comandos embutidos e sugestões indiretas. A mente subconsciente criará uma realidade interna para combinar com os comandos.[21]

ESTABELECIMENTO DE OBJETIVO: CRIANDO EXPECTATIVAS PESSOAIS

Muita gente não aprecia a ideia de estabelecer objetivos; de fato, a mera menção dessas palavras as faz encolher-se de medo. O problema é que a maioria das pessoas ou dos grupos não sabe como fazê-lo da maneira correta. Sem entrar em detalhes sobre os vários aspectos envolvidos no estabelecimento de objetivos, basta dizer que a técnica funciona e é uma questão importante na **lei da expectativa**.

Objetivos precisam ter a força de ampliar e inspirar a mente das pessoas que estão sendo persuadidas, e, ao mesmo tempo, ser realistas na cabeça delas. Ajudar aos outros ou sua própria equipe a estabelecer objetivos aumenta as futuras expectativas dessas pessoas em relação a si mesmas. Visualizar a si próprias alcançando suas metas também torna esses alvos mais tangíveis.

Pesquisas demonstram que o estabelecimento de objetivos dita o desempenho futuro das pessoas. De fato, metas conscientes influenciam nossa *performance* geral. Em um estudo, percebeu-se uma enorme diferença no desempenho de pessoas que foram solicitadas a "fazer o melhor delas" ou que foram ajudadas a definir suas metas (ou padrão).[22] Em um estudo clássico, dois grupos de alunos receberam uma lista de problemas matemáticos para resolver. Ao primeiro foi dito simplesmente "Faça o melhor que puder;" ao segundo foram dados objetivos específicos. Depois de uma semana e meia, o grupo com metas claras apresentou um desempenho bem melhor que aquele simplesmente incentivado a **oferecer o melhor de si**.[23]

Já se sabe que objetivos maiores e mais difíceis, em geral, aumentam o desempenho das pessoas. A razão é simples: objetivos grandes ampliam as expectativas que, por sua vez – e conforme já explicado –, influenciam fortemente o comportamento dos indivíduos. Em uma fábrica, os funcionários foram divididos em dois grupos. A um deles foi dito que todos deveriam simplesmente observar os colegas mais experientes e tentar desenvolver um alto grau de habilidade ao longo de 12 semanas. Ao segundo grupo foram entregues listas de objetivos semanais, progressivamente mais difíceis. É desnecessário dizer que o segundo grupo se saiu bem melhor.[24] Os objetivos precisam ser realistas na mente das pessoas, do contrário, as expectativas não serão estabelecidas e levarão a um efeito adverso.

Para que o estabelecimento de um objetivo funcione de modo efetivo, indivíduos ou membros de um grupo precisam ser capazes de verem a si mesmos atingindo o mesmo e, ao mesmo tempo, se mostrarem comprometidos com o sucesso. O objetivo não pode ser tão difícil, complexo ou impressionante que pareça irrealista. É preciso reconhecer resultados menores e ajudar as pessoas a manterem seus olhos no quadro geral.[25] Lembre-se de que objetivos funcionam tão bem para grupos quanto para indivíduos.[26]

AMBIENTE

O seu ambiente, bem como as expectativas em relação a ele, deveriam ser persuasivos.

A **teoria da janela quebrada**, de Phillip Zimbado, sugere que a visualização de uma construção com várias janelas quebradas fará que as pessoas pressuponham que ninguém liga nem para o edifício nem para sua aparência. Isso poderá gerar mais vandalismo e mais janelas quebradas. Em outras palavras, as condições oferecidas pelo ambiente dão a deixa para que pessoas façam suas próprias assunções e, a partir daí, ajam de acordo com essas suposições. As janelas quebradas convidam para novos danos e novos crimes.[27] Para ilustrar essa afirmação, Zimbado realizou um estudo em que um automóvel foi estacionado em uma rua da cidade de Palo Alto, na Califórnia. Durante a primeira semana, o carro não se destacou em meio aos demais, e nada aconteceu. Na semana seguinte, entretanto, Zimbado quebrou uma das janelas. A partir daí, o vandalismo contra o carro aumentou dramaticamente.[28]

Conforme explica a limpeza do metrô na cidade de Nova York, Malcolm Gladwell, autor do livro *O Ponto de Virada*, utiliza um exemplo da teoria da janela quebrada. O metrô nova-iorquino estava em péssimo estado de conservação e precisava ser completamente renovado – uma iniciativa multibilionária. Com o sistema prestes a entrar em colapso, os focos principais em termos de investimentos eram, de modo compreensível, reduzir a incidência de crimes e aprimorar a confiabilidade do transporte. Como consultor contratado pelo setor de transportes da cidade, George Kelling encorajou todos os oficiais da área a utilizarem a teoria da janela quebrada. David Gunn, empregado para limpar as estações, imediatamente designou pessoas para a limpeza das pichações. Embora isso tenha surtido pouco efeito diante de tudo o que ainda precisava ser feito, Gunn insistiu no processo. Em suas próprias palavras:

> *"As pichações eram um símbolo do colapso do sistema como um todo. Quando olhávamos para o processo de reconstrução do moral da organização, tínhamos necessariamente de vencer a batalha contra as pichações. Sem isso,*

quaisquer tentativas de reforço e alterações físicas não avançariam. Estávamos prestes a colocar novos trens que custavam cerca de dez milhões de dólares cada um, mas, a menos que fizéssemos algo para protegê-los, sabíamos o que aconteceria. Eles durariam um dia e então seriam depredados."[29]

Toda essa campanha antipichação levou anos, mas, finalmente, a incidência diminuiu.

Em outro estudo, voluntários foram solicitados a participar de um experimento dentro de uma prisão. De todo o grupo, 50% dos voluntários fingiram ser trabalhadores no presídio, enquanto os demais se colocaram como internos. Os resultados foram surpreendentes. Embora tivessem participado de testes psicológicos e se mostrado indivíduos saudáveis, todos os integrantes do estudo rapidamente se tornaram hostis, crueis, rebeldes e abusivos – tanto os que fingiam ser internos quanto os que se faziam de guardas. Um dos "prisioneiros" ficou tão histérico e emocionalmente mexido que teve de ser liberado. O estudo deveria ter levado duas semanas, mas foi suspenso depois de apenas 6 dias.[30]

EFEITO REVERSO

Se não forem realistas (ou seja, se forem altas ou baixas demais), se não fizerem sentido ou se os clientes potenciais não conseguirem visualizar a si mesmos atingindo os objetivos estabelecidos por você, as expectativas não funcionarão, tampouco os desencadeadores subconscientes responderão. Estabeleça objetivos reais e viáveis que possam ser alcançadas por todos.

ESTUDO DE CASO

Uma agência de imóveis comprou um grande terreno onde pretendia construir e comercializar residências de médio padrão. A cerca de muitas dessas casas ficava bem próxima de um trilho de trens, mas estes raramente passavam pela região. O agente responsável por comercializar os imóveis estava enfrentando grandes dificuldades para vender as últimas unidades que ficavam mais próximas da linha. No momento em que um possível comprador visualizava os trilhos, ele perdia todo o interesse, independentemente do que o profissional dissesse ou lhe oferecesse em termos de benefícios. O agente tentou reduzir o preço, ofereceu renovação gratuita para a cozinha e até incluiu uma *Jacuzzi* no quarto principal, mas não conseguiu nada. Usando a lei da expectativa, o que você faria para vender as casas mais rapidamente?

A visualização de uma ferrovia logo atrás da casa e as expectativas que se criam em torno disso são mais do que os clientes poderiam aguentar. As pessoas estão programadas para pressupor o pior: a passagem do trem causará muito barulho, fará a casa tremer, quebrará muitas coisas, não permitirá que os moradores durmam e até deixará as crianças com medo. Todas essas expectativas precisavam de ajuste. A chave estava em receber os possíveis compradores cerca de 10 minutos antes de o trem passar. Haveria tempo suficiente para explicar aos clientes sobre todos os benefícios extras do imóvel, cujo valor somado era de aproximadamente US$ 10 mil. Então, todos eram convidados a sentar na sala de estar bem no momento em que o trem fosse passar. Daí os interessados eram informados de que o trem só passava ali às 10h20min da manhã e às 14h, todos os dias. Todos descobriram por si mesmos que a passagem do trem não era algo tão problemático assim, e ainda ganhariam todos os extras. As expectativas foram ajustadas e todas as casas vendidas.

• •

Recursos adicionais: Formulário de Domínio de Objetivos (maximuminfluence.com)

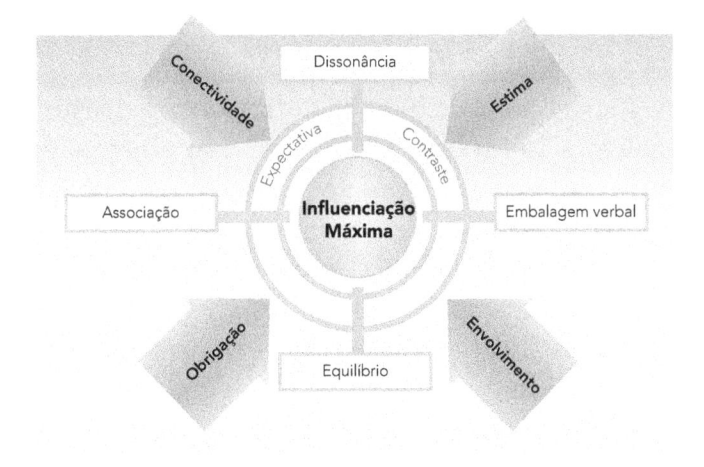

CAPÍTULO 12

A lei do contraste

Como transformar preço (ou tempo) em uma questão secundária

"Preço é o que você paga. Valor é o que você recebe." – Warren Buffett

O que aconteceria se você levasse seu automóvel ao mecânico e ele lhe dissesse que o carburador talvez estivesse desregulado e que você possivelmente precisaria de novos freios, de uma nova transmissão e ainda de uma nova correia? Você provavelmente voltaria para casa pensando: "Caramba! Estou arruinado. Quem sabe seja melhor comprar outro carro." Então, quando você voltasse para apanhar o veículo, o sujeito diria: "Só precisei trocar os freios." De repente você se sentiria aliviado ao ter de desembolsar somente US$ 300, quando já havia se conformado em gastar US$ 3 mil. Agora, imagine se o mecânico tivesse estimado uma despesa de US$ 300 e, no final, o serviço tivesse custado US$ 3 mil.

Essa é a lei do contraste em ação. A percepção de valor sempre deverá sobrepujar a do preço. Saiba, portanto, que se o seu cliente lhe oferecer a velha desculpa de que "sua oferta é cara demais" é porque sua apresentação não foi boa o suficiente. Seu objetivo é fazer com que o valor do seu produto exceda o preço cobrado ou que os benefícios vão além do compromisso do cliente em termos de tempo.

A lei do contraste explica como somos afetados quando alguém nos oferece duas opções diferentes, e em sequência. Sabemos que comparar duas alternativas pode distorcer ou ampliar nossa percepção de preço, tempo e/ou esforço. Em geral, quando o segundo item é muito diferente do primeiro, tendemos a perceber ainda mais distinções entre eles do que realmente existe. Como persuasor efetivo, você poderá usar esse contraste para levar seu público em direção ao objeto de sua persuasão.

O contraste opera em muitas arenas. É possível comparar praticamente tudo e imediatamente visualizar os efeitos de tal aferição. Por exemplo, imagine que você esteja em uma estância nas montanhas e que lá existam três piscinas: a primeira de água fria, alimentada por um rio; a segunda de água levemente aquecida; e a terceira na forma de *Jaccuzi*, com água quente. O que aconteceria se você estivesse nadando na segunda piscina (de água morna) e de repente resolvesse pular na de água fria? Ou, no sentido contrário, como seria se você estivesse na piscina de água morna e decidisse entrar na *Jaccuzi*? Em ambas as situações você sairia de uma temperatura original, mas as experiências seriam totalmente distintas. Mais uma vez, essa é a lei do contraste. Qualquer produto, serviço ou percepção de tempo pode ser contrastado para parecer muito diferente ou ostentar mais valor do que realmente possui.

O uso da comparação se baseia em nossa percepção de itens ou eventos que acontecem de modo sequencial. Se você teve um dia horrível depois de descobrir que está preste a perder o emprego e, então, ao chegar a sua casa, você dá de cara com um arranhão no seu carro, sua reação será de um jeito. Em contrapartida, se você teve um dia perfeito depois de ficar sabendo que será promovido e, então, ao chegar a sua casa, você depara o arranhão no seu carro, sua reação será bem diferente. O arranhão é o mesmo, mas suas percepções e reações são distintas. O contraste é usado para negociar. Quando fazemos uma oferta demasiadamente baixa ou elevada, ou quando pedimos US$ 200 quando na verdade esperamos apenas US$ 50, isso é **con-**

traste. Como você se sentiria se fosse a uma reunião que deveria durar 1 hora, mas ela só demorasse 30 min? E qual seria sua sensação se, em vez de durar 15 min o encontro comercial demorasse 45 min?

Tudo isso diz respeito à percepção humana. Para ser capaz de fazer julgamentos, em especial diante de situações não familiares ou novos produtos, a mente do ser humano precisa encontrar um **ponto de referência** ou uma forma de tecer comparações. As pessoas precisam poder comparar as coisas com suas experiências passadas ou com o seu conhecimento prévio. O cérebro sempre tentará comparar seu produto ou serviço. Ele é melhor ou pior, mais barato ou mais caro? Seu produto é seguro ou representa uma escolha arriscada? Ele é familiar ou estranho?

Ao apresentar situações contrastantes ao seu cliente potencial, você está criando essas comparações para ele. A mente não é capaz de processar tudo ao mesmo tempo, então, ela desenvolve atalhos para ajudá-la a tomar decisões. Neste sentido, em vez de fazer um julgamento interno completo, buscamos limites, padrões e características totalmente opostas. Queremos saber as diferenças entre nossas opções e, para isso, nós as contrastamos. Criamos um valor ou preço em nossa mente, indo do mais elevado ao mais baixo. Você prefere que seus clientes potenciais comparem o seu produto ou serviço a um carro usado ou a uma Mercedes-Benz nova? É você quem decide qual será o ponto de referência deles!

Quanto vale uma xícara de café? Quando a Starbucks inaugurou suas cafeterias, eles tiveram de lidar com a percepção de preço dos clientes. Por que os consumidores gastariam três vezes mais por uma xícara de café? A empresa construiu e decorou seus estabelecimentos de maneira cara e elegante, criando ambientes sofisticados que evocavam diferentes partes do mundo e se pareciam com luxuosas adegas. Eles também batizaram adequadamente todos os copos utilizados. Essas medidas ajudaram a alterar a percepção de preço pelo cliente. Todos os dias nós vemos nos supermercados sucos ou bebidas saudáveis sendo comercializados em garrafas parecidas com as de vinho. Nas lojas de informática, deparamos embalagens que são cem vezes maiores que os *softwares* que elas abrigam, e percebemos que o tamanho também ajuda a ajustar a percepção de preço. Afinal, se tudo o que você receber for um CD ou um *download* instantâneo, sua percepção de preço será bem menor que se o produto fosse entregue em uma embalagem grande e refinada.

As companhias aéreas também adoram divulgar informações de maneira paulatina. Você está no aeroporto e, de repente, a empresa avisa sobre um pequeno atraso, acrescentando que logo tudo estará pronto para a decolagem, serão apenas alguns minutos. Depois, em um segundo aviso, você escuta pelo alto-falante que, embora tudo esteja perfeitamente bem, a empresa prefere não arriscar e, portanto, a aeronave será substituída. Na terceira vez eles informam que tudo já está praticamente resolvido e que logo os passageiros serão convocados para o embarque. No próximo aviso você fica sabendo que a companhia está apenas aguardando a liberação da pista e que o embarque logo começará. Comparativamente, esses pequenos informes mantêm os passageiros mais calmos e tranquilos do que se a empresa aérea simplesmente anunciasse um **atraso de duas horas**.

Também é possível observar a técnica do contraste em parques de diversão. Antes de se decidirem por um brinquedo, as pessoas normalmente olham para ver quanta gente já está na fila e, se consideram o tempo de espera razoável, elas encaram. Então, quando o visitante acredita que está quase chegando sua vez, ele depara com outra divisão de cordas com centenas de pessoas. Isso se repete três outras vezes até que finalmente, 4 horas depois, chegou a vez de o sujeito entrar na atração. O fato é que se soubermos de antemão quão longas as filas estão jamais nos arriscaremos a enfrentá-las. Essa mesma técnica de contraste é usada quando, embora o aviso seja de 90 min de espera, conseguimos entrar no brinquedo em apenas 45 min.

O fator tempo pode destruir sua habilidade de utilizar a lei do contraste. A chave para essa lei é que dois itens contrastantes devem ser apresentados na sequência.

Isso exerce um efeito poderoso durante reuniões e no processo de tomada de decisão: se durante uma reunião você expõe uma grande ideia logo depois de outra ideia fantástica, certamente sua sugestão não terá o mesmo impacto que se viesse após uma ideia ruim. Do mesmo modo, se durante uma festa estamos conversando com uma mulher muito bonita (ou com um homem muito atraente) e outra

(o) menos bonita (o) ou atraente se aproxima, a (o) primeira (o) se revelará ainda mais extraordinária (o).

TIPOS DE CONTRASTE

Exemplos da lei do contraste se encaixam em diferentes categorias. Examinemos a seguir a relação entre elas e alguns exemplos interessantes.

Adoçando a oferta: triplicando o valor

Tornar a oferta mais agradável e irresistível é uma técnica usada por profissionais de *marketing* e também nos **infomerciais** para fazer que os produtos pareçam mais interessantes ou valiosos do que realmente são. Isso significa fazer que os clientes acreditem que estão fazendo um negócio excepcional. O que você poderia acrescentar ao seu produto ou serviço que fosse um incentivo? O que você poderia oferecer como bônus? O que agregaria mais valor à sua oferta e poderia ser acrescido ao produto – um brinde, um desconto maior, um frete grátis, embalagem especial para presente, pilhas, garantia estendida ou assistência técnica gratuita. Seja o que for, use esse item para criar contraste e aumentar a percepção de valor agregado.

Pense sobre o último infomercial que você viu na TV e reflita. Você vê o anunciante apresentar o produto e demonstrar suas qualidades e então começa a se interessar. Você pensa em como aquele produto poderia facilitar sua vida. O preço ainda não foi divulgado, mas, quando isso acontece, é bem mais elevado do que você esperava. Você imaginava algo em torno de US$ 99, mas o anunciante vem com US$ 499. Seu coração dispara, mas você continua assistindo o comercial porque realmente considera o produto muito interessante e ainda acha que ele poderia transformar sua vida.

Mas espere, agora eles estão mencionando uma "oferta especial" só para o dia de hoje (escassez). Há uma redução temporária no preço do produto, que custará somente US$ 297. **Hoje é o seu dia de sorte!** É um ótimo negócio, embora ainda esteja caro. Mas, espere só mais um momento. Agora eles estão oferecendo três itens adicionais ao pacote, que normalmente custariam outros US$ 500. Você nem consegue acreditar que por meros US$ 297 você levará produtos que valem cerca de US$ 800. Agora você está realmente interessado, e praticamente pronto para comprar.

É aí as coisas se tornam ainda melhores! Se você pedir agora você poderá pagar por todos os produtos em três suaves parcelas mensais de US$ 99. Você nem consegue acreditar na sorte que está tendo, então fecha o pedido na hora. Tudo bem, você estava prevendo investir US$ 99, mas acabou gastando **três vezes esse valor. Por quê?** Por causa da lei do contraste – afinal, você vai receber US$ 800 em produtos e o acordo se tornou irresistível.

É crucial que você entenda essa lei ao demonstrar o valor do seu produto para as pessoas, pois elas não o comprarão a menos que sintam que estão obtendo valor pelo dinheiro que irão gastar. Quando **"adoça"** sua oferta, você acrescenta itens que tornam o acordo mais e mais valioso.

Em um estudo, quando o caixa de um bazar beneficente disse a um primeiro grupo de fregueses que eles teriam de pagar 75 centavos por 1 bolinho + dois biscoitos, 40% dos interessados compraram o combo. Em seguida, quando esse mesmo caixa disse a um segundo grupo de fregueses que o preço do bolinho era 75 centavos, mas acrescentou que naquela noite, por conta de uma oferta especial, eles ainda levariam dois biscoitos sem nenhum acréscimo, 70% dos interessados aproveitaram a oferta **"três pelo preço de um"**, mesmo não havendo qualquer diferença no resultado final.[1] Tudo está na apresentação. Você precisa "adoçar" sua oferta.

Também é possível observar essa técnica nos supermercados e em outros anúncios quando uma empresa planeja sua estratégia de embalagem para demonstrar o contraste entre os preços antes e depois. Talvez você já tenha visto pacotes de fraldas com propagandas do tipo "Economize 20%" riscadas e substituídas por outras de "Economize 40%." É possível que o método da companhia seja "Compre cinco unidades e receba a sexta de graça." Ou quem sabe a oferta esteja no peso do produto. Neste caso, em vez de a embalagem trazer os "200 g" normais ela oferece "250 g", pelo mesmo preço. Seja qual for a forma escolhida, tudo gira em torno de "adoçar" a oferta – é a lei do contraste em pleno funcionamento. Aqui a diferença positiva não está no preço, mas nas ofertas adicionais.

Imagine um freguês em uma loja de doces do *shopping* comprando 100 g de chocolate para sua cara-metade. A balconista retira uma porção do produto de um grande pote e a coloca sobre uma balança. Ela logo percebe que não pegou o suficiente e passa a acrescentar mais. Ela também poderia ter colocado mais do que o solicitado e então começado a retirar o produto e a devolvê-lo ao pote. Que método deixaria o cliente mais satisfeito? Neste cenário, na primeira opção o freguês sentiria que o acordo estava sendo "adoçado", enquanto na segunda ele perceberia aquela retirada como se estivesse sendo roubado.

EXEMPLOS DE AJUSTE DE VALOR

- **Bônus** – O oferecimento de três bônus de 25 centavos de dolar representa mais valor que o de um único bônus de 75 centavos.
- **Produto** – A entrega do produto em uma única embalagem sugere menos valor que dividi-lo e entregá-lo em três remessas separadas.
- **Varejo** – A manutenção dos preços originais nas prateleiras aumenta a percepção de valor e de economia quando a diferença entre o preço estampado e o pago aparecer na nota fiscal ou no recibo.
- **Automóveis** – Consideramos que o negócio se torna melhor quando vemos o preço de revenda estampado no vidro e então conseguimos um desconto sobre ele.
- **Pagamentos** – Em uma compra de grande porte, é mais fácil engolir o preço das parcelas mensais que o total estampado no produto.
- **Gasolina** – Para o cliente é mais fácil aceitar um desconto de 10% no pagamento à vista (em dinheiro) que um aumento de 10% pelo pagamento com cartão de crédito.
- **Folha de pagamento** – A renda percebida é maior quando, em vez de lançar tudo de uma só vez em uma única soma, cada benefício é listado separadamente.
- **Negociação** – Começar nos patamares mais baixo ou elevado de preços (conforme o produto) proporcionará melhores resultados.

Reduzindo o preço ao ridículo

Essa técnica envolve reduzir seu pedido a algo que pareça administrável, mais fácil de compreender ou de monetizar. Digamos que você seja um agente de seguros e esteja tentando vender uma apólice. O cliente deseja um seguro de vida no valor de US$ 250 mil, mas você não acha que isso seja suficiente para garantir as necessidades da família dele, e então sugere uma apólice de US$ 500 mil. O problema é que, de acordo com a percepção do cliente, o custo mensal dessa apólice será muito elevado. Você, então, pega o valor total e o divide, explicando que por apenas US$ 0,5 a mais por dia, praticamente o custo de uma lata de refrigerante, ele poderá adquirir um seguro que realmente proteja sua família caso algo lhe aconteça. Com essa comparação, seu cliente logo perceberá que vale a pena investir US$ 0,5 a mais por dia para uma cobertura extra de US$ 250 mil. Utilizando-se de um exemplo simples você reestruturou sua oferta para ajudar o cliente potencial a encaixar o seu produto na vida dele.

Outro exemplo: suponhamos que ao solicitar que seus funcionários participem de um novo projeto você enfrente resistência da parte deles por causa do fator tempo. Nesse caso você poderia reformular seu pedido dizendo que seriam apenas 10 min a mais por dia, ou 45 min extras por semana. Isso não parece um comprometimento muito grande, não é?

FENÔMENO PORTA NA CARA (PNC)

A **técnica porta na cara** (PNC) é uma das mais comuns na implementação da lei do contraste. Basicamente, uma oferta inicial exorbitante e quase irracional é feita ao cliente, com grande probabilidade de ser recusada. No exato momento em que o cliente potencial rejeita sua proposta, a porta é "fechada" na sua cara. A partir daí, uma segunda oferta, menor e mais razoável, é feita ao mesmo cliente, que a aceita prontamente. Ele percebe o enorme contraste entre a proposta atual e a anterior e vê grande vantagem em fechar o acordo. Essa técnica funciona bem porque, de acordo com os padrões sociais, cada concessão deve ser retribuída com outra concessão. O fato é que quando você se permite ser rejeitado uma primeira vez, isso já é percebido pelo seu interlocutor – a pessoa a quem você está tentando convencer – como uma concessão e, nesse caso, ele se sente obrigado a concordar com sua segunda oferta. A PNC é eficiente porque a sociedade e a **lei da obrigação** nos dizem que cada privilégio deve ser pago com outro, sendo assim, quando você oferece uma concessão, o cliente se sente mais inclinado a oferecer-lhe outra.

Isso também já foi chamado de **modelo de responsabilidade social**. Quando seu cliente potencial recusa sua oferta inicial, de modo subconsciente ele se sente culpado por não ajudá-lo, e não quer chateá-lo novamente. Às vezes esse sentimento de culpa faz que esse cliente aceite uma segunda proposta apenas para livrar-se de sentimentos negativos. Talvez ele até acredite que caso não aceite a segunda oferta ele se sentirá ainda pior do que já está.[2]

Para demonstrar esse ponto, pesquisadores pediram inicialmente a dois grupos de alunos de uma faculdade que doassem sangue a cada três meses por três anos consecutivos. Sugerindo um compromisso de longo prazo que envolvia não apenas a dedicação de tempo, mas também de responsabilidade física e emocional, o pedido foi amplamente rejeitado. No dia seguinte, os alunos de um dos grupos foram solicitados a doar sangue uma única vez e, dessa vez, 49% deles concordaram. Entre os participantes do outro grupo, para os quais somente a proposta anterior foi mantida, somente 31% aderiram.

A técnica PNC é eficiente porque o contraste entre as duas ofertas faz com que os clientes potenciais se sintam como se estivessem obtendo mais (ou menos) do que se você não houvesse ajustado a percepção deles. Eles sentem como se tivessem feito um acordo justo, enquanto, para você, o que foi obtido é exatamente o que desejava desde o início.

Vejamos outro exemplo. Imagine que o time de futebol de uma escola local esteja fazendo uma campanha porta a porta para conseguir doações para o programa de treinamento da equipe. Eles chegam até sua casa e pedem uma contribuição de US$ 100, dizendo que o seu vizinho acabou de doar essa mesma quantia. Depois de alguma discussão, os jogadores pedem US$ 25, então você fica aliviado e decide contribuir com essa quantia – e se sente feliz por poder doar menos que os seus vizinhos. Em outro estudo, participantes foram solicitados a fazer uma grande doação para um projeto. Depois de se recusarem, todos foram sondados sobre a possibilidade de uma contribuição menor. A técnica de PNC aumentou a participação total em 17%.[3]

Nos exemplos mencionados, a segunda oferta sempre parece bem mais lógica e razoável que a primeira, considerada ultrajante. Criamos um contraste perceptivo através do qual definimos, em nossa opinião, o padrão de comparação deveria ser. Quando surge a segunda opção, ela sempre parece melhor que a primeira e, no nosso caso, bem menor do que seria considerada se tivesse sido apresentada sozinha.

É claro que muitas vezes você não tem vontade de fazer esse jogo de negociação. Talvez você pense: "Por que as pessoas já não oferecem sua melhor oferta logo da primeira vez?" Em teoria, esse conceito parece muito bom, mas, na prática, ele não funciona porque a outra parte sempre espera poder negociar. Aceitar a primeira oferta rápido demais cria um elevado custo emocional. Mesmo que o cliente tenha conseguido um ótimo acordo, ele sempre achará que poderia ter conseguido mais. Seu objetivo, portanto, é oferecer à outra parte um contraste – um número alto ou baixo demais que seja um ponto de partida para a negociação. Esse jogo diz respeito a concessões mútuas – você cede um pouco e os clientes cedem um pouco. Se você não jogar conforme as regras, não vencerá o jogo. Seu papel é criar o maior espaço possível ao iniciar uma negociação.

No processo de negociação, a técnica PNC pode ser uma ferramenta poderosa. Veja a atuação de um habilidoso promotor imobiliário. Talvez ele esteja procurando por imóveis de qualidade que já estejam no mercado há alguns meses, mas que ainda não tenham sido comercializados por causa do alto preço cobrado, digamos, US$ 500 mil. Então, para baixar a expectativa do vendedor, o promotor envia uma agente que, trabalhando de maneira anônima, demonstra grande entusiasmo pelo imóvel, mas faz uma proposta muito baixa ao vendedor – US$ 350 mil. Esta é imediatamente recusada pelo proprietário. O promotor então se aproxima do dono do imóvel e oferece algo bem mais plausível, digamos, US$ 430 mil – valor que, depois de certa negociação, é aceito pelo proprietário. Representantes de sindicato também se utilizam com frequência dessa técnica. Eles começam com exigências extremas que já sabem que não serão atendidas. Então eles repetem uma série de pequenas solicitações ou concessões que se revelam bem mais aceitáveis, e são elas o verdadeiro foco dos negociadores.

A técnica PNC também é capaz de salvá-lo de muitos problemas e evitar muitas dores de cabeça. Com ela as pessoas podem deixar de odiá-lo e até agradecê-lo por oferecer-lhes exatamente o mesmo que já havia oferecido antes. Por exemplo: sempre que eu solicitava aos meus alunos que fizessem um trabalho de conclusão de semestre com 10 páginas eu acabava sofrendo. Eles reclamavam de tudo – do tamanho do trabalho, da falta de tempo, da fonte escolhia, e por aí afora. Cansado das reclamações, eu mudei minha abordagem usando a lei do contraste. A partir daí, logo que mencionava o trabalho de 20 páginas e ouvia os primeiros murmúrios – "O quê? Vinte páginas? Eu não terei tempo de fazê-lo!" –, eu graciosamente acatava os apelos dos alunos e lhes dizia que se eles prometessem fazer um trabalho conciso, porém, bem pesquisado e de qualidade, eu o reduziria para 10 páginas. Naquele momento todos ficavam felizes e celebravam. Na comparação, os alunos viam o trabalho de 10 paginas como um ótimo negócio e, ao invés de reclamarem, me agradeciam.

Durante uma aula na universidade em que os meus alunos estavam aprendendo sobre as diferentes LPs, todos foram solicitados a escrever uma carta para os pais pedindo dinheiro. A ideia era que eles usassem uma das leis estudadas. (Isso foi apenas um exercício; nenhum deles tinha autorização para enviar a carta.) Todos decidiram que a mais adequada ao caso seria a lei do contraste. Veja uma amostra:

Querida mamãe e querido papai,

Espero que ambos estejam bem de saúde e felizes. Gostaria de poder dizer que é assim que me sinto. Sei que vocês me amam, mas é difícil ter de contar com vocês em uma situação tão embaraçosa. Bem, acho melhor ir direto ao ponto, pois não quero que vocês se preocupem demais. Já consigo até ver a mamãe percorrendo o texto com os olhos atrás de alguma pista do que está errado. Estou muito cansada, mas já estou me recuperando. Pelo menos agora eu tenho um lugar para ficar, em especial durante esse inverno frio.

Nas últimas duas semanas eu tive de dormir nas ruas e lutar para conseguir alimento e abrigo. Por fim conheci esse homem muito gentil que me permitiu ficar no apartamento dele, de graça. É muito bom poder contar com um teto sobre a cabeça. Às vezes minhas roupas ainda ficam úmidas, pois há uma rachadura bem em cima da minha cama, mas, com cinco pessoas compartilhando o mesmo espaço, o calor humano ajuda a aquecer o ambiente. Juntos nós esperamos conseguir juntar o dinheiro para pagar o aluguel desse mês. Todos têm sido muito bons comigo ao permitirem que eu permaneça aqui, escondida. Parece que infelizmente há uma ordem de prisão contra mim e, nesse momento, sou considerada uma "foragida", como eles dizem.

Temo que não possa dizer a vocês onde estou; não quero colocá-los em perigo ao fornecer-lhes essa informação, caso as autoridades venham interrogá-los. Como vocês podem imaginar, estou desesperada para conseguir uma grande soma de dinheiro para poder saudar minha dívida antes que pessoas ainda mais cruéis venham atrás de mim.

Embora não conte muito com isso, eu me pergunto se vocês poderiam me ajudar. Eu sei que errei, mas imploro pelo seu perdão e por suas preces.

Brincadeirinha! Eu só queria que vocês vissem o meu problema na perspectiva correta. Eu bati meu carro na semana passada. Ninguém se feriu, mas o concerto do carro ficará em US$ 800. Eu estava pensando se vocês poderiam me enviar o dinheiro para que eu pudesse resolver logo a situação.

Amo vocês demais,

Jill

> **CONTRASTES E FATOS INTERESSANTES SOBRE PREÇOS**
> - Nossa mente tende a se concentrar nos dígitos à esquerda em relação aos da direita.[4] (por exemplo, aos números que vêm antes da vírgula).
> - A maioria dos consumidores tende a arredondar o valor para baixo quando vê um preço.[5] (isto é, US$ 9,97 = US$ 9,00).
> - Em um estudo, o preço de dois itens iguais foi reduzido em exatamente 14 centavos (o primeiro de US$ 0,89 para US$ 0,75; o segundo de US$ 0,93 para US$ 0,79). A maioria das pessoas sentiu que a segunda redução foi maior.[6]
> - Os consumidores tendem a preferir e a subestimar preços quebrados em comparação aos números inteiros.[7]
> - Catálogos de venda pela Internet experimentaram preços que terminavam em 0,00, 0,88 e 0,99, mas a última opção superou as demais em 8%.[8]
> - Outros pesquisadores descobriram que terminar um preço com o número 9 aumentava as vendas em 10%, em média.[9]

EFEITO DE COMPARAÇÃO: VERIFICANDO A TEMPERATURA

A última forma de contraste é o **efeito de comparação** mais geral. Ela está relacionada de maneira próxima à técnica de PNC, exceto pelo fato de que, em vez de apresentar uma oferta ultrajante em termos de preço, o persuasor oferece uma forma não desejada daquilo que os clientes estão buscando. Então, quando o produto de qualidade razoável (ou até medíocre) é ofertado, o cliente potencial aceita a proposta de maneira mais rápida. O efeito de comparação se concentra no modo como os clientes potenciais conseguem comparar duas opções simultaneamente e chegar à conclusão de que a segunda é realmente a mais desejável.

Algumas imobiliárias mantêm o que elas denominam de "imóveis de esquema." Essas propriedades em péssimo estado de conservação são listadas com preços elevados e são usadas para chamar a atenção para os imóveis que a empresa realmente deseja comercializar. Os corretores mostram aos clientes esses imóveis decrépitos e, em seguida, os levam para conhecer as propriedades que realmente desejam vender, todas com preços iguais. É óbvio que na comparação os últimos imóveis são muito melhores que os primeiros.

O princípio da comparação está sempre presente em nossa vida cotidiana. Ele pode, inclusive, influenciar o modo como percebemos a atração física de nossa(o) parceira(o). As Universidades de Montana e do Estado do Arizona realizaram um estudo para avaliar se por conta do bombardeio de anúncios com modelos atraentes as pessoas considerariam seus próprios parceiros e cônjuges menos atraentes. No estudo, alguns alunos foram primeiramente expostos a fotografias de modelos antes de avaliarem a atratividade de membros do sexo oposto que não eram modelos. Outros alunos verificaram primeiramente os não modelos e, em seguida, os profissionais. O primeiro grupo avaliou os não modelos como bem **menos atraentes** que os modelos.[10]

Um estudo interessante provou esse ponto. Voluntários representando uma associação de boliche foram de porta em porta solicitando dinheiro para uma instituição de caridade fictícia chamada *Strikes Against Cancer (algo como "Luta contra o Câncer")*. Todos foram treinados para fazer uma apresentação na porta e dizer: "Trabalho como coordenador voluntário para ajudar a organizar um evento de boliche beneficente." Três propostas foram apresentadas aos moradores: **pesada, moderada** e **leve**.

Pesada – "Estamos buscando voluntários que possam ajudar no evento. Serão cerca de 10h por semana. Você estaria interessado(a)?"

Moderada – "Estamos buscando pessoas que possam tomar parte em nosso evento. Os participantes precisarão contribui com pelo menos US$ 30 em dinheiro e então jogar boliche conosco. Você estaria interessado(a)?"

Leve – "Já que você não pode participar (voluntário), gostaria de me patrocinar no evento? Qualquer quantia seria útil."

Duas coisas que foram aprendidas nesse estudo: 1ª) quanto maior a primeira solicitação, maior a aceitação da segunda oferta; 2ª) amigos sempre colaboravam mais que estranhos.[11]

Outro exemplo do efeito de comparação usa o mesmo conceito com um produto diferente: **caixões**. Agentes funerários usam o princípio do contraste para fazer que as famílias dos mortos gastem mais dinheiro. Eles mostram aos familiares os féretros mais caros em primeiro lugar, e então apresentam os modelos mais simples e baratos. Eles sabem que os parentes estão sofrendo e que farão de tudo para mostrar seu amor pelo falecido. Em geral, todos ficam chocados pela diferença de preço entre os modelos e optam pelo mais caro. Um estudo revelou que, ao mostrar o caixão mais caro primeiro, as funerárias aumentam o valor da venda em 45%.[12]

Vendedores de automóveis também usam o princípio do contraste. Eles esperam até que o preço final para um carro novo seja negociado antes de sugerir opções que podem ser acrescentadas ao veículo. Depois de concordar em pagar US$ 20 mil por um veículo, o que seriam US$ 200 a mais para uma camada extra protetora (a maioria de nós nem sabe para que serve isso), pela extensão da garantia ou, ainda, por um sistema multimídia? A estratégia é oferecer os opcionais de maneira independente. Em outro exemplo, depois de adquirir um sofá de mil dólares, por que não gastar US$ 70 na impermeabilização do tecido? As pessoas sempre concordarão em pagar por acessórios e extras depois que a compra já foi fechada.

Esses princípios também se aplicam na comparação de pessoas. A lei do contraste está sempre em operação, influenciando no julgamento durante entrevistas de emprego, tanto por conta das ideias quanto da ordem de apresentação dos candidatos. Se você entrevistar primeiro um candidato fantástico e, imediatamente depois deparar outro que não seja tão fabuloso, se sentirá mais inclinado a oferecer ao segundo uma nota mais baixa do que teria oferecido se o primeiro não tivesse se saído tão bem. O oposto também se aplica: se o candidato mediano vier depois de alguém cuja entrevista foi ruim, você poderá ver o segundo como "acima da média."

A todo instante vemos anúncios que usam o contraste para nos convencer a usar determinados produtos. As fotografias do tipo **"antes e depois"** são intencionalmente criadas para enfatizar opostos. A figura do "antes" é em preto e branco, com a pessoa desengonçada, carrancuda e pálida. A do "depois" é colorida, traz o indivíduo sorrindo, em postura ereta e pele bronzeada. Olhamos para as duas fotos, comparamos e decidimos que queremos ser como a segunda imagem.

DIFERENÇA MÍNIMA PERCEPTÍVEL (DMP)

Muitas vezes ficamos abaixo do radar com o princípio do contraste. A **diferença mínima perceptível (DMP)**[13] se refere à menor intensidade de um estímulo que pode ser detectada, ou seja, a mínima quantidade de mudança com a qual o cérebro consegue lidar antes de começar a reparar. Em termos práticos, é o quanto se pode aumentar o preço de um produto antes que as pessoas reparem nisso. Na área de alimentos, por exemplo, as empresas querem oferecer o melhor paladar pelo menor custo. A qualidade dos ingredientes faz que as pessoas reparem ou não na qualidade de um produto.

Muitos comerciantes preferem mudar a embalagem e oferecer menos produto que tentar cobrar mais. Quando não nota a diferença, o cliente acha que está obtendo a mesma coisa. Todavia, quando se aumenta o preço de um produto ninguém quer que o cliente repare. Por exemplo, o aumento de 10 centavos no preço da gasolina não é percebido a menos que ele ultrapasse a barreira e US$ 1, indo de US$ 3 para US$ 4. O novo copo de iogurte tem 170 g ou 180 g? Não reparamos nisso porque o tamanho do copo não mudou; mas a parte de baixo do copo talvez seja mais côncava.

COMO USAR A LEI DO CONTRASTE

Considerando todos os exemplos neste capítulo, você já pode imaginar os passos que deve seguir ao adotar essa lei. Mas que tal simplificarmos o processo observando alguns elementos vitais da lei do contraste?

Comece pelo alto

Sua primeira oferta deve ser elevada (ou muito pequena) – nem tanto o ponto de ser irrealista, mas suficientemente impactante para você conseguir um **não**. Então, prossiga com algo menor que o faça atingir o objetivo que tinha desde o início.

Por exemplo, instituições que arrecadam fundos com frequência enviam cartas solicitando doações que geralmente são altas demais para a maioria das pessoas. Logo depois que as correspondências são enviadas, essas organizações fazem ligações telefônicas de acompanhamento. A pessoa do outro lado da linha pergunta se a carta foi recebida e então pede por uma doação menor.

Timing

Para que o contraste seja eficiente, os dois cenários, as duas opções ou as duas ofertas devem ser apresentadas na sequência. Os pesquisadores Dillard, Hunter e Burgoon[14] e Fern, Monroe e Avila[15] concordam que o *timing* (intervalo de tempo) entre a oferta original e a seguinte influência o sucesso no uso dessa técnica. Para aumentar a adesão, o intervalo entre ambas deve ser pequeno. Se houver uma demora entre a primeira oferta e a segunda, seu cliente potencial talvez não se lembre que você está comparando os dois itens ou as duas ofertas, então, sua habilidade de persuadir diminuirá.

Situação

A situação se aplica em todas as LPs, inclusive na lei do contraste. Você precisa pensar na situação que está sendo vivenciada antes de escolher o método que irá usar e em que grau implementará a lei escolhida. É fácil perceber que as atitudes e os sentimentos de alguém que está em um funeral serão absolutamente diferentes de outra pessoa que participa de uma festa de casamento.

EFEITO REVERSO

Duas questões principais poderão fazer que o efeito da lei do contraste se volte contra você durante uma tentativa de persuasão. A primeira seria a "zona de insulto." Se a sua oferta for tão absurda a ponto de se tornar inacreditável ou até insultuosa, o efeito no cliente será negativo. A segunda diz respeito ao benefício para o cliente ou para a sociedade. Se ele não ficar claro para o consumidor desde o início, e/ou sugerir egoísmo por parte de sua empresa, o tiro também sairá pela culatra.

ESTUDO DE CASO

Um cliente desejava aumentar suas vendas no setor de produtos caros. Essa empresa de audiovisuais tinha duas opções em termos de equipamentos. Seu produto básico tinha uma saída muito boa, mas a linha mais sofisticada (e mais lucrativa) não estava decolando como deveria. A companhia tentou técnicas de interceptação de clientes para conseguir vender mais dos produtos melhores, mas, embora isso tenha ajudado, não atendeu às expectativas da empresas. Todos acreditavam que as alternativas mais caras e sofisticadas eram realmente de melhor qualidade e ostentavam maior valor. Usando a lei do contraste, o que você recomendaria?

Para fazer que a opção mais cara se tornasse mais valiosa aos olhos do cliente, recomendei que eles disponibilizassem uma opção ainda mais cara. Eu sugeri à empresa que desenvolvesse um produto que fosse ainda mais valioso, agregasse mais bônus, contasse com uma garantia ainda mais longa e pudesse ser comparado ao produto médio. Este pareceria agora uma opção mais adequada em comparação ao novo e mais caro. Ao usar a lei do contraste, a companhia atingiu seu objetivo de vendas conseguindo comercializar o produto que realmente desejava.

Recursos adicionais: Vídeo de poder de negociação (maximuminfluence.com)

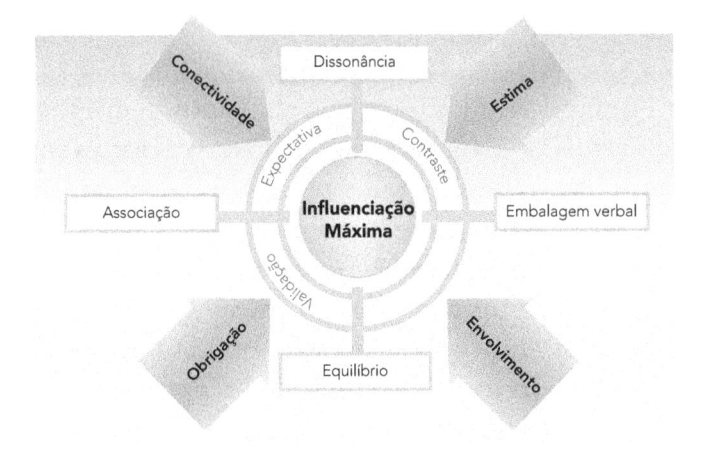

CAPÍTULO 13

A lei da validação social

A arte da pressão social

"Um cão late por alguma razão, então cem outros latem por causa do primeiro latido."
— Provérbio chinês

A validação social está em toda parte. Por exemplo, quando algo estranho acontece em um voo, a maioria dos passageiros olha para os comissários de bordo para saber se devem o não entrar em pânico. Quando escutamos algum barulho esquisito, observamos a reação da tripulação e, se todos estiverem tranquilos, tendemos a permanecer calmos. Lembro-me de certa vez em que estava viajando de avião. A aeronave enfrentou uma forte turbulência e, por causa disso, sua altitude oscilou dramaticamente. Quando isso aconteceu, uma das aeromoças gritou, ficou pálida e correu para se sentar e colocar o cinto. O que você acha que aconteceu com os passageiros? É óbvio que aquele comportamento por parte de um tripulante fez que todos ficassem nervosos e começassem a gritar. A atitude daquela jovem provocou o que chamamos de **pânico social**.

O ser humano é um animal social. Todos sentimos um desejo inato de pertencer a algum grupo. Observe, por exemplo, a explosão das mídias sociais. Muitas pessoas julgam seu próprio valor pelo número de amigos virtuais que possuem. E, pelo fato de valorizarmos tanto esse senso de pertencimento, quanto maior o número de pessoas que considera bom ou atraente um produto, uma ideia ou uma tendência, mais essa opinião se torna a correta em nossa mente. **A lei da validação social reconhece e opera sobre o nosso desejo inato de pertencer a um grupo ou a uma maioria.** Ela também entende que costumamos alterar nossas percepções, opiniões e comportamentos de maneira consistente com as normas estabelecidas pelo grupo.[1] Mesmo que nos recusemos a admiti-lo, ou até a percebê-lo, nos **importamos** com o que os **outros pensam**. E, como tal, ao estabelecermos os padrões para os produtos que usamos, os serviços em que confiamos e as decisões que tomamos, nos baseamos nas atitudes alheias.

Buscamos descobrir o que os outros estão fazendo a fim de validar nossas próprias ações. É assim que definimos o que representa um comportamento correto ou padrão. Percebemos uma atitude como adequada quando vemos outras pessoas agindo de tal maneira. Quanto maior o número de indivíduos que a pratica, mais correta ela se mostra. O professor Kirk Hansen, da Faculdade de Administração de Stanford, demonstrou isso claramente ao baixar repetidas vezes alguns arquivos da Internet, elevando artificialmente o número de *downloads*. A partir daí, ele e sua equipe observaram que, depois daquele aumento forçado nos *downloads*, mais e mais pessoas passaram a baixar os mesmos arquivos, por conta da popularidade registrada nos marcadores. Ou seja, quanto mais populares os arquivos, mais eles eram baixados, e vice-versa. Independentemente de precisarmos saber como reagir em um evento esportivo, como nos comportar em uma festa sofisticada ou simplesmente o que pedir de sobremesa em um restaurante, a validação pelos outros nos fornece as respostas que queremos e, portanto, norteia nossas ações.

Todos buscamos validação. Aprendemos desde cedo que quando seguimos as normas sociais cometemos menos erros. Quando não temos certeza do que fazer, observamos como os outros agem. Se desconhecemos o padrão, apenas olhamos para os lados e o descobrimos. A **lei da validação social** se torna um método de economia de tempo e energia ao se tentar imaginar o que está correto. Usamos o comportamento alheio para guiar nossas ações e validar aquilo que deveríamos ou não fazer. Nem sempre temos de observar os aspectos positivos e negativos de uma situação. Esse gatilho automático evita que tenhamos de pensar. E se encontramos uma discrepância entre o que vemos e o que fazemos, a tendência é que alteremos nosso comportamento de acordo com as normas sociais.

SEGUINDO A MULTIDÃO

A validação social nos compele a mudar nosso comportamento, nossas atitudes e nossas ações, mesmo quando o que observamos não se encaixa exatamente com nossos desejos ou pensamentos. Procuramos por normas sociais que nos ajudem a saber não apenas como deveríamos nos sentir, mas, também, o que deveríamos ver, comprar e fazer. Em sua maior parte, esse não é um processo consciente. De fato, aceitamos muitos comportamentos que são determinados pelo ambiente e pelas atitudes dos outros. Isso ocorre na sala de aula, quando levantamos a mão para poder falar; no teatro, quando mantemos silêncio durante um concerto; ou até no trabalho, em atendimento às exigências da cultura corporativa. Quando nos tornamos parte de um grupo, nossas emoções e nossos sentimentos, outrora divergentes, tendem a convergir.[2]

Em geral, desde que a maioria das pessoas concorde com o que fazemos ou estamos prestes a fazer, sentimos validação social. Nesse sentido, somos todos **conformistas**. Faremos o que a multidão fizer. Não gostamos de admitir isso sobre nós mesmos, mas é verdade. Em última análise, acreditaremos no que a maioria acreditar ou naquilo o que a sociedade disser que devemos acreditar.[3] Somente 5% a 10% da população mundial se envolve em comportamentos contrários às normas sociais. Quando nos sentimos embaraçados ou inseguros quanto ao modo como deveríamos agir em uma situação estranha à nossa realidade – digamos, em uma festa, durante a aula, em uma reunião de família ou no primeiro dia no emprego –, buscamos por indicadores sociais que definam o melhor comportamento.[4] Quando as informações sociais que buscamos são vagas, não sabemos como responder e, assim, continuamos a procurar por pistas sociais.

Vemos essas leis em operação em grupos, organizações, em infomerciais na *Web* e no cotidiano das pessoas. Em todas essas circunstâncias, sempre existe certo padrão ou norma social. Nas empresas, anos de tradição estabelecem procedimentos operacionais padronizados. Pelo fato de querermos nos encaixar nesses grupos e manter nosso relacionamento com eles, acatamos as regras estabelecidas.

VALIDAÇÃO SOCIAL EM OPERAÇÃO

A lei da validação social está sempre em operação, em todos os lugares. De maneira pública, quando passamos a cestinha de doações para ajudar em um projeto comunitário; fazemos a **"ola"** em um evento esportivo; vamos a uma danceteria popular, mesmo quando não gostamos dos arredores; demonstramos medo de erguer a mão e propor uma pergunta ao professor; empilhamos os dez livros mais populares bem na entrada da livraria; escolhemos restaurantes pelas filas mais longas; optamos por filmes de acordo com o que os outros estão comentando; lavamos as mãos em banheiros públicos somente quando alguém nos observa; e/ou somos alocados próximos da janela pelos funcionários dos restaurantes, para que outras pessoas nos vejam e entrem. Afinal, quando não temos certeza do que comer ou assistir, o que fazemos? Buscamos em nosso *smartphone* ou *tablet* pelos restaurantes e filmes mais bem avaliados, não é?

Às vezes, teatros até empregam pessoas para que estas iniciem os aplausos e as ovações. A própria ópera francesa costumava fazê-lo. Esse grupo de indivíduos é chamado de claque, palavra cujo significado em francês é **"aplaudir"**. Quando espectadores veem alguns indivíduos se colocar de pé e bater palmas, eles se sentem mais inclinados a imitá-los. Artistas de rua costumam colocar algum dinheiro no chapéu para atrair doações e, quando os transeuntes percebem que outras pessoas já contribuíram, elas pressupõem que este seja um comportamento apropriado e aceitável. Outras pessoas e instituições também se utilizam dessa mesma técnica: pianistas, atendentes de bar, motoristas de ônibus, indivíduos sem-teto e até mesmo igrejas. O fato é que as pessoas se sentem mais inclinadas a doar quando se veem diante de uma cestinha já parcialmente recheada.

Certa vez, assisti a um jogo de futebol norte-americano entre dois rivais da cidade. Os ânimos estavam acirrados e cada pessoa presente queria que o seu time saísse vitorioso. Havia um torcedor do meu lado usando um megafone para irritar o adversário e sua torcida. Ele só estava tentando se divertir, mas não demorou muito para que um segurança aparecesse e lhe dissesse que não seria permitido usar o aparelho durante o jogo. No estádio lotado, o guardinha se colocou de pé no meio do corredor e insistiu que aquilo era contra as regras, a despeito de o rapaz reiterar que só queria se divertir. Foi então que a pressão social e o processo de validação se estabeleceram. Os torcedores mais próximos começaram a apoiar o rapaz e a dizer que não havia problemas naquele comportamento. O guardinha ainda tentou resistir, mas logo percebeu que a multidão estava se tornando mais firme em seus protestos, e acabou indo embora.

Mesmo o ato de assistir alguém fazendo a coisa certa lhe dará validação social. Por exemplo, em um estudo 10 mil alunos do ensino médio foram solicitados a doar sangue. Os resultados demonstraram que os estudantes que foram expostos a 38 fotos de outras sessões de doação se mostraram 17% mais inclinados a doar sangue que aqueles que não viram as mesmas fotos. Ou seja, ver outros indivíduos fazendo a coisa certa faz que as pessoas validem socialmente a causa e se unam aos esforços.[5] Mesmo em lojas de varejo ou venda de garagem, quanto mais pessoas estiverem presentes, mais fácil será atrair outros a participar.

VALIDAÇÃO SOCIAL: O PODER DO GRUPO

Em um estudo, pediu-se aos participantes que identificassem a fila mais longa entre duas apresentadas na tela. Uma das filas era bem mais comprida que a outra, porém, alguns dos respondentes já haviam sido previamente instruídos a afirmar que a fila mais curta era a mais longa das duas. O resultado surpreendente foi que vários dos participantes que não haviam recebido instruções acabaram cedendo à pressão social e mudando suas respostas! No decorrer do estudo, 75% dos participantes deram a resposta incorreta pelo menos uma vez. Em outro estudo relacionado, pesquisadores determinaram que até mesmo quando a resposta correta é óbvia, indivíduos oferecerão a resposta incorreta 37% das vezes, apenas para estarem alinhados ao consenso geral.[6]

Todos já escutamos o som de risadas gravadas em programas humorísticos de TV, mesmo quando nada de engraçado está acontecendo. Estudos provam que o uso desse artifício por parte desses *shows* é capaz não apenas de influenciar a plateia a rir por mais tempo e com mais frequência, mas de fazê-la avaliá-los como mais divertidos.[7]

Mesmo nas partes do programa em que não há nenhum humor, produtores usam essas gravações para fazer que o público ria. O triste é saber que isso funciona. Há evidências de que essa técnica é mais eficiente quando as piadas são realmente ruins.[8] Quando duas plateias assistem ao mesmo *show* e somente uma delas é exposta à gravação, a que ouviu os risos automáticos sempre ri bem mais que a outra.

Outro estudo foi conduzido para averiguar se diante de pessoas olhando para cima outros transeuntes se sentiriam inspirados a fazer o mesmo. Pesquisadores criaram grupos de tamanhos variados – de 2 a 15 – para que se reunissem em um endereço específico da cidade de Nova York. Uma câmera foi instalada no 6º andar de um edifício para registrar os resultados. Como já era esperado, quanto maior o número de indivíduos olhando para cima, mais pessoas que passavam pela região paravam e repetiam o gesto![9]

Quando participantes de outro estudo foram solicitados a assistir um debate político, descobriu-se que a mera presença de um partidário que apoiava um dos concorrentes já era suficiente para influenciar a avaliação positiva desse candidato pelos outros espectadores.[10] Obviamente, ao receber informações em um ambiente social, a pessoa pode ser levada a percebê-las do modo como o grupo tende a escutá-la.

Todos já deparamos avisos em hotéis pedindo aos hóspedes que respeitem a natureza reutilizando as toalhas e os lençóis fornecidos. Um estudo foi realizado com dois *slogans*. O primeiro dizia simplesmente, "Ajude a proteger o meio ambiente," enquanto o segundo acrescentava uma pequena validação social: "Faça como os outros hóspedes e ajude a proteger o meio ambiente." Essa pequena alteração na frase aumentou em quase 10% a reutilização de toalhas (de 35% para 44%).[11]

O OUTRO LADO DA VALIDAÇÃO SOCIAL

Apatia do espectador

Numerosos estudos demonstram que, quando alguém está em apuros ou necessita de ajuda na rua de uma cidade, conforme o número de transeuntes aumenta, a quantidade de indivíduos que ajuda cai. Esse efeito denominado "apatia do espectador" (*bystander apathy*) ocorre porque, em praticamente qualquer situação, quanto maior o número de pessoas presentes, maior a difusão de responsabilidades. Quando sentimos que as outras pessoas podem se mostrar mais capazes de ajudar que nós mesmos, nosso senso de pressão social é reduzido. Por conta disso, às vezes agimos de maneira oposta ao nosso melhor julgamento, já que todos queremos ser apreciados, aceitos e percebidos como seguidores das normas sociais. Todavia, quando somos parte de uma multidão, não "nos sentimos mais individualmente responsáveis por nossas emoções e ações e, assim, podemos nos permitir gritar, cantar, chorar ou bater sem levar em consideração o temperamento imposto pela responsabilidade pessoal."[12]

Quando em grupos, nossa responsabilidade é distribuída. Às vezes nem sabemos se devemos nos envolver, até porque já existe um grande número de indivíduos prontos para agir. Você já esteve em alguma situação em que, por conta do número de pessoas envolvidas, você simplesmente não se esforçou tanto quanto poderia? Por exemplo, talvez em um projeto acadêmico você não tenha se esforçado tanto como faria se o trabalho fosse somente seu. Diante de um automóvel quebrado na rua, é possível que você tenha até ajudado outros transeuntes a empurrá-lo para o acostamento, mas sem empregar toda a sua força. Alguma vez você viu um automóvel quebrado na beira da estrada, mas, em vez de parar e ajudar, preferiu acompanhar os demais veículos e seguir em frente? O fato é que quando um grande número de pessoas está envolvido, tendemos a imaginar que outro indivíduo irá agir ou até que nossa ajuda é simplesmente desnecessária.

Um caso histórico se destaca como exemplo clássico de apatia do espectador. Certa noite a jovem Catherine Genovese, moradora da cidade de Nova York, foi assassinada quando retornava do trabalho. A verdade nua e crua é que, em uma megalópole como aquela, o assassinato daquela mulher representava apenas um entre inúmeros outros crimes. Justamente por causa disso, o incidente não mereceu mais que algumas linhas no jornal local. De fato, a história de Genovese teria sido esquecida não fosse pela publicidade dada a outro fato relacionado ao assassinato.

Uma semana depois do crime, A. M. Rosenthal, então editor do jornal *The New York Times*, saiu para almoçar com o comissário de polícia da cidade. Ele perguntou ao oficial sobre outro crime ocorrido na região. Este, acreditando que o editor estivesse se referindo à morte de Genovese, revelou uma informação que fora descoberta pela polícia. A morte da mulher não fora uma ocorrência discreta ou velada. Pelo contrário, ela ocorrera de maneira pública e chamativa. De fato, enquanto o criminoso perseguiu aquela jovem e a esfaqueou três vezes ao longo de um período de 35 min, nada menos que 38 vizinhos testemunharam a perseguição de suas janelas, e **sequer chamaram a polícia!**

Rosenthal imediatamente reuniu uma equipe para investigar esse exemplo de apatia do espectador. Logo depois do encontro com o comissário de polícia, o *The New York Times* publicou um artigo de primeira página detalhando o incidente e a suposta reação dos vizinhos:

Por mais de meia hora, 38 cidadãos respeitáveis e cumpridores das leis de Queens, um dos cinco distritos da cidade de Nova York, testemunharam um assassino perseguir e esfaquear uma mulher em três ataques distintos. Por duas vezes as vozes dessas pessoas e as luzes que iluminavam seus quartos interromperam as ações daquele criminoso e o assustaram, mas isso não impediu que ele retornasse em seguida para golpeá-la novamente. Nem uma única pessoa telefonou para a polícia durante o terrível ataque; uma testemunha ligou depois que a mulher já estava morta.[13]

Todos ficaram chocados e desnorteados. Como tantas pessoas podiam ter visto uma cena como aquela e não terem feito nada? Nem mesmo os vizinhos mencionados no artigo souberam explicar aquela reação. As respostas incluíram: "Eu não sei", "Eu estava com medo" e "Eu não quis me envolver." Ou seja, nenhuma das explicações serviu de absolutamente nada. Por que nenhuma daquelas pessoas fez uma simples ligação anônima para a polícia? Diferentes áreas da mídia – jornais, redes de TV, revistas e estações de rádio – realizaram seus próprios estudos e suas próprias investigações para explicar aquele cenário aterrador, e todos chegaram à mesma conclusão: as testemunhas simplesmente não se importavam. Aparentemente, não havia outra explicação ou, pelo menos, era assim que os investigadores pensavam.

Mas você realmente acha que 38 pessoas simplesmente não se importaram o suficiente para fazer uma ligação anônima? Será que os pesquisadores nunca ouviram falar de difusão de responsabilidade? Os vizinhos não reagiram porque acreditaram que outra pessoa iria ajudar a jovem ou chamar a polícia. A maioria de nós é gente boa. Se cada um daqueles vizinhos soubesse que dependia dele chamar a polícia e pedir ajuda, o chamado teria ocorrido.

Diante de situações de emergência, a apatia do espectador ocorre, e as chances de ajuda caem, quando as pessoas deixam de ajudar por conta da presença de outros espectadores não receptivos. Outro experimento conduzido em Nova York evidenciou a tendência à apatia do espectador. Na experiência, pesquisadores pediram a alguns participantes que respondessem a um questionário dentro de uma sala. Alguns dos integrantes foram colocados sozinhos na sala; outros, em grupos de três. Depois de alguns minutos, a sala começou a ser invadida por fumaça por debaixo da porta. O estudo concluiu que, quando a fumaça foi percebida por um único indivíduo, 75% deles reportaram a ocorrência. Entretanto, quando o grupo era composto de mais pessoas, o índice de informação caiu para 38%. E quando no grupo dois participantes encorajaram o terceiro a não fazer nada, o índice caiu ainda mais, chegando a 10%. Lembrando que, em certas ocasiões, a fumaça foi espessa o suficiente para dificultar o preenchimento do questionário.[14]

Desindividuação

O termo **desindividuação** foi cunhado pelos psicólogos sociais Festinger, Pepitone e Newcomb[15] e se refere ao modo como, em situações de grupo, nos tornarmos menos autoconscientes ou preocupados com a maneira que seremos avaliados por outras pessoas.[16] O grupo se torna o foco principal, e menos atenção é dispensada ao indivíduo. Pense em todas as pessoas que você já viu praticando atos de violência, ou ofensivos, ao vivo em grandes eventos esportivos. Você acha que elas fariam isso se estivessem sozinhas? A desindividuação significa que, em grupo, nos sentimos anônimos e, portanto, menos individualmente responsáveis por nossas ações, o que geralmente nos leva a dizer e a fazer coisas com as quais normalmente não nos sentiríamos confortáveis.

Um estudo mostrou como a desindividuação pode levar a comportamentos antissociais.[17] Durante uma celebração de Dia das Bruxas em Seattle, no Estado de Washington, pesquisadores avaliaram 1.352 crianças que participaram das brincadeiras de "doce ou travessura" (*treat or trick*) – sozinhos e em grupo – e tiveram a chance de roubar doces de 27 residências da cidade. Os pesquisadores imaginaram que essa data seria perfeita para conduzir esse estudo porque as crianças estariam fantasiadas, o que as tornaria ainda mais anônimas. O fato é que quando as crianças chegaram às casas – onde já eram esperadas por membros do estudo – elas foram informadas de que só poderiam escolher um único doce. Então, depois de perguntar o nome de algumas delas, os supostos proprietários das casas as deixaram sozinhas, com a desculpa de apanhar alguma coisa. Observadores ocultos anotaram cuidadosamente o modo como as crianças se comportaram: quando sozinhas, 7,5% apanharam mais de um doce, mas, em grupos, esse número subiu para 20,8%. Outro fato interessante foi que, quando anônimas, as crianças se apoderaram de mais doces do que quando haviam informado o nome ao dono da casa. A desindividuação fez que vários participantes da brincadeira agissem de forma contrária ao que é **socialmente aceitável** e, assim, **roubassem mais doces.**

A qualquer momento em que nos vemos como parte de um grupo nos sentimos mais suscetíveis à pressão de nossos pares e/ou a opiniões alheias. Quanto maior a conexão, a similaridade ou o respeito que sentirmos pelo grupo, mais as opiniões de seus integrantes contarão, e, portanto, mais nos veremos pressionados a alinhar nossas opiniões às deles. Mesmo quando não concordamos totalmente com o grupo, nós o acompanhamos para nos sentir mentalmente recompensados, em vez de punidos, ou apreciados, ao invés de desprezados. Esse comportamento ocorre independentemente de ser parte de uma cultura corporativa, uma regra ou uma mera suposição de que todos os demais estejam corretos.

VALIDAÇÃO SOCIAL E *MARKETING*

Quanto mais anunciada é uma marca, mais ela é percebida como popular e familiar. Como consumidores, de algum modo inferimos que um produto é popular simplesmente porque é anunciado. Quando as pessoas compram presentes umas para as outras, a prova social é a técnica mais eficiente que um vendedor pode usar.[18]

Muitos profissionais de vendas alcançam grande sucesso ao dizer aos clientes que um determinado produto é o mais vendido e o mais popular da loja. Essa validação social aumenta a credibilidade do item. Quando sentem que algo é uma tendência, os clientes gastam mais dinheiro para adquiri-lo, mesmo que não existam outras provas além da palavra do vendedor. O mesmo ocorre com a publicidade: assegurar que um produto é superdesejado, extremamente popular e vendido com a maior rapidez do mercado já representa prova suficiente para o consumidor. Com frequência, tudo de que o cliente precisa para comprar um produto é percebê-lo como popular.

O fato é que a criação e o uso da validação social estão desenfreados: clubes noturnos se apresentam como "os lugares onde as pessoas deveriam estar," simplesmente permitindo a formação de longas filas na entrada – mesmo quando estão quase vazios. Vendedores frequentemente reafirmam o enorme número de pessoas que já usam o produto ou serviço que estão tentando comercializar. Você também já percebeu que as referências são a melhor fonte de validação social. Cavett Robert, consultor nas áreas de vendas e motivação, ofereceu a melhor definição: "Já que **95%** das pessoas são **imitadores** e somente

5% são **iniciadores**, as pessoas são mais persuadidas pelas ações de seus pares que por qualquer prova que lhes possa ser oferecida."[19]

FAZENDO A VALIDAÇÃO SOCIAL FUNCIONAR

O poder da validação social pode ser usado em seu próprio benefício em qualquer situação de persuasão. É mais provável que as pessoas passem a utilizar seu produto ou serviço quando ele é **socialmente validado**. As pessoas estão sempre olhando para o lado e se comparando a outras para verem se estão devidamente alinhadas. Se sentirem que, por alguma razão, estão distantes do resto do grupo, é praticamente certo que elas o acompanharão.

> **COMO É POSSÍVEL AUMENTAR A VALIDAÇÃO SOCIAL? SEU PRODUTO OU SERVIÇO...**
>
> ➤ É campeão de vendas?
> ➤ É o número um?
> ➤ Está entre os 10 mais vendidos?
> ➤ É aquele cujas vendas têm crescido mais rápido?
> ➤ É o mais popular?
> ➤ É a mais nova tendência?
> ➤ É um item padrão?
> ➤ É o que apresenta maior número de exibições na Internet?

Considere as seguintes maneiras para aumentar o efeito da validação social em seu benefício:

➤ Quanto maior o grupo, melhor, pois maior será o número de pessoas que vai se alinhar a ele. A teoria social mostra que quando um grupo cresce, o mesmo ocorre com a conformidade das pessoas em relação a ele.

➤ Quanto maior a similaridade, melhor. Quanto mais um indivíduo se identifica com um grupo, mais essa pessoa se sente influenciada a mudar seu comportamento e/ou suas opi-

niões. A validação social é mais poderosa quando oferecida por pessoas que são exatamente como nós.[20] De modo geral, quando estamos avaliando a compra de um produto, preferimos a validação e/ou as experiências de indivíduos comuns que se assemelham a nós.[21]
- ➤ Quanto mais claro estiver o princípio da validação social, melhor. Encontre o melhor tipo de validação social. Seu produto é parte de uma tendência? Ele é usado pela elite? Ou seria um padrão do setor? Quem usa o seu produto? Você tem testemunhos de outros clientes ou usuários?

VOCÊ É CONFIÁVEL AOS OLHOS DO SEU CLIENTE?

A **credibilidade** é um aspecto importante da validação social. Você pode ser a pessoa mais esperta e mais qualificada do seu setor, mas, se não for essa a percepção alheia, você não terá credibilidade. Todavia, é possível transferir (tomar emprestada) credibilidade de outras pessoas. Assegure-se de associar a si mesmo ou o seu produto a pessoas ou empresas que sejam respeitadas e admiradas pelo seu cliente. Pesquisas mostram que testemunhos de clientes sempre afetam positivamente o poder de persuasão dos anúncios.[22]

Mas é preciso ser cuidadoso ao exibir e sustentar sua credibilidade. Se exagerar na lista de realizações ou títulos acadêmicos poderá ser percebido como **egocêntrico**. Utilize-se de formas menos diretas ou autoproclamadas de mostrar ao público quão competente você é. Por exemplo, pode pendurar seus diplomas na parede ou pedir a alguém que recomende você e sua empresa.

COMO AUMENTAR A CREDIBILIDADE

- ➤ Esteja preparado.
- ➤ Mantenha uma aparência profissional.
- ➤ Use referências.
- ➤ Seja apresentado.
- ➤ Use fatos e/ou estatísticas confiáveis.

- Revele suas qualificações.
- Mantenha ambientes externos profissionais.
- Obtenha mais testemunhos.

EFEITO REVERSO

A validação social não irá funcionar se não houver credibilidade ou se suas afirmações não forem críveis. Quando você usa testemunhos que parecem bons demais para ser verdade, essa técnica pode gerar um efeito reverso. Aprenda a usar a credibilidade alheia utilizando-se testemunhos, endossos e referências.

ESTUDO DE CASO

Eu estava ajudando uma cliente a tornar suas páginas na *Web* mais persuasivas. Tudo parecia em ordem: as ofertas eram ótimas; o *site* tinha boa aparência; as cores empregadas estavam certas; e as soluções disponibilizadas iam ao encontro do que as pessoas buscavam. Entretanto, o *site* não parecia ser tão atraente quanto ela desejava. Embora parecesse profissional e apresentasse tráfego de visitantes elevado, as vendas não estavam acontecendo. Usando a lei da validação social, o que você recomendaria?

Eu disse a ela que ninguém acreditaria na própria história de sucesso tanto quanto acreditaria na história alheia. Ela tinha algo a ganhar. Seu produto, seu *site* e seu lucro. Uma parte neutra aumentaria sua credibilidade e validação social. Aumentamos o número de testemunhos e, com isso, dobramos as vendas. A validação social é tomar emprestado a credibilidade e a confiança de outras pessoas. No final, as pessoas sempre acreditarão nos outros antes de acreditarem em você.

Recursos adicionais: Áudio com os 5 Cs da confiança (maximuminfluence.com)

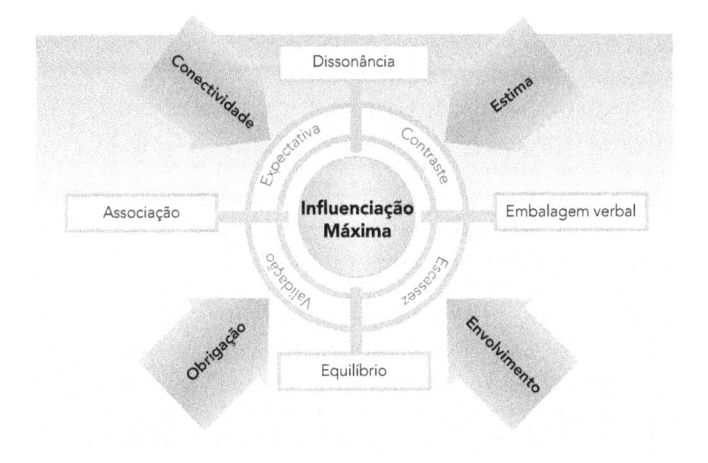

CAPÍTULO 14

A lei da escassez

Faça que todos ajam de maneira imediata

"Sem um senso de urgência, o desejo perde seu valor." – Jim Rohn

Você certamente já ouviu histórias e talvez até já tenha experimentado a tensão. É véspera da *Black Friday*! – evento que acontece atualmente em vários países e é inspirado na grande promoção realizada um dia após o feriado de Ação de Graças nos EUA. As pessoas nem conseguem dormir por conta do estoque limitado que será oferecido pelas lojas – elas precisam ter certeza de que chegarão cedo o suficiente aos estabelecimentos para aproveitar o melhor negócio de suas vidas. Ouvimos diversas histórias de brigas, discussões e de pessoas que ficam histéricas nas filas esperando pelas ofertas imperdíveis. Será que esses indivíduos são seres humanos? Será que eles convivem conosco em nossa comunidade? Confesso que, às vezes, não tenho muita certeza disso. O fato é que, diante de um número limitado de produtos, é possível vislumbrar um outro lado da humanidade. Se as pessoas sentirem, por um minuto apenas, que serão privadas de algo de que precisam, que desejam e merecem, tome cuidado. **Isso é escassez em ação!** Quando o número de itens disponíveis é limitado, ou seja, quando são escassos, e você fura a fila, reações inimagináveis podem ocorrer.

A empresa eBay também é especialista em enlouquecer os clientes com a **escassez**. Eu encontro um item de que gosto e faço uma oferta razoável, prometendo a mim mesmo que não aumentarei a oferta. Porém, sempre acabo cedendo. Logo chega um aviso de que outra pessoa fez uma oferta maior e eu simplesmente não consigo acreditar nisso. Então o medo da escassez começa a fazer efeito e eu penso, "Mas e se eu não conseguir encontrar esse item novamente?" e "E se ele se tornar mais caro no futuro?" É óbvio que o outro participante considera o produto ainda mais valioso que eu. É aí que eu passo a desejar ainda mais o produto e a oferecer cada vez mais do que havia planejado. Em geral, a excitação de ganhar supera a dor de pagar mais caro.

POR QUE A ESCASSEZ NOS DEIXA SELVAGENS?

A lei da escassez afirma que quanto mais escasso um item se torna, mais seu valor aumenta e mais as pessoas se tornam ávidas por possuí-lo. Pelo simples medo de perderem uma boa oportunidade, a escassez leva as pessoas a tomarem atitudes rápidas. Essa lei desempenha um papel importante no processo de persuasão. Boas chances são sempre mais valiosas e estimulantes quando são escassas e, portanto, menos disponíveis. Queremos ser os donos de itens raros ou simplesmente os últimos a pegar um item valioso na prateleira.

Sempre que as opções disponíveis são limitadas ou ameaçadas, nós, seres humanos, precisamos adquirir nosso quinhão, o que nos faz desejá-las ainda mais. A escassez eleva o valor de qualquer produto ou serviço. A possibilidade de perder o acesso a alguma coisa antes mesmo de ter a oportunidade de possuí-la faz que as pessoas se mobilizem. Não queremos perder algo que poderíamos ter em mãos. Precisamos superar quaisquer restrições. Nessas circunstâncias, nos sentimos agitados e queremos reaver nossa liberdade, o que, por sua vez, cria tensão e gera desconforto. A **lei da escassez** não se refere somente a produtos físicos; ela também está relacionada a tempo, a informação, a preço e a conhecimento.

Trata-se da lei mais **implementada** e **abusada** entre todas as LPs, todavia, sua utilização sempre se dá da maneira incorreta. Com que frequência uma loja de móveis fecha? Você realmente acredita em um vendedor quando ele diz que algo, por exemplo, um par de calçados, é "o último" no seu tamanho? E quantas vezes você foi incentivado por um atendente a comprar um produto agora porque a promoção termina "naquele dia"? Essa lei funciona, mas somente quando usada da maneira adequada.

A AMEAÇA DE UMA PERDA POTENCIAL

A qualquer momento em que as pessoas sentem que sua liberdade – de escolher, pensar ou agir – está sendo ameaçada, elas tentam restaurá-la.[1] Ironicamente, para enfrentar essa restrição, sentimo-nos psicologicamente impulsionados a agarrar o item que tememos que seja restringido. De repente, aquele produto limitado se torna ainda mais importante para nós. Pesquisadores chamam a essa tendência de **reatância psicológica**.[2] Trata-se de um intenso estado motivacional. Quando sentimos uma ameaça à nossa liberdade ou capacidade de escolher, a reatância nos torna emocionais, obcecados e até mesmo irracionais. Nesse momento, agimos no sentido de resgatar tal liberdade. Odiamos a ideia de sermos restringidos, então nos mostramos supermotivados a resolver qualquer circunstância que provoque tal sensação. É por causa da reatância que desejamos algo e agimos de modo imediato para consegui-lo.

A reatância psicológica se desenvolve ainda durante nossa infância. Um estudo envolvendo um grupo de bebês do sexo masculino ilustra o poder da lei da escassez, até mesmo nessa tenra faixa etária. No estudo, vários bebês foram colocados em uma sala em que havia dois brinquedos igualmente interessantes. Porém, uma barreira foi colocada na frente de um deles. Ela não era muito elevada, então, algumas das crianças – as mais altas – podiam simplesmente se esticar sobre ela e agarrar o brinquedo desejado. Para as mais baixas, entretanto, a barreira não permitia o acesso. Nesse caso, a única maneira de conseguir pegar o brinquedo seria dando a volta no obstáculo. Os pesquisadores desejavam ver se o brinquedo cujo acesso estava obstruído atrairia mais atenção e se tornaria mais desejado. No final, os meninos que conseguiram facilmente acessar o brinquedo atrás da barreira não demonstraram maior preferência nem pelo bloqueado nem pelo desbloqueado – eles se aproximaram de ambos com a mesma frequência e rapidez. Porém, para os garotos que não conseguiram se esticar sobre a barreira, o brinquedo obstruído se tornou rapidamente o objeto de desejo. De fato, os bebês conseguiram tocá-lo com mais frequência e rapidez que a registrada com o brinquedo não obstruído![3] Ficou claro, portanto, que até mesmo crianças pequenas demonstram necessidade de desafiar a **restrição de escolha!**

A lei da escassez funciona porque faz que as pessoas se sintam como se fossem perder uma oportunidade de agir e escolher se não o fizessem imediatamente. Esse tipo de ameaça cria urgência em nosso processo de tomada de decisão. Você já reparou o modo como as pessoas tendem a se mostrar mais motivadas quando estão diante da possibilidade de perder algo do que quando poderiam claramente agir no sentido de obter outra coisa de igual valor? Estudos já atestaram que esse é um fenômeno comum e consistente.[4] Por exemplo, se proprietários de imóveis fossem informados da quantidade de dinheiro que perderiam se não aprimorassem a vedação nas janelas **ou** do quanto eles pouparíam se o fizessem, qual das mensagens você acha que criaria um sentimento de urgência e os forçaria a agir? Em geral, essas pessoas se sentiriam bem mais propensas a agir se fossem informadas de potenciais perdas.[5]

VOCÊ NÃO PODE POSSUIR

O gatilho mental da perda potencial de um produto causa nas pessoas uma ansiedade tão forte que elas agem para impedi-la, mesmo que o tal produto não seja assim tão interessante para elas. Imagine ter toda uma semana para tomar uma decisão, sabendo que o objeto do seu desejo continuará lá, à sua espera e pelo mesmo preço. É bem possível que, no final, essa decisão leve dias, semanas ou até meses para se concretizar.

Porém, quando a escassez entra em cena, e você sente que a disponibilidade do produto, o momento adequado e até o preço poderão mudar sem aviso prévio, o desencadeador mental de escassez é acionado. Você, então, é impulsionado a adquiri-lo para aliviar a ameaça da eventual perda. Aquilo que não temos é sempre mais desejável e excitante do que o que já possuímos. Como diz o ditado: "A grama é sempre mais verde do outro lado da cerca." Qualquer pai ou mãe sabe o resultado de dizer a um filho que ele não pode ter ou fazer algo. O rebento imediatamente atira tudo o que tem no chão e exige exatamente aquilo que lhe falta. Como um ótimo exemplo, basta recordar a natureza proibida da relação entre Romeo e Julieta que acabou se tornando ainda mais forte e atraente para ambos. Por causa disso, os pais precisam ser cautelosos ao proibir relacionamentos amorosos e de amizade dos seus filhos ou a lei da escassez poderá voltar para assombrá-los.

A maneira pela qual um objeto se torna escasso também contribui para torná-lo ainda mais desejado. Em um estudo interessante, dois grupos de participantes foram brindados com dois potes de biscoitos contendo 10 unidades cada. Então, esses potes foram recolhidos e devolvidos com somente 2 biscoitos em seu interior. Um dos grupos foi informado de que os demais biscoitos haviam sido dados aos outros participantes por conta de sua necessidade para o estudo. Ao outro grupo foi dito que o responsável pela experiência havia simplesmente dado a eles o pote errado. No final, os biscoitos que se tornaram escassos por conta da demanda do primeiro grupo receberam notas bem maiores que aqueles que desapareceram por causa do equívoco do experimentador. Aliás, eles receberam as notas mais elevadas entre todos os biscoitos do estudo.[6]

Certa vez, ocorreu uma terrível crise de suprimento de água em Orange County, no Estado da Califórnia (onde eu nasci e cresci). A **seca** foi anunciada como séria por causa da falta de chuva e também da reconstrução de uma adutora central. As autoridades pediram a todos que economizassem água e avisaram que se preparassem para o pior. Informaram que aquilo poderia levar a um racionamento futuro ou até à impossibilidade de as pessoas regarem seus jardins. **O que você acha que aconteceu?** O consumo de água cresceu dramaticamente! A água passou a ser vista como um produto escasso.

Com a possibilidade de racionamento no futuro, todos passaram a molhar seus jardins, a encher suas piscinas e a consumir água antes que ela acabasse.[7]

A LEI DA ESCASSEZ NO MERCADO

O psicólogo Anthony Pratkanis costuma dizer: "Enquanto consumidores, nossa regra de ouro é a seguinte: se é raro ou escasso, deve ser bom e valioso."

Mesmo que não seja em função dos dias que se seguem a feriados de grande apelo comercial – Natal, Dia das Mães etc –, as lojas de departamento compreendem muito bem a lei da escassez. Brigas costumam ocorrer nesses locais quando pessoas vão em busca de itens escassos oferecidos a preços baratos e por tempo limitado. Os preços baixos – muitos produtos chegam a ser vendidos com perdas – funcionam como iscas para atrair mais consumidores para o estabelecimento e gerar um frenesi contagioso. Ofuscados pela possibilidade de escassez, os consumidores comprarão qualquer coisa que encontrarem pela frente, independentemente de precisarem ou não. Por exemplo, nessas ocasiões sempre é possível ver pessoas adquirindo, por exemplo, três DVD *players* de uma só vez. Então você pergunta: "Por que três?" E eles respondem que não fazem a menor ideia. Tudo o que eles sabem é que a loja anunciou que os estoques eram limitados; que a venda só duraria um dia e que cada comprador só poderia levar três unidades do produto, no máximo. Então eles compraram três unidades.

Algumas lojas levam esse conceito de "número limitado" à perfeição. Quando vamos às compras, com frequência gostamos de olhar tudo sem compromisso e de dizer aos vendedores: "Só estou olhando, obrigado." Olhamos para um produto e vemos a etiqueta com a palavra "oferta". Então a vendedora se aproxima e faz o jogo dos números. Ela diz: "É um modelo e tanto, não é? Especialmente por esse preço! Infelizmente acabamos de vender o último." De repente nos sentimos desapontados. Agora que o produto já não está mais disponível, sentimos que realmente desejamos comprá-lo, mesmo que até então estivéssemos apenas levemente interessados.

Perguntamos se não haveria outro no estoque ou quem sabe até em outra filial. "Bem, verei o que posso fazer. Se eu puder conseguir outro pelo mesmo preço o senhor o levará?"

A técnica funciona como mágica. Isso é bizarro, já que sequer percebemos o que está acontecendo. De repente somos solicitados a nos comprometer a adquirir um produto que possivelmente se tornará indisponível e, portanto, incrivelmente desejado. Ameaçados pela possibilidade de perder um bom negócio, concordamos. Então, é claro, a vendedora retorna com ótimas notícias. O mesmo produto será enviado para a loja em três dias e, enquanto isso, tudo o que você terá de fazer é assinar um contrato de compra.

Também vemos a lei da escassez frequentemente empregada por redes de venda pela TV. Elas são ótimas em transformar o tempo e a quantidade disponível em recursos escassos. Um pequeno relógio sempre está ativado no canto da tela, assim como um contador de vendas, cujo número às vezes cai. Então, o vendedor diz: "Temos apenas quantidade limitada desse produto no estoque e, quando acabar, não o receberemos novamente. Essa será a última vez que ele estará disponível." Você tem poucos minutos para comprar o item precioso – o **produto do século** –, e o relógio continua a lhe mostrar que essa é sua última chance. Ah, você também ouvirá que "o produto não está disponível nas lojas físicas."

Criando demanda: é possível dizer "estoque limitado"?

O dono de uma bem-sucedida empresa de importação de carne decidiu conduzir um estudo entre o seu pessoal. Ele pediu a alguns membros de sua equipe que contatassem os clientes da companhia e, valendo-se de três diferentes abordagens, lhes sugerissem que comprassem carne. Ao primeiro grupo de clientes foi feita uma apresentação normal do produto; ao segundo, foi feita a apresentação e fornecida uma informação adicional: havia evidências de que nos próximos meses o produto estaria escasso no mercado; ao terceiro grupo foram passadas as mesmas informações anteriores, com apenas um pequeno adendo: aqueles dados não seriam disponibilizados para o grande público, ou seja, a informação transmitida era exclusiva da empresa. De modo não surpreendente, a repentina demanda por carne criada por essas ligações excedeu a oferta do produto e a companhia teve de trabalhar duro para atender aos pedidos. Os clientes alertados sobre a escassez de carne compraram duas vezes mais que os membros do primeiro grupo, cuja apresentação fora simples; já os clientes que foram avisados sobre a falta e também sobre o fato de a informação ser confidencial, adquiriram seis vezes mais carne que o primeiro grupo![8]

Como já mencionado, algumas danceterias populares continuam a manter filas de espera nas calçadas porque isso as faz parecer mais desejáveis e modernas. Esses locais não eliminam suas filas aumentando seus preços, pois, o ato de erradicar as filas eliminaria o fator escassez, e a demanda cairia. Isso também acontece quando compramos passagens aéreas *on-line*. Ao lado do preço especial há um aviso de que somente quatro assentos estão disponíveis por aquele preço.

E quando um fotógrafo profissional tira fotos do seu filho em algum evento na escola? Ele tira dez fotos e então envia pelo correio as provas de todas elas. Você é instruído a escolher aquelas que preferir e a informar a quantidade de cópias que deseja para cada uma. Mas também há um aviso de que todos os arquivos serão deletados se você não comprar as fotos até certa data. Diante disso, é óbvio que você conclui que o melhor a fazer é adquirir todas elas imediatamente, ou não terá essa chance depois!

Criando atração

Quando uma mulher deseja parecer mais atraente para o homem de seus sonhos, ela cria **atração!** Por exemplo, em vez de simplesmente marcar um encontro com o sujeito em um clube ou bar, ela pode dar um jeitinho de se encontrar casualmente com ele enquanto está acompanhada de outro sujeito bonito e bem-sucedido. Nesse caso ela certamente parecerá mais desejável e atraente.

Ou, se você estiver no setor imobiliário, você seria esperto em mostrar o imóvel a várias pessoas ao mesmo tempo, pois o interesse de um cliente irá certamente aumentar o do outro. Em vez de o seu cliente potencial pensar: "Certo, vou dar uma enrolada aqui", ele pensará: "Acho melhor me apressar nisso, ou o outro sujeito fechará o negócio antes que eu!"

Nos tribunais, os juízes sempre têm de lidar com a possível influenciação do corpo de jurados por informações escassas ou secretas. Atuando de maneira estratégica, advogados costumam introduzir nos julgamentos dados que o júri não consegue avaliar. Quando isso ocorre, o juiz pode declarar o julgamento nulo (o que é raro) ou dizer ao corpo de jurados para ignorar a informação. Na maioria dos casos, quando o júri recebe essa última instrução, isso faz que os dados sejam ainda mais validados na mente dos participantes. Em um estudo realizado pela Faculdade de Direito da Universidade de Chicago, um falso júri foi incumbido de decidir sobre o valor que seria pago em um processo de indenização. Em um dado momento, um dos professores declarou que o réu tinha seguro e, com isso, a indenização subiu em 13%. Porém, quando o juiz disse ao júri que eles deveriam ignorar aquela informação, em vez de cair, o valor aumentou ainda mais, chegando a 40%. Ou seja, a informação que foi censurada foi ainda mais considerada, aumentando o ressarcimento em US$ 13 mil![9]

TÉCNICAS COTIDIANAS PARA SUSCITAR ESCASSEZ

- Exigências criadas por casas noturnas para membros especiais.
- Comercialização dos DVDs Disney com desconto somente uma vez ao ano.
- Garantia de reserva de assentos pelas companhias aéreas somente por 24h, com o alerta de que "as poltronas reservadas poderão ser cedidas."
- Colecionadores especializados em antiguidades difíceis de encontrar.
- Vendas por encerramento de atividades.
- Ofertas para produtos não disponíveis em lojas.
- Ofertas exclusivas e válidas por um único dia.
- Qualificação para empréstimos.
- Vagas limitadas em comitês.
- Lista de espera para novos consumidores.
- Seleção de apenas 10 pessoas para programas de treinamento.

COMO UTILIZAR A LEI DA ESCASSEZ

A escassez nos ajuda a tomar decisões. Porém, de modo geral, tememos o momento de fazê-la, por isso, costumamos adiar nossas deliberações o máximo possível. Precisamos de tempo para pensar. Quando o assunto é persuasão, entretanto, é importante saber que quando um cliente adia uma decisão há grandes chances de que ele jamais irá tomá-la. Talvez você tenha o melhor produto a oferecer a ele – algo de que ele precise imediatamente. Se você permitir que ele vá embora, é provável que ele jamais retorne para lhe dizer: "Certo, eu finalmente me decidi. Vamos fechar o negócio." Criar escassez ajuda seus clientes a tomar decisões e também elimina a quantidade de tempo que você perde indo atrás de pessoas que ainda estão indecisas sobre o seu produto ou serviço.

É possível criar escassez legítima com o seu produto ou serviço sem violar seus padrões de conduta. Na área de vendas, essa urgência é chamada de encerramento da oferta. Se você tira do seu cliente a oportunidade de se envolver com o seu produto ou serviço, ele naturalmente irá desejá-lo mais. Essa estratégia também funciona bem quando você quer ver se o cliente potencial está realmente interessado no que você está oferecendo. Se você está empacado e não sabe quanto tempo ainda deseja investir nesse cliente, ou se percebe que ele está apenas dando uma olhada no seu produto, mas não deseja tomar uma decisão, encerre a oferta. Qualquer pessoa que esteja verdadeiramente interessada em seu produto se mostrará mais disposto a conversar. Se esse não for o caso, o cliente se afastará. De qualquer maneira, você terá economizado tempo e energia.

Quando você quiser aumentar o impacto da escassez e adaptá-la a diferentes personalidades, certifique-se de abrandá-la com algum tipo de retribuição. Por exemplo: "Esta oferta termina hoje (escassez), mas se assinar o contrato ainda hoje eu lhe darei seis meses extra de suporte (retribuição)."

Para criar escassez, tenha a certeza de possuir pelo menos um dos elementos a seguir:

> ► **Prazo** – Estabeleça junto a seus clientes potenciais um "prazo final" ou "ponto sem retorno." Todos trabalhamos com

prazos, tanto na vida pessoal quanto profissional. Os prazos nos fazem agir. Se não houver razão imediata para tomarmos uma atitude, simplesmente não o faremos. Muitas pessoas não pagam suas contas até serem forçadas a fazê-lo. Aliás, julgando pelo número de acessos ao *site* da receita federal no último dia de abril, a maioria das pessoas só entrega a declaração de imposto de renda no último minuto possível. A falta de prazos e de consequências significa estagnação.

- **Espaço, números ou acesso limitados** – Se os clientes potenciais sentirem que estão competindo por um recurso limitado, eles se sentirão mais motivados a agir. Quando as pessoas veem que ficarão fora de um bom negócio, elas percebem a urgência em tomar uma atitude. Pense nos compradores durante queimas de estoque. Eles precisam se apressar e olhar tudo antes que os produtos desapareçam completamente. Afinal, diante do estoque reduzido, se não forem rápidos perderão para sempre aquela ótima oportunidade! Esse tipo de limitação também pode incluir o acesso a informação. Quando o nosso acesso é cerceado, imediatamente demonstramos maior desejo em obter os dados proibidos ou limitados a assinantes e, inclusive, passamos a considerá-los mais relevantes de valiosos.[10]

- **Perda potencial** – Clientes potenciais precisam reconhecer o fato de que, se não aproveitarem as ofertas apresentadas, poderão ter suas ações limitadas. As pessoas sempre valorizam mais os produtos que se tornam restritos. Crie um estado de espírito em que seus clientes tenham medo de perder suas ofertas e sintam as consequências negativas de não agir no momento certo. Esse sentimento avassalador não poderá ser ignorado. Motivados pela restrição, seus clientes potenciais se tornarão compradores emocionalmente motivados. Eles não aceitarão ficar de fora. E quanto mais você o fizer, mais energia sua causa reunirá. Você negou aos clientes o direito de ter acesso a algum produto/serviço, e eles farão de tudo para tê-lo(s) de volta.

- **Liberdade restrita** – Queremos o que não podemos conseguir. Quando somos informados de que um produto está ou ficará indisponível, é aí que necessitamos ainda mais dele. Nosso desejo aumenta, assim como nossa urgência em agir. Crie um cenário no qual seus clientes saibam que sua oferta somente será válida por um período específico. Diga a eles que terão de agir agora para aproveitar a oportunidade ou ficarão de fora. Essa técnica funciona bem porque todos já abrimos mão de ofertas desse tipo e, então, quando mudamos de ideia, percebemos que elas já não existiam. Vá até lojas que estão queimando seus estoques e verá etiquetas de "vendido" em muitos itens. Eles criam urgência porque o cliente percebe que outra pessoa já fez um bom negócio e que, portanto, ele deveria fazer o mesmo.

LISTA DE ESCASSEZ

- Características únicas.
- Exclusivo.
- Informação secreta.
- Adesão a um grupo fechado.
- Seleção para um grupo.
- Desconto especial.
- Limitações de tempo.
- Estoque limitado.
- Evento iminente.
- Possibilidade de ficar de fora.
- Produto raro ou único.
- Moderno e sofisticado.
- Nova informação.
- Limitação – máximo de 4 unidades.

Três elementos fundamentais são necessários para se criar escassez legítima:

1. **Credibilidade** – É preciso que haja uma boa razão para a escassez. Ela faz sentido? Ela é percebida como legítima? Ela pode ser claramente compreendida?

2. **Escolha** – Quando influenciado ou ameaçado da maneira errada, o cliente pode resistir ou até fazer o contrário do que você deseja.[11] Ele precisa sentir que tem a possibilidade de escolher, e não que está sendo colocado contra a parede.
3. **Alternativas** – O cliente quer ou precisa do seu produto/serviço? Há alternativas fáceis? Quando o cliente retornar, o produto/serviço ainda estará disponível?

EFEITO REVERSO

Se o seu cliente se sentir colocado contra a parede ou não tiver necessidade imediata de adquirir seu produto, a lei da escassez **não funcionará**. Além disso, se a escassez informada parecer inventada, essa técnica também fracassará. Quando um cliente se sente ameaçado em sua liberdade, o tiro pode sair pela culatra e, inclusive, causar o efeito oposto ao desejado.

ESTUDO DE CASO

Uma academia de artes marciais estava preocupada com a dificuldade em persuadir interessados que ligavam em busca de informações a irem até o local para verificarem as vantagens do serviço. Os atendentes sempre faziam propaganda de um tipo de aula específica que era mais lucrativa para o negócio. Quando os clientes potenciais ligavam, a equipe respondia a todas as perguntas, fornecia horários e dizia que ainda havia muitas vagas em todas as turmas. Todos eram informados de que poderiam vir à academia quando quisessem para ver de perto todas as opções. Todavia, apenas um pequeno percentual desses contatos comparecia ao local. Usando a lei da escassez, como você ajudaria o empreendimento a aumentar esse número?

Eles criaram urgência ao dizer: "Vejamos se ainda temos vagas disponíveis. A procura costuma ser grande, então, para garantir atenção individualizada e personalizada só matriculamos um número máximo de alunos por sala, mantendo as turmas pequenas." A partir daí as pessoas que telefonavam em busca de informações acabavam indo até a academia e, com isso, o número de matrículas aumentou.

• •

Recursos Adicionais: Perguntas sobre como aumentar sua escassez (maximuminfluence.com)

CAPÍTULO 15

Os segredos da influenciação máxima

Seu *check-list* de pré-persuasão

"Antes de qualquer outra coisa, preparar-se é o segredo para o sucesso."
— Henry Ford.

Uma companhia de médio porte se preparava para fazer negócios com uma empresa de arrendamento de funcionários (terceirização) e, depois de analisar várias opções, se limitou a avaliar as apresentações de duas concorrentes. O representante da primeira não estava devidamente preparado para isso, portanto, sua apresentação não correu como o planejado. Monitorando o processo, pude perceber que, por conta do nervosismo, ele começou a exagerar em suas explicações. Então, o gerente o interrompeu e disse de maneira direta: "Eu já sei de tudo isso que você está falando. Você poderia apenas me responder algumas perguntas?" O representante passou a responder às questões levantadas como se fossem ameaças e logo as coisas começaram a degringolar. Mais uma vez, ele se concentrou em descrever todas as características e os benefícios do programa de sua empresa, e a enfatizar o quanto ela poderia ajudar o cliente. Isso acabou gerando ainda mais perguntas.

Por fim, o gerente perguntou ao representante que percentual da folha de pagamento isso custaria à contratante. Surpreso, o rapaz simplesmente informou um número específico, e o gerente retrucou, dizendo: "Mas esse número me parece alto." Isso fez que o representante informasse um valor menor, mas o gerente contra-atacou, perguntando: "Será que você não conseguiria melhorar essa oferta?" Daí o rapaz voltou a reduzir o número e, depois de 10 min, o total já havia caído em 30%. O pobre representante estava negociando consigo mesmo e, conforme eu descobriria mais tarde, o número final oferecido quase não gerava lucro algum para sua empresa. Posteriormente, o gerente da contratante me revelou que ficara satisfeito com o primeiro valor apresentado, apenas queria saber aonde aquela negociação os levaria. No jogo dos negócios, ou você ganha investindo em boa preparação ou perde receita e oportunidades.

Para se tornar um persuasor eficiente, você não pode usar as mesmas técnicas o tempo todo nem com todos os clientes. É preciso customizar sua mensagem para atender aos interesses, às necessidades e aos valores do seu público-alvo. Este capítulo apresenta o que eu denomino de "*check-list* de pré-persuasão." Ele o ajudará a adaptar suas técnicas de persuasão a cada tipo de público, e de maneira efetiva. As raízes desse *check-list* estão em uma sólida compreensão 1º) da psicologia humana, 2º) das maneiras de se lidar com a resistência e 3º) de métodos eficazes de estruturar apresentações persuasivas. Esse é o conhecimento necessário para garantir que o *check-list* de pré-persuasão funcione em qualquer situação.

Toda e qualquer batalha é primeiramente vencida dentro da mente humana. Você precisa estar mentalmente preparado para persuadir. Sei que você é uma pessoa ocupada, mas o preparo é um ótimo exemplo de bom gerenciamento de tempo e representa um grande estímulo à sua confiança e produtividade. Prepare-se conhecendo o máximo sobre o seu público. O processo de persuasão pode ser considerado como uma engenharia de apresentação. Ao invés de simplesmente tentar decidir o curso de ações ao longo do caminho, e com base apenas em suas percepções, é crucial que você esquematize suas técnicas persuasivas. Preparar-se é como programar o GPS antes de sair com o carro: você precisa saber aonde está indo, que rota irá escolher e quais são as condições da estrada e do tráfego. A persuasão funciona do mesmo modo. Sentir-se competente e preparado aumenta sua motivação, reduz o medo e aprimora sua habilidade de influenciar. Lembre-se de três elementos fundamentais: **descobrir, projetar** e **comunicar**.

- Descubra o que seus clientes potenciais querem e precisam ouvir.
- Projete e estruture uma apresentação persuasiva, poderosa e eficiente.
- Comunique sua mensagem com paixão, compaixão e propósito.

Cada um de nós tem sua própria **"programação pessoal"**. Como persuasor efetivo, você precisa saber decifrar o código do seu cliente. A maior parte desse código se mantém escondida para os olhos não treinados, portanto, você terá de saber o que está procurando. Considere o modo como os códigos são usados na programação de *softwares* e aplicativos na área de telefonia. Dentro de cada programa está um código que permite (ou não) o seu funcionamento. Também são eles que fazem que cada programa pareça e atue de maneira distinta. Cada um deles possui códigos ocultos que são difíceis de descobrir e compreender. De modo similar, cada um de nós possui códigos aparentes e ocultos. Eles representam a soma não apenas de nossas crenças, experiências, motivações, atitudes e personalidade, mas também de nossos pensamentos e valores. A chave para você se tornar um persuasor efetivo está na decodificação do cliente e/ou da situação. Isso lhe permitirá definir a melhor maneira de se adaptar ao público-alvo e de persuadi-lo.

A capacidade para descobrir e interpretar códigos surge com o conhecimento e a experiência, portanto, quanto maior seu entendimento e sua compreensão, mas fácil será decifrá-los.

Os itens a seguir compõem o *check-list* de pré-persuasão:

Mudança – Entre na mente protegida.
Monitoramento do nível de aceitação – Qual o posicionamento do seu público-alvo?
Habilidade de ouvir/escutar – Decifre o código.
Metaprogramação – Seu radar de persuasão.
Apresentações persuasivas – Estrutura vencedora.

MUDANÇA: ENTRE NA MENTE PROTEGIDA

Vida significa mudança; persuasão significa mudança. Como persuasor efetivo, você deve ser capaz de criar e motivar transformações. Compreender a natureza humana é saber que a maioria das pessoas resistirá à ideia de mudar e se protegerá em sua zona de conforto. Tendemos a seguir o caminho da menor resistência. Porém, a mudança é a única coisa capaz de nos tirar do patamar em que nos encontramos. O médico e professor norte-americano Oliver Wendell Holmes disse certa vez: "A mente do homem, uma vez ampliada com novas ideias, jamais retorna à dimensão anterior." Todos queremos nos tornar pessoas melhores e ampliar nossa mente para conseguirmos conquistar cada vez mais, porém, ficamos presos aos nossos padrões diários.

Conforme examina o *check-list* de pré-persuasão, descubra quão resistente a mudanças seu público pode ser. Será que convencê-los será como ultrapassar uma parede de tijolos ou de papelão? Dentro das circunstâncias e do ambiente atual, estariam eles prontos e dispostos a fazer mudanças? Será que eles já estão tentando implementá-las? Alguns de seus clientes certamente irão resistir a suas mensagens persuasivas de maneira aberta e direta. Mas isso é um ótimo sinal, pois indica que eles pelo menos estão ouvindo: a resistência é um sinal de envolvimento. Se o público-alvo não dá nenhum *feedback* é porque ele sequer se deixou envolver pela sua mensagem.

Muitas pessoas não mudarão ou irão resistir a mudanças porque não estão enfrentando desconforto suficiente. Elas apreciam o calor de sua zona de conforto. Elas sabem que precisam mudar, mas a dor desconhecida da transformação é maior que a vivenciada na situação corrente. Para fazer que as mudanças aconteçam você precisa se certificar de que três situações ocorram, seja dentro de você ou no seu público-alvo: 1ª) os clientes precisarão concluir que não há opções e que o compromisso com a mudança deverá prevalecer; 2ª) os clientes deverão estar dispostos a pagar o preço e a persistir mesmo quando se sentirem fracos; e 3ª) você necessita saber exatamente aonde a mudança os levará; como ela afetará a vida de seus clientes e quais serão os resultados finais.

Os maiores obstáculos para a mudança são a **falta de motivação, a falta de conhecimento** e o **medo**. Como persuasor, você precisa criar uma visão para seu público; uma que mostre a ele como as coisas serão no futuro. Quando você consegue fazer que as pessoas visualizem a si mesmas no futuro e testemunhem aonde as mudanças as levará, elas se mostram mais dispostas a abraçá-las. Entenda que os clientes resistirão a quaisquer transformações a menos que você ofereça apoio e instrumentos suficientes para ajudá-los nesse processo. Sem tal compreensão, as atitudes desses indivíduos não mudarão, tampouco suas ações.

MONITORAMENTO DO NÍVEL DE ACEITAÇÃO: QUAL O POSICIONAMENTO DO SEU PÚBLICO-ALVO?

Uma parte importante do *check-list* de pré-persuasão é determinar qual o nível de aceitação do público em relação àquilo que você irá apresentar. Nesse sentido, faça a si mesmo as seguintes perguntas:

- **Conhecimento** – O que o meu público-alvo sabe sobre o tópico que desejo propor?
- **Interesse** – Quão interessado esse público está sobre esse tópico?
- **Histórico** – Qual é a demografia do meu público-alvo?
- **Apoio** – Quanto apoio já existe para as minhas visões (ou quanto falta de apoio)?
- **Crenças** – Quais são as crenças comuns do meu público?

Compreender os tipos de público também irá ajudá-lo a determinar seu nível de aceitação. A seguir, você encontrará algumas categorias de públicos e aprenderá como lidar com cada uma delas.

Público hostil

Esse grupo discorda de você e pode, inclusive, atuar de maneira ativa contra você. Diante de um público hostil utilize as seguintes técnicas:

- Encontre crenças em comum e se coloque do mesmo lado que ele.
- Utilize o tipo de humor adequado e quebre o gelo.
- Não comece sua apresentação atacando o posicionamento dessas pessoas.
- Você deve se concentrar em somente um ponto de persuasão; não fale sobre outras questões que possam desencadear novos desacordos.
- Por causa de suas diferenças, sua credibilidade será questionada. Prepare-se para isso levando consigo dados de estudos realizados por especialistas ou qualquer informação confiável que possa sustentar suas afirmações.
- Eles tentarão encontrar razões para não gostar de você, portanto, não as forneça.
- Não diga a eles que você tentará persuadi-los.
- Expresse sua intenção de oferecer uma situação (ou um resultado) de ganhos mútuos.
- Se possível, encontre essas pessoas mais de uma vez antes de desafiá-las em áreas de desacordo.
- Mostre a todos que fez o dever de casa.
- Respeite os sentimentos, os valores e a integridade dessas pessoas.
- Use raciocínio lógico da maneia mais clara e cuidadosa possível.
- Use a lei da conectividade e a lei do equilíbrio.

Público neutro ou indiferente

Esse público compreende sua posição, mas não se importa com o resultado. A chave para lidar com esse grupo é criar motivação e gerar energia – seja **dinâmico**. Para persuadir um público indiferente:

- Liste os benefícios para eles ou para as coisas ao redor deles.
- Mostre a eles os aspectos negativos de não aceitar sua proposta. Identifique as razões para eles se importarem.
- Atraia a atenção dessas pessoas contando-lhes uma história pertinente. Faça que elas se importem mostrando-lhes como o tópico irá afetá-los.
- Faça que todos se sintam conectados ao assunto.
- Evite discussões complexas.
- Use exemplos concretos com situações e/ou eventos familiares.
- Aplique a lei do envolvimento e a lei da validação social.

Público desinformado

O público desinformado não dispõe dos dados de que precisa para ser convencido. Para persuadi-lo você precisará se valer das técnicas a seguir:

- Encoraje as pessoas a fazerem perguntas durante toda a apresentação.
- Mantenha as informações simples e diretas.
- Descubra porque essas pessoas estão desinformadas.
- Utilize exemplos e estatísticas simples.
- Cite especialistas respeitados pelo público-alvo.
- Enfatize sua credibilidade, reforçando sua experiência, seus diplomas e conhecimentos especiais na área.
- Torne sua mensagem interessante para manter a atenção de todos.
- Aplique a lei da dissonância e a lei da escassez.

Público apoiador

Esse tipo de público já concorda com você, portanto, talvez pense que será fácil convencê-lo. Lembre-se, entretanto, de que seu objetivo é fazer que, além de concordarem, as pessoas do grupo também tomem uma atitude. As técnicas a seguir devem ser utilizadas com o público apoiador.

- Aumente os níveis de energia e paixão, e motive o grupo inspirando-o a agir.
- Mantenha esse público preparado, prevenindo-o quanto a argumentos diferentes.
- Faça que todos garantam apoio a você e à sua causa.
- Deixe que todos saibam o que precisa ser feito.
- Use testemunhos para intensificar o compromisso.
- Use a lei da estima e a lei da expectativa.

A maioria dos públicos é composta por uma mistura desses quatro tipos de indivíduos. Descubra qual o tipo dominante e adéque suas declarações a ele.

A cilada da persuasão

Conheça e compreenda seu público e saiba quais LPs você aplicará em relação a ele. Às vezes, e em algumas situações, certas leis de persuasão ou técnicas simplesmente não são apropriadas. Não se pode tratar todas as pessoas do mesmo jeito. Se for longe demais, você cairá no que denomino **"cilada da persuasão"**. As pessoas são persuadidas e influenciadas até se sentirem traídas, enganadas ou usadas; a partir daí, elas jamais farão negócios com você novamente, tampouco lhe dirão o motivo.

Nas áreas de vendas e *marketing*, temos a tendência de ir longe demais ao tentar persuadir outras pessoas. Isso pode acontecer tanto em um encontro pessoal com um estranho ou durante uma visita a uma loja de móveis das redondezas. Em geral, persuasores que não possuem a habilidade de "ler" os outros ou que não dispõem, do talento para convencê-los, caem nesse tipo de armadilha. Eles irão exagerar em seus atos, utilizando-se de pressão extrema ou simplesmente tentando vender um produto desnecessário e/ou indesejado. Quando se usa a persuasão e a influenciação do modo errado, as pessoas perdem toda a confiança no persuasor e jamais se deixam convencer novamente. Quando se exagera, alarmes são disparados na mente dos clientes. Isso pode se revelar na forma de desconforto ou de um sentimento ruim em relação a você, à sua empresa ou ao seu produto.

A armadilha da persuasão também ocorre se o produto comercializado não atender às expectativas do cliente. O grande desafio nesse caso é que a maioria das pessoas não lhe dirá absolutamente nada, nem sobre o produto nem sobre o exagero no processo de persuasão. Eles simplesmente não retornarão suas chamadas, tampouco visitarão seu *site* ou sua loja física. Eles não desejarão se associar ao seu nome. E se você for um membro da família ou um amigo, eles nunca mais confiarão em você ou darão ouvidos aos seus pontos de vista. Essa armadilha é um assassino silencioso, pois a maioria dos persuasores sequer percebe que cometeu um erro. É provável que isso tenha lhe acontecido muitas vezes no passado – na negociação de um carro, em uma loja de varejo ou até ao telefone. No processo de persuasão é preciso desenvolver um sexto sentido e saber até onde se pode ir.

Detestamos nos sentir manipulados ou pressionados. Todos já fomos ludibriados e/ou passados para trás, portanto, quando vemos algum sinal desse tipo de comportamento, nos afastamos. Muitos persuasores menos preparados podem se mostrar ofensivos, condescendentes, insolentes e até mesmo insultantes. Antes de tomar uma decisão, algumas pessoas precisam de espaço, outras têm de conversar com um parceiro, e um terceiro grupo necessita de tempo para responder. Por meio de conhecimento, experiência e percepção de pistas não verbais você terá de sentir e saber quantas ferramentas de persuasão poderá utilizar antes de fracassar. Você precisa perceber seus limites antes de cruzar essa linha.

HABILIDADE DE OUVIR/ESCUTAR: DECIFRE O CÓDIGO

Em geral, empresas que fazem parte da lista *Fortune 500* exigem de seus funcionários o desenvolvimento da capacidade de escutar, embora muitos deles considerem isso uma perda de tempo. A verdade é que a falta de habilidade nessa área é responsável pela maioria dos problemas de comunicação. Estudos mostram que as **dificuldades em ouvir** são responsáveis por 60% de todos os mal-entendidos.[1] Dale Carnegie afirmou já há muitos anos que a capacidade de escutar é uma das habilidades mais cruciais nas relações humanas. É por meio dela que descobrimos os códigos, as preferências, os desejos e as necessidades das pessoas. É com ela que aprendemos a customizar nossa mensagem de acordo com os clientes. De todas as habilidades do ser humano, ouvir é provavelmente aquela que se revela mais recompensadora. Há uma relação bastante positiva entre a escuta efetiva e a capacidade de o indivíduo se adaptar ao seu público e persuadi-lo.[2]

Ouvir bem não significa apenas olhar para alguém e acenar com a cabeça demonstrando concordância. Você precisa tomar conhecimento do que está sendo dito e mostrar ao seu interlocutor que você compreendeu. Quanto mais você reconhecer o que lhe é dito, maior será sua habilidade de persuadir e influenciar. Por quê? Porque a pessoa que estiver falando com você se sentirá importante e compreendida (lei da estima). Mas por que será que ouvir é tão difícil para a maioria dos indivíduos? Por que será que depois que duas pessoas se reúnem e conversam, ambas voltam para suas casas com percepções completamente distintas do diálogo?

CINCO DESAFIOS PRINCIPAIS PARA OUVIR DE MODO EFETIVO

1º) **Prejulgar o interlocutor pelo modo como ele fala ou por sua aparência.** Com frequência nós julgamos as pessoas não pelo que elas nos dizem, mas pela maneira como falam ou até pela aparência que ostentam. Alguns indivíduos se deixam influenciar tanto pela aparência pessoal, pelo sotaque regional, por problemas de fala ou pelos maneirismos de seus interlocutores que sequer tentam escutar a mensagem proferida.

2º) **Pensar sobre a resposta.** Em vez de pensar sobre o que o interlocutor está dizendo, com frequência nos concentramos naquilo que queremos dizer em seguida ou na direção em que queremos conduzir o diálogo. Mentalmente já estamos planejando nossa própria pauta o nosso próprio jogo. Nós até aguardamos pacientemente pela nossa vez de falar, mas nunca existe uma troca real entre as partes.

3º) **Falta de concentração.** O ser humano fala entre 120 e 150 palavras por minuto, mas consegue pensar entre 400 e 800 palavras por minuto. Isso nos permite pensar entre as palavras pronunciadas. Sendo assim, podemos perfeitamente **fingir estar escutando** quando, na realidade, **estamos pensando em outra coisa**.

4º) **Tirar conclusões precipitadas.** Às vezes pressupomos que sabemos exatamente o que a outra pessoa nos dirá na sequência e já ensaiamos uma reação com base nessas pressuposições. Ou seja, nós passamos a colocar palavras na boca do interlocutor porque simplesmente temos certeza do que elas significam.

5º) **Falta de treinamento.** Algumas pessoas honestamente não sabem como ouvir de modo efetivo, mesmo que queiram. Se elas jamais foram treinadas ou instruídas sobre como ouvir e escutar, talvez elas simplesmente não estejam acostumadas com isso e sequer percebam o esforço mental e o nível de envolvimento necessário para fazê-lo.

Se você souber ouvir, sempre conseguirá saber o que o outro está pensando e o que ele deseja de você. Siga essas instruções-chave para escutar de modo efetivo e torne-se capaz de se aprofundar na mensagem transmitida pelo seu público.

1º) **Dê toda atenção ao interlocutor.** Durante a conversa ele é a pessoa mais importante do mundo para você; faça-o sentir-se assim. Não se deixe distrair pelo ambiente. Pare de falar ou de olhar para o seu telefone e se concentre no indivíduo com quem está dialogando.

2º) **Olhe diretamente para o seu interlocutor enquanto ele estiver falando.** Incline-se para frente para demonstrar interesse e atenção. Ouça de maneira tranquila, como se tivesse todo o tempo do mundo.

3º) **Demonstre interesse sincero pela pessoa.** Não há necessidade de falar. Apenas acene com a cabeça e demonstre concordância por meio de sons como "ahã," "sim," "sem dúvida." Não interrompa seu interlocutor, identifique os pontos principais.

4º) **Mantenha a conversa fluindo por meio de perguntas.** Obtenha mais informações do interlocutor repetindo as frases dele para confirmar se de fato compreendeu o que foi dito.

5º) **Use o silêncio de modo a encorajar a outra pessoa a falar mais.** Você certamente já ouviu dizer que o silêncio vale ouro. Ficar quieto incentiva seu cliente a falar sobre si mesmo e a revelar fatos que poderão ajudar você no processo de persuasão. Usar o silêncio demonstra que você está interessado no que o outro fala e torna a conversa interessante.

6º) **Faça uma pausa antes de responder ou continuar.** Espere entre três e cinco segundos e então responda de modo ponderado. Não se apresse, mesmo que souber a resposta. Quando você faz uma pausa, isso mostra ao interlocutor que você considera valioso o que ele acabou de dizer.

Quando aplica suas habilidades de escuta, você se torna capaz de colher informações importantíssimas do seu interlocutor. Pelo fato de precisar adequar sua mensagem ao ouvinte, não há nada mais crucial que saber ouvir.

METAPROGRAMAÇÃO: SEU RADAR DE PERSUASÃO

Quanto mais compreendermos os metaprogramas e os tipos de personalidade, mais conseguiremos customizar nossas apresentações persuasivas. Um **metaprograma** é o modo como agimos e reagimos à maioria dos estímulos. Todos odiamos a ideia de ser colocados em uma caixa e categorizados, mas, na verdade, somos absolutamente previsíveis (na maioria das vezes). É óbvio que não se pode prever 100% a atitude de uma pessoa, mas você ficaria surpreso ao saber o quanto nossas ações podem ser antecipadas. Eu poderia escrevo um livro inteiro sobre tipos de personalidade e metaprogramas, mas nesse momento me concentrarei nos princípios básicos.

Metaprogramas são basicamente espelhos pelos quais enxergamos o mundo. Um exemplo clássico e perfeito de metaprograma é a famosa consideração: "O copo está meio cheio ou meio vazio?" Os metaprogramas ditam nossa personalidade e, portanto, o modo como nos comportamos e gostamos de ser influenciados. Por exemplo, em geral você é uma pessoa mais ativa ou passiva? Em relação ao mundo ao seu redor, você se concentra mais interna ou externamente? Você está mais voltada para o passado, o futuro ou o presente. Ou seja, as pessoas podem interpretar uma mesma experiência de ângulos totalmente distintos.

Cada metaprograma define como você deve customizar sua mensagem. Ao analisá-los, faça a si mesmo as seguintes perguntas:

➤ Seu público – as pessoas que tenta persuadir – é mais lógico ou emocional?

Lógico:
➤ Usam a cabeça.
➤ Seguem o que faz sentido.
➤ São persuadidas por fatos, números e estatísticas.
➤ Confiam em históricos do passado.
➤ Usam seus cinco sentidos.

Emocional:
➤ Usam o coração.
➤ Seguem o que sentem ser correto.
➤ São persuadidas pela emoção.
➤ Confiam na própria intuição.
➤ Usam o próprio sexto sentido.

➤ Seu público é extrovertido ou introvertido?

Extrovertido:
➤ Adoram se comunicar.
➤ São falantes.

- Envolvem outras pessoas.
- Tendem a ser pessoas públicas.
- Gostam de contato face a face.

Introvertido:
- Guardam para si os próprios sentimentos.
- Ouvem mais do que falam.
- Gostam de trabalhar sozinhas.
- Tendem a se mostrar reservados.
- Usam memorandos e *e-mails*.

- Seu público – as pessoas que deseja influenciar – se motiva mais pelo desespero ou pela inspiração?

Desesperado:
- Tendem a se afastar de problemas.
- Estão presas ao passado e não querem repetir erros cometidos.
- Evitam a dor e o sofrimento.
- Querem escapar de alguma coisa.

Inspirado:
- Trabalham para chegar a uma solução.
- Vislumbram um futuro melhor.
- São motivadas pelo prazer.
- Desejam seguir em frente (têm uma visão).

- Seu público é assertivo ou afável?

Assertivo:
- Consideram resultados mais importantes que os relacionamentos.
- Tomam decisões rapidamente.
- Querem estar no controle.
- São orientadas para as tarefas.
- Não perdem tempo.
- São independentes.

Afável:
- ➤ Consideram os relacionamentos mais importantes que os resultados.
- ➤ São amigáveis e leais.
- ➤ Gostam de construir relações.
- ➤ São ótimas ouvintes.
- ➤ Evitam disputas.
- ➤ Não são assertivas, são cordatas.

Nota importante: No que diz respeito a persuasão, metaprogramas e tipos de personalidade criam em nós um sentimento de conforto e segurança. Estilos que diferem do nosso geram tensão e atitudes defensivas. Persuasores efetivos podem se adaptar a todos os metaprogramas.

APRESENTAÇÕES PERSUASIVAS: ESTRUTURA VENCEDORA

Mas por que deveríamos nos preocupar com a estrutura de uma apresentação persuasiva? O principal preditor de sucesso profissional é o quanto você gosta de falar em público e quão bom você é em fazê-lo.[3] Estudos também demonstram que a habilidade de fazer apresentações tem sido considerada a habilidade mais crucial para se prosperar no mundo dos negócios de hoje.[4] Mensagens persuasivas requerem várias peças-chave. Assim como afirmado por Platão em relação às mensagens, ou seja, que cada uma delas deveria ter a estrutura de um animal (cabeça, corpo e pés), o mesmo deveria correr com nossas apresentações; elas precisam possuir um padrão compreensível.

Se você oferecer sua apresentação do modo como ela surge em sua mente, isso prejudicará um processo persuasivo de longo prazo. Se o seu público-alvo não consegue acompanhar os fatos e as histórias narradas, tampouco compreender a substância de suas mensagens, essas pessoas não as aceitarão.

Em algum momento, você já deve ter estado em uma sala de aula e se percebido completamente perdido em relação ao que o professor estava dizendo. Você simplesmente não fazia a mínima ideia de como ele havia chegado àquele ponto e para onde o assunto caminhava. Quando isso acontece diante de clientes potenciais, sua mente para, assim como todo o processo de influenciação. A confusão é um estado mental que cria tensão. Detestamos nos sentir confusos – uma mente confusa diz não. Quando criamos esse tipo de confusão mental, estamos atirando no próprio pé. A maioria dos persuasores entediantes e não qualificados segue o conselho de Harry Truman, o 33º presidente dos Estados Unidos, que disse certa vez: **"Se não conseguir convencê-los, confunda-os."**

À medida que prepara sua mensagem persuasiva, lembre-se de se concentrar em uma questão específica, não em 10 assuntos diferentes. Mantenha-se focado em seu tópico original e, portanto, longe de questões sensíveis que originalmente não façam parte de sua pauta e que possam inadvertidamente ofender seu público-alvo.

Sua mensagem persuasiva deveria ser estruturada da seguinte maneira:

1º) **Crie interesse.** Você precisa gerar **interesse** sobre o tópico escolhido. Seu público-alvo precisa de uma razão para ouvi-lo: por que os ouvintes deveriam se importar? O que há de importante nisso para eles? Como você poderá ajudá-los? Uma mensagem que começa com uma ótima razão para ser ouvida atrai a atenção do público, o que lhe permite continuar. Sem esse tipo de atenção, não será possível transmitir sua mensagem.

2º) **Apresente um problema.** Você deve **definir claramente o problema** que pretende resolver. O melhor padrão para uma apresentação persuasiva é encontrar um problema e demonstrar como ele já afeta o público-alvo. Desse modo, você apresenta um problema que seus interlocutores já possuem e mostra porque ele é tão importante para eles. Por que essa situação é um problema para o seu público? Como você pode criar dissonância?

3º) **Ofereça evidência.** Esse é o suporte que você dá à sua argumentação. A **evidência valida** suas afirmações e oferece prova de que elas estão corretas. Isso permite que seu público confie em outras fontes de informação seguras, além de você. Evidências podem incluir exemplos, estatísticas, testemunhos, analogias e qualquer outro tipo de material de apoio usado para aumentar a integridade e a congruência de sua mensagem.

4º) **Apresente uma solução.** Você já ganhou o interesse de seu público e ofereceu evidência que sustenta sua mensagem; agora é o momento de **solucionar** o problema de seu interlocutor. Você apresenta o argumento no qual deseja que ele acredite e satisfaz a necessidade identificada ou criada. Você revelou o problema e agora está oferecendo a solução para ele. Como seu produto é capaz de atender às necessidades do seu público e ajudá-lo a atingir seus próprios objetivos?

5º) **Convocação para a ação.** Uma mensagem persuasiva não se revelará realmente convincente se o seu público não souber o que precisa fazer com ela. Seja específico e preciso. Para completar a solução para o problema de seu interlocutor é preciso que este tome uma **atitude**. Esse é o ponto alto – o auge de sua lógica e emoção. A ação prescrita deve ser factível, portanto, torne fácil e viável sua convocação para a ação.

Usar esse tipo de estrutura facilita a aceitação de suas mensagens pelas pessoas e esclarece o que você deseja que elas façam. Todos temos um lado lógico em nossa mente, o que resulta na necessidade individual por ordem e acomodação. Se não percebemos algum tipo de estrutura, tendemos a nos sentir confusos. Se você não consegue ser claro, conciso e ordeiro, seu cliente descobrirá alguém que o seja.

Para criar uma boa estrutura para sua argumentação e alcançar seu público-alvo, talvez seja útil considerar o seguinte conjunto de perguntas.

1º) **Perguntas relacionadas a você mesmo e à sua mensagem:**
➤ O que desejo alcançar?
➤ O que tornará minha mensagem clara para o meu público?

- O que aumentará minha credibilidade e confiança?
- Que LPs eu utilizarei?
- O que quero que os meus clientes potenciais façam?

2º) **Perguntas relacionadas ao público-alvo:**
- Quem está ouvindo minha mensagem? (demografia do público)
- Qual é a atitude mental inicial dessas pessoas? (O que elas estão pensando e como estão se sentindo nesse momento?)
- Quando o chamado à ação irá funcionar? (O que você quer que elas façam, e quando?)
- Por que elas deveriam se importar? (O que isso tem a ver com elas?)
- Em que áreas da vida isso as afetará? (Saúde, dinheiro, relacionamentos etc.)
- Como elas se beneficiarão? (O que elas ganharão?)

Essas questões irão ajudá-lo a criar apresentações persuasivas efetivas em cada uma das áreas-chave: interesse, problema, evidência, solução e ação. O restante desse capítulo apresentará uma variedade de técnicas que o ajudarão a estruturar seus argumentos.

CRIANDO SEU CHAMADO À AÇÃO

O chamado à ação é a parte mais importante da sua apresentação. É aí que o seu público compreende exatamente o que você deseja que ele faça. É onde você define a si mesmo como um persuasor, não como um simples apresentador. Essa conclusão não deve surgir como um choque para o seu público. De modo gentil e delicado, ao longo de toda a apresentação você já deverá tê-los levado à mesma conclusão que irá lhes oferecer agora e, inclusive, tê-los feito desejá-la.

Algumas pessoas odeiam essa parte da persuasão pelo fato de estarem pedindo a seus clientes potenciais que façam algo. Todavia, considerando que essa é o verdadeiro motivo para se oferecer uma apresentação, sem dúvida essa convocação deveria ser a melhor parte do processo. Entretanto, se você ficar tenso e desconfortável, o mesmo ocorrerá com seu cliente potencial. Toda a apresentação deve ser estruturada para fazer que o chamado à ação aconteça de modo suave e natural.

Na realidade, seu chamado à ação deveria ser criado antes mesmo do restante da apresentação. De fato, esta teria de ser construída ao redor dele. Desde o início de sua mensagem, você precisa estar ávido para chegar a esse ponto. Seja positivo e entusiástico. Em sua preparação, certifique-se de que sua conclusão seja óbvia e que seu público não seja deixado sozinho tentando compreender sua mensagem. Você precisa mostrar a ele no que acreditar e chegar a uma conclusão para eles. Torne o chamado uma ação fácil e viável para essas pessoas. Não deve haver nenhuma dúvida na mente de seus clientes potenciais quanto àquilo que você deseja que eles façam.

Há uma história sobre um homem idoso que vai ao dentista porque sua dor de dente o está enlouquecendo. Ele adiou a visita por vários meses, até que não houvesse alternativa a não ser cuidar do dente. Uma vez no consultório, o dentista conclui que o dente precisa ser arrancado. Então o paciente pergunta ao profissional quanto custaria o procedimento. O dentista informa que seriam aproximadamente US$ 150. O homem se assusta e grita: "Tudo isso para tirar um dente?" Então o velho pergunta quanto tempo o procedimento duraria. O profissional explica que levaria cerca de 5 min. "Todo esse dinheiro por apenas 5 min de trabalho? Isso é um roubo!" protesta o idoso. "Como consegue se olhar no espelho cobrando tanto dinheiro das pessoas?" Então o dentista sorri e diz: **"Se é com o tempo que está preocupado, posso levar o tempo que desejar."**

Quando planejar e preparar seu chamado à ação, lembre-se de que o processo não precisa ser longo nem doloroso. Seja rápido, breve e direto. Seu **chamado à ação** não deve levar mais que **cinco minutos**.

Ofereça opções

Um estranho fenômeno psicológico ocorre quando as pessoas tiram suas conclusões. Quando alguém nos diz exatamente o que fazer tendemos a rejeitar a sugestão porque sentimos que é nossa única opção. A solução é sempre oferecer ao seu cliente potencial algumas alternativas para que ele possa escolher por si mesmo. As pessoas sentem a necessidade de ter liberdade e de tomar suas próprias decisões. Quando forçadas a escolher algo contra a vontade, elas experimentam resistência psicológica e sentem necessidade de restaurar sua liberdade.

Todos precisamos de opções. Certa vez, quando estava acampando com minha família, vi alguns turistas entusiasmados tentando fotografar um pequeno alce que estava perto de uma lagoa. Sentindo-se acuado, o animal começou a avançar contra as pessoas na tentativa de escapar. Esse tipo de reação pode ocorrer durante seus esforços de persuasão. Se você não oferecer opções ao seu público, eles podem tentar avançar e escapar.

A estratégia é guiar as opções de seus clientes potenciais. Como persuasor efetivo, você oferecerá a eles somente alternativas que irão satisfazer a sua própria necessidade. Todos já agimos assim com crianças: "Você prefere terminar seu jantar ou ir mais cedo para a cama?" Em vendas, isso é denominado **estratégia de fechamento** por alternativa. Por exemplo: "O senhor prefere o modelo simples ou de luxo?", "Prefere na cor azul ou verde?", "Acha melhor nos encontrarmos na segunda à tarde ou na terça à noite?" Nesse caso o indivíduo sempre tem opções, mas elas atendem às necessidades do persuasor.

Mesmo que seja algo muito simples, as pessoas necessitam de alternativas. Por exemplo, certa vez, ouvi sobre uma senhora muito idosa que definitivamente precisava tomar seus medicamentos ou corria o risco de morrer. Todos – o médico, a enfermeira, o filho e o marido – tentaram, em vão, convencê-la a tomar suas medicações. O médico queria que ela se medicasse logo que saísse da cama, mas ela simplesmente não o fazia. Confusos, os familiares a levaram a outro médico. O novo profissional imediatamente compreendeu a situação e conversou com a paciente. Ele explicou os benefícios dos remédios e como eles poderiam ajudá-la. Em seguida, ele deu à paciente uma opção: "Você precisa tomar esses remédios uma vez por dia. Prefere ingeri-los no café da manhã ou no jantar?" A paciente pensou por um minuto e optou por tomá-los no jantar. Depois que ela própria tomou a decisão, nunca mais criou problemas com as medicações. O fato é que ambas as opções levavam ao mesmo objetivo.

Se as escolhas do seu público tiverem de ser limitadas a uma única alternativa, será preciso explicar o motivo. Se o porquê dessa falta de opção for esclarecido, será mais fácil para as pessoas aceitarem o fato, sem se sentirem forçadas.

Em contrapartida, tente não oferecer a seus clientes mais que duas ou três opções. Se o fizer, é menos provável que as pessoas escolham qualquer uma delas. Opções estruturadas sugerem ao público-alvo uma ideia de controle. Assim, elas ampliam a **cooperação** e o **compromisso**.

Um estudo foi realizado em uma mercearia sofisticada durante um sábado. Pesquisadores montaram um pequeno balcão de amostras com diferentes sabores de geleia. Durante a experiência, foram oferecidos aos transeuntes 6 sabores do produto; porém, em algumas ocasiões, outras 18 opções foram acrescentadas ao mostruário. Então, os responsáveis convidavam os clientes para apreciar o produto. Cada um pôde experimentar quantos sabores quisesse e todos receberam um cupom de desconto para adquirir o produto posteriormente. Lembre-se, quando nossa mente fica sobrecarregada ou confusa ela se desliga, e simplesmente não sabe o que fazer. O estudo revelou que quando os fregueses se viram diante de 24 opções, somente 3% deles adquiriram a geleia. Todavia, quando apresentados a apenas 6 sabores, 30% dos clientes compraram o produto depois de degustá-lo. Isso representa 20 vezes mais.[5]

A oferta de opções também é chamada de "elo". Cada opção ofertada dá ao persuasor o que ele deseja, sem parecer restringir sua liberdade. Quando se usa a palavra "ou", o oposto é sugerido, portanto, tente sempre estruturar suas opções valendo-se dessa conjunção. Por exemplo: "Você gostaria de marcar uma reunião agora ou acha melhor nos encontrarmos na semana que vem?", "Você teria cinco minutos agora ou conversamos sobre isso amanhã pela manhã?"

Uma vez que o chamado à ação já ocorreu, seu público precisa se lembrar, reter e responder à sua mensagem. Eles precisam continuar fazendo aquilo que você deseja que eles façam. Os pontos levantados por você parecem memoráveis, fáceis de compreender e simples de seguir? No final, sua mensagem se resumirá não ao que você disse ou fez, mas àquilo que os outros se recordarem sobre ela.

INOCULAÇÃO: DEFENDA-SE DO ATAQUE

Grandes persuasores sabem como solucionar objeções antes mesmo que elas se estabeleçam. Por que esperar que clientes potenciais deparem caminhos sem saída ou se percam em elucubrações mentais desnecessárias quando você é capaz de lidar com eventuais objeções? Isso se chama **inoculação**, termo oriundo da medicina: trata-se da injeção de uma pequena dose de um vírus no paciente para inoculá-lo e impedi-lo de contrair uma doença. Nesse caso, o sistema imunológico luta contra essa forma enfraquecida do vírus, tornando-se capaz de enfrentá-lo em um ataque mais forte.

Do mesmo modo, quando você estiver realizando sua apresentação e souber que um ponto de vista oposto poderá ser levantado, trate de inocular o público com uma forma enfraquecida desse mesmo argumento. Se souber que alguém questionará suas afirmações, prepare seus ouvintes de antemão. Forneça a todos a munição (ou o antídoto) de que precisam para combater o eventual ataque epidêmico.

A ideia aqui é levantar as questões que possivelmente serão abordadas pelo seu opositor e refutá-las de modo direto. Mas lembre-se de que essa inoculação terá de se valer de uma forma enfraquecida do vírus. Se o fizer de uma maneira demasiadamente forte, o paciente poderá adoecer e até morrer. A dose tem de ser suficientemente equilibrada para preparar o corpo para o vírus mais forte que virá, mas jamais sobrecarregar o organismo. Do mesmo modo, não utilize doses muito fortes na persuasão, afinal, você não desejará oferecer aos seus clientes potenciais toda a munição de que precisam para se defender. Em contrapartida, se não preparar seus interlocutores sobre aquilo que estão prestes a ouvir, as palavras, a lógica e o testemunho de seu oponente poderão se revelar fortes demais e, nesse caso, é possível que o seu público mude de lado.

Estamos cercados por diversas formas de inoculação, muitas das quais são usadas em tribunais. Por exemplo, durante um julgamento um advogado de defesa se coloca diante do júri e diz: "O promotor chamará meu cliente de maldoso, maligno, de um marido terrível e de um péssimo membro da sociedade, mas isso não é verdade, como mostraremos ao longo das próximas semanas." Desse modo, quando o promotor começar a dizer qualquer coisa já mencionada pela defesa, o júri já estará devidamente preparado – afinal o profissional de acusação está fazendo justamente o que já era previsto e, portanto, os jurados poderão ignorar ou até desconsiderar os argumentos apresentados pela acusação.

A sociedade precisa compreender a importância da inoculação no que diz respeito ao fumo, às gangues, às drogas, à gravidez na adolescência e a tantas outras questões que sabemos serão enfrentadas por nossos filhos e filhas. Quem deveria estabelecer o primeiro contato com essas crianças, nós ou os traficantes? Quando inoculamos pessoas nós as preparamos mentalmente oferecendo-lhes argumentos capazes de sustentar sua postura. Esse fortalecimento as impede de "mudar de time." Quanto mais preparadas elas estiverem, mais elas se agarrarão às suas crenças e atitudes. E quanto mais firmes esses pensamentos estiverem alicerçados no indivíduo, mais difícil será alterar sua conduta.

Quando usamos a inoculação? A resposta correta depende da composição e da atitude do seu público. Se eles já concordarem com você, será preciso apresentar ambos os lados. Se alguém de pensamento oposto for o próximo a falar, certamente seu público terá de ser inoculado. Mencionar os dois lados de um argumento funciona melhor com membros do público que já conhecem o poder do opositor. Tenha cuidado ao usar a inoculação em relação a questões altamente emocionais, como política ou religião. Diante de assuntos bastante controversos, a eficácia da inoculação cai.[6]

A inoculação aumenta sua credibilidade e sua habilidade de persuadir. Você não tem medo da verdade e já fez sua pesquisa. Você prepara seu público de antemão sobre os pontos negativos que alguém poderá levantar sobre você ou seu produto/serviço.

Você certamente ganhará muito respeito e muita confiança do seu interlocutor ao responder às perguntas dele antes mesmo de elas serem levantadas.

Quando conhece bem sua plateia, além de poder se preparar adequadamente para eventuais ataques, você também tem a possibilidade de responder antecipadamente às suas perguntas com uma inoculação. Isso coloca a solução na mente do interlocutor. Suponhamos que você esteja tentando persuadir seu cliente a usar seu produto, mas já saiba que seus concorrentes vão descrevê-lo como o mais caro do mercado. Inocule seu público! Explique porque o seu produto é o mais caro. Deixe que todos saibam que ele é o de mais alta qualidade, o de efeito duradouro, o mais premiado e o que oferece aos consumidores o melhor custo-benefício, e que é justamente isso que justifica o preço maior. No momento em que a concorrência tentar criticar o preço do seu produto, todos os seus argumentos já terão sido estrategicamente gravados na mente do seu cliente.

Um estudo foi realizado com dois grupos de pessoas que estavam prestes a ser persuadidas. A intenção era mudar a atitude dos participantes em relação a um tópico específico. Um dos grupos foi informado de que seriam expostos a uma mensagem cujo intuito era convencê-los, enquanto o outro não recebeu nenhuma informação dessa natureza. Os resultados demonstraram que o grupo que fora avisado se mostrou **menos persuadido** que o que não recebeu aviso. Ficou comprovado que o primeiro grupo desenvolveu certa resistência antes mesmo que a mensagem persuasiva sequer tivesse começado.[7] É por isso que nunca se deve iniciar uma apresentação com algo do tipo: **"Hoje tentarei persuadi-lo a... ."**

Inoculação de longo prazo: dose de reforço

A inoculação não acontece de uma só vez. Ela precisa de doses de reforço, como aquelas que as pessoas recebem depois de serem vacinadas contra algum tipo de doença. Estudos mostram que o tempo é capaz de diminuir os efeitos e a eficiência da inoculação.[8]

Sendo assim, se o seu objetivo é manter influência de longo prazo, é preciso providenciar doses periódicas de reforço para assegurar que seu cliente potencial possa se defender de quaisquer argumentos do concorrente. Um estudo revelou que quando você consegue adicionar doses de reforço à sua mensagem inicial, elas fortalecem e estendem os efeitos persuasivos de sua mensagem original.[9] Quanto mais puder fortalecer essas atitudes – quanto mais conseguir inocular seus interlocutores de ataques futuros – mais a mudança de atitude deles vai se manter.[10] O que você poderia utilizar como doses de reforço? Em qualquer ocasião em que possa introduzir novas pesquisas ou validação externa, isso aumentará a eficácia de sua inoculação. Outras opções incluem reciprocidade, dramatizações (*role-plays*), informações adicionais ou qualquer coisa capaz de aumentar sua credibilidade.[11]

A PREPARAÇÃO É A CHAVE PARA A INFLUENCIAÇÃO

A persuasão é tudo. Prepare sua mente, conheça seu público-alvo e a mentalidade dele e estruture um argumento persuasivo vitorioso e eficaz. Conheça tudo sobre sua mensagem e também sobre as pessoas com quem você trata – **quem, o que, quando, onde** e **porquê**. Persuasores efetivos sabem que informação e estrutura são as sementes para o perfeito convencimento.

Recursos adicionais: Áudio de apresentações persuasivas (maximuminfluence.com)

Epílogo

A partir do momento em que você seguir as leis, as técnicas e as estratégias delineadas nesse livro, sua vida mudará para sempre. Prepare-se para assumir o comando do seu destino. Independentemente dos desafios que encontrar pela frente, você se sairá vitorioso – sempre! **Situe-se entre os 3% das pessoas que conseguem controlar o próprio futuro.** Torne-se capaz de conseguir o que quiser e fazer amigos para toda a vida. Você logo fará parte da elite que consegue ajudar e ensinar os outros a controlar o próprio futuro. Você jamais terá de se preocupar com dinheiro ou emprego novamente.

PRÓXIMOS PASSOS

1. Sinta-se influente

Há uma verdade essencial na velha frase: **finja até que consiga torná-lo realidade**. Estudos mostram que se você se sente influente, acredita que será bem-sucedido em sua habilidade de influenciar outras pessoas, você consegue fazê-lo. Um estudo revelou que quanto mais influente você se sente, maior sua habilidade de influenciar. Quando se sente influente e que pode persuadir pessoas, isso leva a um aumento na felicidade, na sensação de controle e, por sua vez, a vida ganha mais propósito.[1] No final, quando pensa e sente que é mais influente, você se torna assim.

2. Aprenda a ser influente
Coloque em sua mente que deseja vencer a corrida antes mesmo de a largada ser dada. Você pode levantar as desculpas que quiser, mas nenhuma delas lhe trará sucesso e felicidade. Você pode aprender e crescer todos os dias, mas nunca será um completo mestre nessa habilidade fundamental. Se ainda não atingiu seu sucesso ou seus objetivos, continue se esforçando em suas habilidades de influenciar. Alguns dos talentos por mim listados neste livro surgirão naturalmente, mas algumas leis necessitarão de alguma prática. Outras, ainda, lhe parecerão completamente estranhas e exigirão esforço concentrado. Continue a aprender e a aplicar essas técnicas e logo elas se transformarão em uma segunda natureza para você. Recomendo que aplique uma nova LP por semana, e logo elas se tornarão parte de você.

3. Torne-se influente
Uma vez que tenha conhecimento concreto das 12 LPs, você poderá levar seu **QI de persuasão** a outro nível ao dominar seu carisma. É isso mesmo, o carisma pode ser aprendido. Todos já encontramos alguém com quem, depois de apenas alguns segundos, sentimos uma conexão instantânea ou um laço forte. Quando consegue desenvolver o carisma e se conectar com qualquer pessoa, e quando as pessoas se sentem confortáveis ao seu lado, você pode ampliar sua habilidade de influenciar. As pessoas prestarão mais atenção a você e desejarão que você as influencie. (Avalie seu carisma em www.charismaiq.com.)

PENSAMENTOS FINAIS

Sempre trate a si mesmo como um projeto do tipo faça você mesmo. Descubra que existe uma correlação direta entre seu programa pessoal de desenvolvimento e sua renda. Encontre um produto, um serviço, uma ideia ou uma causa em que possa acreditar. Quando souber que pode ajudar alguém com um produto ou serviço de qualidade, terá a obrigação moral e ética de persuadir a pessoa a se envolver com aquilo que está oferecendo. Se não o fizer, algum indivíduo antiético e com um produto inferior ao seu – mas com melhores habilidades persuasivas –, tomará o dinheiro dela. Acredito em você e em sua habilidade de aprimorar-se. Creio em sua capacidade de melhorar a vida de todos os que estão ao seu redor e de transformar o mundo em um lugar melhor.

Persuada com força e eficácia!

Notas

INTRODUÇÃO

1. Carnegie Foundation, 2005.
2. F. Roselli, J. J. Skelly e D. M. Mackie, *Processing Rational and Emotional Messages: The Cognitive and Affective Mediation of Persuasion (Processamento de Mensagens Racionais e Emocionais: A Mediação Cognitiva e Afetiva da Persuasão)*, Journal of Experimental Applied Social Psychology 163 (1995).

CAPÍTULO 1

1. Jay Conger, *The Necessary Art of Persuasion (A Necessária Arte da Persuasão)*, Harvard Business Review, maio-junho 1998.
2. *The Road Best Traveled (O Caminho Mais Bem Trilhado)*, Success, março 1988: 28.

CAPÍTULO 2

1. Joseph LeDoux, *O Cérebro Emocional: Os Misteriosos Alicerces da Vida Emocional*, pp. 29-39 do original em inglês.

2. Julie Sedivy e Greg Carlson, *Sold on Language: How Advertisers Talk to You and What This Says About You* (Linguagem de Vendas: Como os Anunciantes Falam com Você e o Que Isso Diz a Seu Respeito) (Hoboken, NJ.: Wiley, 2011), p. 63.

CAPÍTULO 3

1. A. H. Eagley, R. D. Ashmore, M. G. Makhijani e L. C. Longo, *What Is Beautiful Is Good, But . . .: A Meta-Analytical Review of Research on the Physical Attractiveness Stereotype* (O Que É Bonito É Bom, Mas...: Uma Revisão Meta-analítica da Pesquisa sobre O Estereótipo da Atratividade Física), *Psychological Bulletin* (1990): 109-128.
2. J. Horai, N. Naccari e E. Fatoullah, *The Effects of Expertise and Physical Attractiveness upon Opinion, Agreement and Liking* (Os Efeitos da Atratividade Física e da Experiência sobre a Opinião, a Concordância e o Gostar), *Sociometry* (1974), 37:601-606.
3. M. Snyder e M. Rothbart, *Communicator Attractiveness and Opinion Change* (Atratividade do Comunicador e Mudança de Opinião), *Canadian Journal of Behavioral Science* (1971), 3: 377-387.
4. R. A. Kulka e J. R. Kessler, *Is Justice Really Blind? The Effect of Litigant Physical Attractiveness on Judicial Judgment* (A Justiça é Realmente Cega? O Efeito da Atratividade Física do Litigante sobre o Julgamento Judicial), *Journal of Applied Social Psychology* (1978): 336-381.
5. J. Rich, *Effects of Children's Physical Attractiveness on Teachers' Evaluations* (Efeitos da Atratividade Física de Crianças Sobre a Avaliação dos Professores), *Journal of Educational Psychology* (1975): 599-609.
6. M. G. Efran e E. W. J. Patterson, *The Politics of Appearance* (A Política da Aparência), manuscrito não publicado, University of Toronto, 1976.
7. M. L. Knapp e J. A. Hall, *Comunicação não verbal na interação humana*.
8. G. H. Smith e R. Engel, *Influence of a Female Model on Perceived Characteristics of an Automobile* (A Influência da Modelo Sobre as Características Percebidas em um Automóvel), *Proceedings of the*

76th Annual Convention of the American Psychological Association (1968): 681-682.
9. V. Swami, A. Furnham, T. Chamorro-Premuzic, K. Akbar, N. Gordon, T. Harris, J. Finch e M. J. Tovee, *More Than Just Skin Deep? Personality Information Influences Men's Ratings of the Attractiveness of Women's Body Sizes* (Mais que o Superficial? A Influência da Informação a Respeito da Personalidade Feminina Sobre as Avaliações Masculinas a Respeito das Medidas do Corpo das Mulheres), *The Journal of Social Psychology* (2010) 150, 6: 628-674.
10. G. W. Lewandowski, A. Aron e J. Gee, *Personality Goes a Long Way: The Malleability of Opposite-Sex Physical Attractiveness* (A Personalidade Basta: A Maleabilidade da Atratividade Física do Sexo Oposto), *Personal Relationships* (2007), 14: 571-585.
11. D. Mack and D. Rainey, *Female Applicants' Grooming and Personnel Selection* (A Aparência de Candidatas a Vagas de Emprego e a Seleção de Pessoal), *Journal of Social Behavior and Personality* (1990): 399-407.
12. P. Suedfeld, S. Bocher e C. Matas, *Petitioner's Attire and Petition Signing by Peace Demonstrators: A Field Experiment* (A Indumentária dos Requerentes e a Assinatura de Petições por Manifestantes da Paz: Uma Experiência de Campo), *Journal of Applied Social Psychology* (1971): 278-283.
13. H. Russell Bernard e Peter Killworth, *The Search for Social Physics* (A Busca por Física Social), *Connections* (1997) 20, 1: 16-34.
14. J. C. McCroskey, V. P. Richmond e J. A. Daly, *The Development of a Measure of Perceived Homophily in Interpersonal Communication* (O Desenvolvimento de uma Mensuração de Homofilia Percebida nas Comunicações Interpessoais), *Human Communication Research* (1975): 323-332.
15. Bernard Asbell, com Karen Wynn, *What They Know About You* (O Que Sabem Sobre Você) (Nova York: Random House, 1991), pp. 28-33.
16. D. J. O'Keefe, *Persuasion: Theory and Research* (Persuasão: Teoria e Pesquisa) (Newbury Park, Califórnia: Sage, 1990).
17. McGrath, J. E. *A View of Group Composition Through a Group-Theoretic Lens* (Uma Visão de Composição Grupal Através das Lentes da Teoria de Grupos). Em D. E. Gruenfeld (Ed.), *Research*

on *Managing Teams and Groups: Composition* (*Pesquisa Sobre o Gerenciamento de Equipes e Grupos*), pp. 255-272 (Greenwich, Conn.: JAI Press, 1998).
18. Justin Kruger, *Lake Wobegon Be Gone! The 'Below-Average Effect' and the Egocentric Nature of Comparative Ability Judgments* (*O Lake Wobegone Já Era! O Efeito Abaixo da Média e a Natureza Egocêntrica da Habilidade de Julgamentos Comparativos*), *Journal of Personality and Social Psychology* (1999): 77, 2: 221-232.
19. *Damaging Shortage of People Skills* (*Survey: Two-Thirds of UK Companies Not Committed to Developing People Management Skills*) (*Queda Preocupante das Habilidades das Pessoas [Pesquisa: Dois Terços das Companhias Britânicas Não Estão Comprometidas com o Desenvolvimento das Habilidades de Gerenciamento de seu Pessoal]*), *Personnel Today* (Junho 18, 2002): 9.
20. L. Zunin e N. Zunin, *Contact: The First Four Minutes* (*Contato: Os Quatro Primeiros Minutos*) (Nova York: Ballantine Books, 1986).
21. W. P. Hampes, *The Relationship Between Humor and Trust* (*A Relação Entre o Humor e a Confiança*), *Humor: International Journal of Humor Research* (1999): 12: 253-259.
22. C. P. Duncan e J. E. Nelson, *Effects of Humor in a Radio Advertising Experiment* (*Efeitos do Humor em uma Experiência de Anúncio por Rádio*), *Journal of Advertising* (1985): 14: 33-40.
23. Albert Mehrabian, *Silent Messages* (*Mensagens Silenciosas*) (Belmont, Calif.: Wadsworth, 1971).
24. T. G. Hegstrom, Message Impact: *What Percentage Is Nonverbal?* (*O Impacto da Mensagem: Qual é a Porcentagem Não verbal?*), *Western Journal of Speech Communication* (1979): 134-142.
25. P. D. Blanck e R. Rosenthal, *Nonverbal Behavior in the Courtroom* (*Comportamento Não Verbal na Corte Judicial*). In R. S. Feldman (Ed.), *Applications of Nonverbal Behavioral Theories and Research*, pp. 89-118 (*Aplicações das Teorias e Pesquisas do Comportamento Não Verbal*), (Hillsdale, N.J.: Erlbaum, 1992).
26. J. K. Burgoon, T. Birk e M. Pfau, *Nonverbal Behaviors, Persuasion, and Credibility* (*Comportamento Não Verbal, Persuasão e Credibilidade*), *Human Communication Research* (1990), 17: 140-169.
27. John S. Carton, Emily A. Kessler e Christina L. Pape, *Nonverbal Decoding Skills and Relationship Well-Being in Adults* (*A Habilidade de Decodificação Não Verbal e o Bem-Estar no*

Relacionamento entre Adultos), *Journal of Nonverbal Behavior* (1999), 23, 1: 91-100.
28. J. Kellerman, J. Lewis e J. D. Laird, *Looking and Loving: The Effects of Mutual Gaze on Feelings of Romantic Love* (*Olhando e Amando: Os Efeitos do Olhar sobre os Sentimentos do Amor Romântico*), *Journal of Research and Personality* (1989): 23.
29. J. D. Robinson, J. Seiter e L. Acharya, *I Just Put My Head Down and Society Does the Rest: An Examination of Influence Strategies Among Beggar* (*Eu Apenas Baixo Minha Cabeça e a Sociedade Faz o Resto: Análise das Estratégias de Influência Entre os Mendigos*), ensaio apresentado à Western Speech Communication Association, Boise, Idaho (1992).
30. J. K. Burgoon, D. B. Buller e W. G. Woodall, *Nonverbal Communication: The Unspoken Dialogue* (*Comunicação Não Verbal: O Diálogo Sem Palavras*) (Nova York: Harper & Row, 1989).
31. J. K. Burgoon, J. B. Walther e E. J. Baesler, *Interpretations, Evaluations, and Consequences of Interpersonal Touch* (*Interpretações, Avaliações e Consequências do Toque Interpessoal*), *Human Communication Research* (1992), 19: 237-263.
32. J. D. Fisher, M. Rytting e R. Heslin, *Hands Touching Hands: Affective and Evaluative Effects of an Interpersonal Touch* (*Mãos Tocando Mãos: Efeitos Afetivos e Avaliatórios de um Toque Interpessoal*), *Sociometry* (1976), 39: 416-421.
33. J. Hornick, *Tactile Stimulation and Consumer Response* (*O Estímulo Tátil e a Resposta do Consumidor*), *Journal of Consumer Research* (1992): 449-458.
34. Ibid.
35. N. Gueguen e J. Fischer-Lokou, *Another Evaluation of Touch and Helping Behaviour* (*Outra Avaliação do Toque e do Comportamento de Ajuda*), *Psychological Reports* (2003), 92: 62-64.
36. P. M. Hall e D. A. Hall, *The Handshake as Interaction* (*O Aperto de Mãos Enquanto Interação*), *Semiotica* (1983), 45: 249-264.
37. Ibid.
38. W, F. Chaplin, J. B. Phillips, J. D. Brown, N. R. Clanton e J. L. Stein, *Handshaking, Gender, Personality and First Impressions* (*Aperto de Mãos, Gênero, Personalidade e Primeiras Impressões*), *Journal of Personality and Social Psychology* (2000), 79: 110-117.
39. Ibid.

40. Adaptado de Adam D. Galinsky (Northwestern University), William W. Maddux (professor, INSEAD) e Gillian Ku (professor, London Business School), *The View from the Other Side of the Table* (A Perspectiva do Outro Lado da Mesa). Disponível em www.worldtradelaw.net/articles/laceyaccession.pdf
41. William W. Maddux, Elizabeth Mullen e Adam D. Galinsky, *Chameleons Bake Bigger Pies and Take Bigger Pieces: Strategic Behavioral Mimicry Facilitates Negotiation Outcomes* (Camaleões Fazem Tortas Maiores e Pegam Pedaços Maiores: A Estratégia de Mimetismo Comportamental Facilita os Resultados da Negociação), *Journal of Experimental Social Psychology* (2008), 44, 2: 461-468.
42. Ibid.

CAPÍTULO 4

1. David Sears, J. Freedman e L. Peplau, *Social Psychology* (Psicologia Social), Englewood Cliffs, N.J.: Prentice Hall, 1985), p. 154.
2. A. C. Elms, *Influence of Fantasy Ability on Attitude Change Through Role Playing* (A Influência da Habilidade de Fantasiar Sobre a Mudança de Atitude por meio do Desempenho de Papéis), *Journal of Personality and Social Psychology* (1966), 4: 36-43.
3. A. Pratkanis e E. Aronson, *Age of Propaganda*, pp. 123-124 (A era da Propaganda), Nova York: W. H. Freeman, 1992).
4. Les Giblin, *Como Ter Segurança e Poder nas Relações com as Pessoas*, p. 120 do original em inglês.
5. W. L. Gregory, R. B. Cialdini e K. M. Carpenter, *Mediators of Likelihood Estimates and Compliance: Does Imagining Make It So?*(Avaliação de Submissão a Mediadores de Probabilidade: Imaginar Funciona?), *Journal of Personality and Social Psychology* (1982): 89-99.
6. G. Wells e R. Petty, *The Effects of Overt Head Movements on Persuasion* (Os Efeitos dos Claros Movimentos da Cabeça sobre a Persuasão), *Basic and Applied Social Psychology* (1980) 1, 3: 219-230.
7. Ibid.
8. P. Underhill, *Vamos às Compras!: A Ciência do Consumo*, p. 37 do original em inglês.
9. Ibid.
10. Ibid.

11. Luke 10:30-37.
12. J. Darley e D. Batson, *From Jerusalem to Jericho: A Study of Situational and Dispositional Variables in Helping Behavior* (*De Jerusalém a Jericó: Um Estudo das Variáveis Circunstanciais e de Inclinação no Comportamento de Ajuda*), *Journal of Personality and Social Psychology* (1973), 27: 100-119.
13. S. Lindstedt, *Tops Supermarket in Western New York Entice Shoppers with Free Food Samples* (*Supermercados Top no Oeste de Nova York Seduzem Compradores com Amostras Grátis de Alimentos*), *Buffalo News*, Maio 24, 1999: B3.
14. S. Godin e M. Gladwell, *Unleashing the Idea Virus* (*Liberando os Memes*), (Nova York: Hyperion, 2001).
15. J. Middendorf e A. Kalish, *The 'Change-Up' in Lectures* (*A Transformação das Apresentações*), *National Teaching and Learning Forum* (1996) 5, 2: 1-5.
16. P. Y. Martin, J. Laing, R. Martin e M. Mitchell, M., *Caffeine, Cognition, and Persuasion: Evidence for Caffeine Increasing the Systematic Processing of Persuasive Messages* (*Cafeína, Cognição e Persuasão: Evidências do Aumento do Processamento Sistemático das Mensagens Persuasivas pela Cafeína*), *Journal of Applied Social Psychology* (2005), 35: 160-182.
17. N. Rackham, *Alcançando Excelência em Vendas para Grandes Clientes*, p. 143 do original em inglês de 1989.
18. E. Loftus, *Reconstructing Memory: The Incredible Eyewitness* (*Reconstruindo a Memória: A Incrível Testemunha Ocular*), *Psychology Today* (1974) 8: 116.
19. L. Wrightsman, M. Nietzel e W. Fortune, *Psychology and the Legal System* (*A Psicologia e o Sistema Legal*) (Pacific Grove, Calif.: Brooks/Cole, 1994), p. 147.
20. Kurt Mortensen, *QI de Persuasão: Dez Habilidades que Você Precisa Ter para Conseguir Exatamente Aquilo que Você Quer* (São Paulo: DVS, 2010).
21. R. F. Baumeister e B. J. Bushman, *Social Psychology and Human Nature* (*Psicologia Social e Natureza Humana*) (Belmont, Calif.: Thompson Wadsworth, 2008).
22. S. Greist-Bousquet e N. Schiffman, *The Effect of Task Interruption and Closure on Perceived Duration* (*Os Efeitos da Interrupção e da Conclusão de Tarefas em Tempo Percebido*), *Bulletin of the Psychonomic Society* (1992), 30, 1: 9-11.

23. D. Peoples, *Presentations Plus* (*Apresentações e Mais*) (Nova York: Wiley, 1988), p. 66.
24. The 3M Meeting Management Team, *How to Run Better Business Meetings* (*Como Realizar Melhores Reuniões de Negócios*) (Nova York: McGraw-Hill, 1987), pp. 114-115.

CAPÍTULO 5

1. J. Maxwell e J. Dornan, *Como Tornar-se uma Pessoa de Influência: Como Causar Impacto Positivo na Vida de Outras Pessoas*, p. 50 do original em inglês.
2. Maxwell Maltz, *Psicocibernética*.
3. M. R. Leary e R. F. Baumeister, *The Nature and Function of Self-Esteem: Sociometer Theory* (*A Natureza e a Função da Autoestima: Teoria Sociométrica*). In M. P. Zanna (Ed.), *Advances in Experimental Social Psychology* (*Avanços na Psicologia Social Experimental*), Vol. 32, pp. 1-62 (San Diego: Academic Press, 2000).
4. C. L. Pickett, W. L. Gardner e M. Knowles, *Getting a Cue: The Need to Belong and Enhanced Sensitivity to Social Cues* (*Conseguindo uma Pista: A Necessidade de Pertencer e a Sensibilidade Avançada das Dicas Sociais*), *Personality and Social Psychology Bulletin* (2004), 30: 1095-1107.
5. Maxwell e Dornan, p. 43.
6. Informativo *Science*, abril 16, 1949.
7. J. D. Watt, *The Impact of the Frequency of Ingratiation on the Performance Evaluation of Bank Personnel* (*O Impacto da Frequência de Agrado sobre a Avaliação de Desempenho de Funcionários de Banco*), *Journal of Psychology* (1993), 127, 2: 171-177.
8. S. J. Wayne e R. C. Liden, *Effects of Impression Management on Performance Ratings: A Longitudinal Study* (*Efeitos da Impressão Gerencial sobre as Taxas de Desempenho: Estudo Longitudinal*), *Academy of Management Journal* (1995), 38, 1: 232-260.
9. R. J. Deluga, *Supervisor Trust Building, Leader-Member Exchange and Organizational Citizenship Behaviour* (*Construção de Confiança do Supervisor, Trocas entre Líderes e Membros e Comportamento do Pessoal da Organização*), *Journal of Occupational and Organizational Psychology* (1994), 67: 315-326.

10. Peter Doskoch, *Get Expert Advice on How to Suck Up to Your boss* (*Obtenha Conselhos Especializados sobre como Bajular seu Chefe*), dezembro 01, 1996. Disponível em www.psychologytoday.com/articles/199612/brownnosing-101.
11. J. Pandey, *Sociocultural Perspectives on Ingratiation* (*Perspectivas Socioculturais sobre o Agrado*). In B. Maher (Ed.), *Progress in Experimental Personality Research*, Vol. 14, pp. 205-229 (*Progresso na Pesquisa de Personalidade Experimental*) (Nova York: Academic Press, 1986).
12. Randall A. Gordon, *Impact of Ingratiation on Judgements and Evaluations: A Meta-Analytic Investigation* (*O Impacto da Sedução sobre Julgamentos e Avaliações: Investigação Meta-analítica*), Interpersonal Relations and Group Processes, University of Minnesota.
13. R. C. Liden e T. R. Mitchell, *Ingratiatory Behaviors in Organizational Settings* (*Comportamentos de Sedução em Quadros Organizacionais*), Academy of Management Review (1988), 13: 572-587.
14. Gordon.
15. John S. Seiter e Eric Dutson, *The Effect of Compliments on Tipping Behavior in Hairstyling Salons* (*O Efeito dos Cumprimentos e das Gorjetas em Salões de Cabeleireiro*), Journal of Applied Social Psychology (2007), 37, 9.

CAPÍTULO 6

1. B. M. Depaulo, A. Nadler e J. D. Fisher, *New Directions in Helping. Volume 2: Help Seeking* (*Novas Direções Sobre a Ajuda. Volume 2: Procura por Ajuda*) (Nova York: Academic Press, 1984).
2. K. Gergen, P. Ellsworth, C. Maslach e M. Seipel, *Obligation, Donor Resources, and Reactions to Aid in Three Cultures* (*Obrigação, Fontes de Doação e Reações à Ajuda a Três Culturas*), Journal of Personality and Social Psychology (1975): 390-400.
3. P. R. Kunz e M. Wolcott, *Seasons Greetings: From My Status to Yours* (*Feliz Natal: do Meu Status para o Seu*), Social Science Research (1976): 269-278.
4. Dennis Regan, *Effects of a Favor on Liking and Compliance* (*Efeitos de um Favor sobre o Apreço e a Aquiescência*), Journal of Experimental Social Psychology (1971): 627-639.

5. Advertising Specialty Institute, *About the Industry*. (*Sobre a Indústria*) Disponível em www.asicentral.com/asp/open/aboutasi/promoindustry/index.aspx
6. Sharon Lindstedt, Sharon, *Top Supermarkets in Western New York Entice Shoppers with Free Food Samples* (*Supermercados Top do Oeste de Nova York Atraem Compradores com Amostras Grátis de Comida*), *Buffalo News*, maio 24, 1999: B3.
7. M. S. Greenburg, *A Theory of Indebtedness* (*Uma Teoria sobre a Gratidão*), *Social Exchange: Advances in Theory and Research* (1980), 3: 26.
8. Bob Stone, *Marketing Direto*, p. 92 do original em inglês.
9. N. Weinstein e R. Ryan, *When Helping Helps: Autonomous Motivation for Prosocial Behavior and Its Influence on Well-Being for the Helper and Recipient* (*Quando Ajudar Ajuda: Motivação Autônoma ao Comportamento Pró-Social e Sua Influência sobre o Bem-Estar para Quem Ajuda e Quem é Ajudado*), *Journal of Personality and Social Psychology* (2010), 98, 2: 222-244.
10. S. M. Horan e M. Booth-Butterfield, *Investing in Affection: An Investigation of Affection Exchange Theory and Relational Qualities* (*Investindo em Afeição: Uma Investigação sobre a Teoria da Troca de Afeição e as Qualidades Relacionais*), *Communication Quarterly* (2010), 58, 4, 394-413.
11. David Strohmetz, Bruce Rind, Reed Fisher e Michael Lynn, *Sweetening the Till: The Use of Candy to Increase Restaurant Tipping* (*Adoçando a Caixa Registradora: O Uso de Doces para Aumentar as Gorgetas nos Restaurantes*), *Journal of Applied Social Psychology* (2002), 32, 2: 300-309.
12. E. S. Uehara, *Reciprocity Reconsidered: Gouldner's 'Moral Norm of Reciprocity' and Social Support* (*A Reciprocidade Reconsiderada: a 'Norma Moral de Reciprocidade' de Gouldner e o Apoio Social*), *Journal of Social and Personal Relationship* (1995), 2: 483-502.
13. J. M. Chertkoff e M. Conley, *Opening Offer and Frequency of Concession as Bargaining Strategies* (*Abrindo a Oferta e a Frequência de Concessões como Estratégia de Barganha*), *Journal of Personality and Social Psychology* (1967), 7: 185-193.
14. S. Oskamp, *Effects of Programmed Strategies on Cooperation in the Prisoner's Dilemma and Other Mixed-Motive Games* (*Efeitos das Estratégias Programadas sobre a Cooperação no Dilema do*

Encarcerado e Outros Jogos de Mistura de Intenção), *Journal of Conflict Resolution* (1971), 15, 2: 225-259.
15. S. S. Komorita e James K. Esser, *Frequency of Reciprocated Concessions in Bargaining* (Frequência da Reciprocidade das Concessões nas Negociações), *Journal of Personality and Social Psychology* (1975), 32, 4: 699-705.
16. J. M. Burger, M. Horita, L. Kinoshita, K. Roberts e C. Vera, *The Effects of Time on the Norm of Reciprocity* (Os Efeitos do Tempo sobre a Norma da Reciprocidade), *Basic and Applied Social Psychology* (1997), 19, 91-100.
17. Robert A. Baron, Donn Byrne, Nyla R. Branscombe, *Social Psychology*, 11ª ed. (*Psicologia Social*) (Saddle River, Nova Jersey: Prentice Hall, 2006).
18. Komorita e Esser.

CAPÍTULO 7

1. Paul B. Allwood e The Minnesota Food Safety Planning Group, Divisão de Saúde Ambiental, *Hand Washing Among Public Restroom Users at the Minnesota State Fair* (Higiene das Mãos Entre os Usuários do Banheiro Público na Feira do Estado de Minnesota), Minnesota Department of Health, 2006. Disponível em www.health.state.mn.us/handhygiene/stats/fairstudy.html
2. Michael Ross e Flore Sicoly, *Egocentric Biases in Availability and Attribution* (Propensão Egocêntrica na Disponibilidade e na Atribuição), *Journal of Personality and Social Psychology* (1979), 37, 3: 322-336.
3. Drew Westen, Pavel S. Blagov, Keith Harenski, Clint Kilts e Stephan Hamann, *Neural Bases of Motivated Reasoning: An fMRI Study of Emotional Constraints on Partisan Political Judgment in the 2004 U.S. Presidential Election* (Bases Neurais do Raciocínio Motivado: Estudo de Ressonância Magnética Funcional das Limitações Emocionais sobre o Julgamento Político de Simpatizantes nas Eleições Presidenciais dos EUA de 2004), *Journal of Cognitve Neuroscience* (2006), 18, 11: 1947-1958.
4. R. E. Knox e J. A. Inkster, *Postdecision Dissonance at Posttime* (Dissonância na Decisão Posterior), *Journal of Personality and Social Psychology* (1968), 18: 319-323.

5. J. C. Younger, L. Walker e A. S. Arrowood, *Postdecision Dissonance at the Fair* (Dissonância na Decisão Posterior na Feira), *Personality and Social Psychology Bulletin* (1977), 3: 284-287.
6. Thomas Moriarty, *Crime, Commitment, and the Responsive Bystander: Two Field Experiments* (Crime, Compromisso e o Observador Responsivo), *Journal of Personality and Social Psychology* (1975), 31, 2: 370-376.
7. R. B. Cialdini, J. T. Cacioppo, R. Bassett e J. A. Miller, *Low-Ball Procedure for Producing Compliance: Commitment Then Cost* (O Procedimento da Bola Baixa para a Produção de Aquiescência: Comprometimento e, então, Custo), *Journal of Personality and Social Psychology* (1978): 463-476.
8. C. Seligman, M. Bush e K. Kirsch, *Relationship Between Compliance in the Foot-in-the-Door Paradigm and Size of First Request* (Relacionamento Entre a Aquiescência no Paradigma do Pé-na-Porta e o Tamanho do Primeiro Pedido), *Journal of Personality and Social Psychology* (1976), 33: 517-520.

CAPÍTULO 8

1. H. H. Kelley, *The Warm-Cold Variable in First Impressions of Persons* (A Variável Quente-Frio na Primeira Impressão de Pessoas), *Journal of Personality* (1950), 18: 431-439.
2. E. Loftus, *Reconstructing Memory: The Incredible Eyewitness* (Reconstruindo a Memória: A Incrível Testemunha Ocular), *Psychology Today* (1974), 8, 1: 116.
3. A. Pratkanis e E. Aronson, *Age of Propaganda* (A Era da Propaganda) (Nova York: W. H. Freeman, 1992), p. 43.
4. Pratkanis e Aronson, p. 128.
5. Gerry Spence, *Como Argumentar e Vencer Sempre: Em Casa, no Trabalho, no Tribunal, em Qualquer Situação, Todos os Dias*, pp. 130-131 do original em inglês.
6. E. Langer, A. Blank e B. Chanowitz, *The Mindlessness of Ostensibly Thoughtful Action: The Role of 'Placebic' Information in Interpersonal Interaction* (A Falta de Atenção da Ação Reflexiva Ostensivo: O Papel da Informação 'Placébica' na Informação Interpessoal), *Journal of Personality and Social Psychology* (1978): 635-642.
7. R. N. Bostrom, J. R. Baseheart e C. M. Rossiter, *The Effects of Three Types of Profane Language in Persuasive Messages* (Os

Efeitos de Três Tipos de Linguagem Profana nas Mensagens Persuasivas), *Journal of Communication* (1973): 461-475.
8. Bob Stone, *Marketing Direto*, p. 4 do original em inglês.
9. Stephen M. Smith e David R. Shaffer, *Speed of Speech and Persuasion* (Velocidade do Discurso e Persuasão), *Personality and Social Psychology Bulletin* (1995), 21, 10: 1051-1060.
10. E. Fern, K. Monroe e R. Avila, *Effectiveness of Multiple Requests Strategies: A Synthesis of Research Results* (Efetividade das Estratégias de Solicitação Múltipla: Uma Síntese de Resultados de Pesquisas), *Journal of Marketing Research* (1986), 23: 144-152.
11. A. Mehrabian e M. Williams, *Nonverbal Concomitants of Perceived and Intended Persuasiveness* (Concomitância Não Verbal da Persuasão Intencional e Percebida), *Journal of Personality and Social Psychology* (1969), 13: 37-58.
12. B. L. Smith, B. L. Brown, W. J. Strong e A. C. Rencher, *Effects of Speech Rate on Personality Perception* (Efeitos da Velocidade da Fala sobre a Percepção da Personalidade), *Language and Speech* (1975), 18: 145-152.
13. Amitava Chattopadhyay, Darren W. Dahl, Robin J. B. Ritchie e Kimary N. Shahin, *Hearing Voices: The Impact of Announcer Speech Characteristics on Consumer Response to Broadcast Advertising* (Ouvindo Vozes: O Impacto das Características do Discurso do Anunciante sobre a Resposta do Consumidor à Propaganda por Alto-Falante), *Journal of Consumer Psychology* (2003), 13, 3: 198-204.
14. Priscilla LaBarbera e James MacLachlan, *Time-Compressed Speech in Radio Advertising* (Discurso em Tempo Comprimido na Radiodifusão de Anúncios), *Journal of Marketing* (1979), 43: 30-36.
15. Bruce L. Brown, William J. Strong e Alvin C. Rencher, *Perceptions of Personality from Speech: Effects of Manipulations of Acoustical Parameters* (Percepções da Personalidade a partir do Discurso: Efeitos da Manipulação de Parâmetros Acústicos), *Journal of the Acoustical Society of America* (1973), 54: 29-35.
16. William Apple, Lynn A. Streeter e Robert M. Krauss, *Effects of Pitch and Speech Rate on Personal Attributions* (Efeitos do Tom de Voz e da Velocidade do Discurso sobre as Atribuições Pessoais), *Journal of Personality and Social Psychology* (1979), 37: 715-727.
17. LaBarbera e MacLachlan.

CAPÍTULO 9

1. S. Rosen e A. Tesser, *On Reluctance to Communicate Undesirable Information: The MUM Effect* (Sobre a Relutância em Comunicar Informações Indesejáveis), *Sociometry* (1970), 33: 253-263.
2. M. Manis, S. D. Cornell e J. C. Moore, *Transmission of Attitude-Relevant Information Through a Communication Chain* (Transmissão de Informações de Atitudes Relevantes Através de uma Cadeia de Comunicação), *Journal of Personality and Social Psychology* (1974), 30: 81-94.
3. Nina Mazar, On Amir e Dan Ariely, *The Dishonesty of Honest People: A Theory of Self-Concept Maintenance* (A Desonestidade de Pessoas Honestas: Uma Teoria da Persistência do Autoconceito), *Journal of Marketing Research* (2008), 45, 6: 633-644.
4. Rachel S. Herz. e Trygg Engen, *Odor Memory: Review and Analysis* (Memória Olfativa: Revisão e Análise), *Psychonomic Bulletin & Review* (1996), 3: 300-313.
5. M. Schleidt e B. Hold, *Human Odour and Identity* (Odor Humano e Identidade). In W. Breipohl (Ed.), *Olfaction and Endocrine Regulation* (Olfato e Regulação Endócrina), pp. 181-194 (Londres: IRL Press, 1982).
6. Howard Ehrlichman e Jack N. Halpem, *Affect and Memory: Effects of Pleasant and Unpleasant Odors on Retrieval of Happy and Unhappy Memories* (Emoção e Memória: Efeitos de Odores Agradáveis e Desagradáveis sobre o Resgate de Memórias Felizes e Infelizes), *Journal of Personality and Social Psychology* (1988), 55: 769-779.
7. Des Dearlove, *A Breath of Lemon-Scented Air* (Um Sopro de Ar Aromatizado com Limão), *The London Times*, abril 3, 1997.
8. Matt Crenson, *Scent of Cookies Brings Out Best in Shoppers* (O Aroma de Cookies Revela o Melhor dos Consumidores), *Las Vegas Review Journal*, outubro 14, 1996.
9. Robert A. Baron, *Sweet Smell of Success: The Impact of Pleasant Artificial Scents on Evaluations of Job Applicants* (O Doce Cheiro do Sucesso: O Impacto dos Aromas Artificiais Agradáveis sobre as Avaliações de Candidatos a Emprego), *Journal of Applied Psychology* (1983), 68: 709-713.
10. Baron.

11. G. H. S. Razran, *Conditioned Response Changes in Rating and Appraising Sociopolitical Slogans* (Mudanças nas Respostas Condicionadas na Classificação e Avaliação de Slogans Sociopolíticos), *Psychological Bulletin* (1940), 37: 481.
12. Rachel Herz, *Smell Manipulation: The Subliminal Power of Scent* (Manipulação do Cheiro: O Poder Subliminar dos Aromas), *Smell Life*, janeiro 6, 2011.
13. Susan C. Knasko, *Ambient Odor and Shopping Behavior* (Odor Ambiente e Comportamento de Compras), *Chemical Senses* (1989), 14, 94: 718.
14. Robert Baron e Michael Kalsher, *Driving Behavior Pleasant Fragrances Increased Attention and Reaction Times of Drivers in a Driving Simulation* (Fragrâncias Agradáveis Usadas no Estímulo Ccomportamental Aumentaram os Tempos de Atenção e Resposta de Motoristas em Simuladores), *Environment and Behavior* (1998), 30, 4: 535-552; S. J. Jellinek, *Aromachology: A Status Review* (Aromacologia: Revisão de Status), *Cosmetics and Toiletries* (1994), 109, 10: 1-28.
15. Alan R. Hirsch, *Nostalgia: A Neuropsychiatric Understanding* (Nostalgia: Um Entendimento Neuropsiquiátrico), apresentado na reunião anual da Conferência da Associação para Pesquisa do Consumidor, Chicago, Illinois, Outubro 1991; S. E. Gay, *The Effect of Ambient Olfactory Stimuli on the Evaluation of a Common Consumer Product* (O Efeito do Estímulo Olfatório do Ambiente sobre a Avaliação de um Produto de Consumo Comum), apresentado na 13ª Reunião Anual da Associação das Ciências das Reações Fisiológicas a Estímulos Químicos (abril 1991).
16. Howard Ehrlichman e Linda Bastone, *The Use of Odour in the Study of Emotion* (O Uso do Odor no Estudo das Emoções). In Charles S. Van Toller e George H. Dodd (Eds.), *Fragrance: The Psychology and Biology of Perfume*, pp. 143-159 (Fragrância: A Psicologia e a Biologia do Perfume) (Nova York: Elsevier Applied Science Publishers/Elsevier Science Publishers, 1992).
17. K. G. DeBono, *Pleasant Scents and Persuasion: An Information Processing Approach* (Aromas Agradáveis e Persuasão: Uma Abordagem de Processamento de Informações), *Journal of Applied Social Psychology* (1992), 22: 910-919.
18. Robert A. Baron e Jill Thomley, *A Whiff of Reality Positive Affect as a Potential Mediator of the Effects of Pleasant Fragrances on*

Task Performance and Helping (*Um Sopro de Emoção Positiva da Realidade como Potencial Mediador dos Efeitos das Fragrâncias Agradáveis sobre o Desempenho de Tarefas e a Cooperação*), Environment and Behavior (1994), 26.
19. David W. Stewart e David H. Furse, *Effective Television Advertising* (*Propaganda de Televisão Efetiva*) (Lexington, Mass.: Lexington Books, 1986).
20. Ronald E. Milliman, *Using Background Music to Affect the Behavior of Supermarket Shoppers* (*A Utilização de Música Ambiente para Gerar Efeito no Comportamento de Consumidores de Supermercados*), Journal of Marketing (1982), 46: 86-91; Ronald E. Milliman, *The Influence of Background Music on the Behavior of Restaurant Patrons* (*A Influência da Música Ambiente sobre o Comportamento de Clientes de Restaurantes*), Journal of Consumer Research (1986), 13: 286-289.
21. Herbert Zettl, *Sight, Sound, and Motion: Applied Media Aesthetics* (*Visão, Audição e Movimento: Estética de Mídia Aplicada*) (Belmont, Califórnia: Wadsworth Publishing, 1973); Deryck Cooke, *The Language of Music* (*A Linguagem da Música*) (Londres: Oxford University Press, 1962).
22. Gordon C. Bruner II, *Music, Mood, and Marketing* (*Música, Temperamento e Marketing*), Journal of Marketing (1990), 54, 4: 94.
23. Ibid.
24. David Leonhardt e Kathleen Kerwin, *Hey Kid, Buy This!* (*Ei, Garoto, Compre Isto!*), BusinessWeek, junho 30, 1997.
25. G. H. S. Razran, *Conditioned Response Changes in Rating and Appraising Sociopolitical Slogans* (*Mudanças nas Respostas Condicionadas na Classificação e Avaliação de Slogans Sociopolíticos*), Psychological Bulletin (1940), 37: 481.
26. K. Fehrman e C. Fehrman, *Color: The Secret Influence* (*Cor: O Segredo da Influência*) (Englewood Cliffs, N.J.: Prentice Hall, 2000), p. 141.
27. Ibid.
28. Ibid.
29. Ibid.
30. Ibid.
31. Ibid.
32. Ibid.
33. Ibid.

CAPÍTULO 10

1. Arthur Lefford, *The Influence of Emotional Subject Matter on Logical Reading* (*A Influência do Problema Emocional do Sujeito sobre a Leitura Lógica*), *Journal of General Psychology* (1946) 34: 127-151.
2. Randall Reuchelle, *An Experimental Study of Audience Recognition of Emotional and Intellectual Appeals in Persuasion* (*Um Estudo Experimental do Reconhecimento da Audiência em Relação aos Apelos Emocionais e Intelectuais na Persuasão*), *Speech Monographs* (1958) 25, 1: 49-57.
3. Gerard Tellis, *Advertising and Sales Promotion Strategy* (*Estratégias de Propaganda e de Promoção de Vendas*) (Reading, Massachusetts: Addison-Wesley, 1998), p. 138.
4. L. Z. Tiedens e S. Linton, *Judgment Under Emotional Certainty and Uncertainty: The Effects of Specific Emotions on Information Processing* (*O Julgamento Sob a Certeza e a Incerteza Emocional: Os Efeitos de Emoções Específicas sobre o Processsamento de Informações*), *Journal of Personality and Social Psychology* (2001), 81: 973-988.
5. Charles Larson, *Persuasion* (*Persuasão*) (Belmont, Calif.: Wadsworth, 1995), pp. 222-225.
6. J. C. McCroskey, *A Summary of Experimental Research on the Effects of Evidence in Persuasive Communication* (*Um Resumo de Pesquisa Experimental sobre os Efeitos da Evidência na Comunicação Persuasiva*), *Quarterly Journal of Speech* (1969), 55: 169-176.
7. David Leonhardt, with Kathleen Kerwin, *Hey Kid, Buy This!* (*Ei, Garoto, Compre Isto!*), *BusinessWeek*, junho 30, 1997.
8. J. S. Lerner e D. Keltner, *Fear, Anger, and Risk* (*Medo, Raiva e Risco*), *Journal of Personality and Social Psychology* (2001), 81, 146-159.
9. L. Janis e S. Feshbach, *Effects of Fear-Arousing Communications* (*Efeitos das Comunicações que Inspiram Medo*), *Journal of Abnormal and Social Psychology* (1953): 78-92.
10. D. Keltner, P. C. Ellsworth e K. Edwards, *Beyond Simple Pessimism: Effects of Sadness and Anger on Social Perception* (*Além do Simples Pessimismo: Efeitos da Tristeza e da Raiva sobre a Percepção Social*), *Journal of Personality and Social Psychology* (1993), 64: 740-752.

11. Rodolfo Mendoza-Denton, *Are We Born Racist?* (*Já Nascemos Racistas?*) (Boston: Beacon Press, 2010).
12. Wesley G. Moons e Diane M. Mackie, *Thinking Straight While Seeing Red: The Influence of Anger on Information Processing* (*O Pensamento Objetivo Enquanto se Enxerga com Raiva: A Influência da Raiva sobre o Processamento de Informações*), *Personality and Social Psychology* (2007), 33: 706. Originalmente publicado *on-line* em abril 17, 2007. Disponível em http://psp.sagepub.com/content/33/5/706.
13. Richard E. Petty, David W. Schumann, Steven A. Richman e Alan J. Strathman, *Positive Mood and Persuasion: Different Roles for Affect Under High and Low Elaboration Conditions* (*Temperamento Positivo e Persuasão: Diferentes Papéis para Influenciar Sob Condições de Elaboração Altas e Baixas*), *Journal of Personality and Social Psychology* (1993), 64: 5-20.
14. I. L. Janis, D. Kaye e P. Kirschner, *Facilitating Effects of 'Eating While Reading' on Responsiveness to Persuasive Communications* (*Efeitos Auxiliares de se Comer Durante a Leitura sobre as Respostas a Comunicações Persuasivas*), *Journal of Personality and Social Psychology* (1965), 1: 17-27.
15. R. A. Baron, *Interviewers' Moods and Reactions to Job Applicants: The Influence of Affective States on Applied Social Judgments* (*Temperamentos e Reações de Entrevistadores em Relação a Candidatos a Emprego*), *Journal of Applied Social Psychology* (1987), 16: 16-28.
16. Gerald Zaltman, *How Customers Think: Essential Insights into the Mind of the Market* (*Como os Consumidores Pensam: Insights Básicos dentro da Mente do Mercado*), *Harvard Business School Press Book* (fevereiro 21, 2003): 186.
17. D. M. Mackie e L. T. Worth, *Cognitive Deficits and the Mediation of Positive Affect in Persuasion* (*Déficits Cognitivos e a Mediação da Emoção Positiva na Persuasão*), *Journal of Personality and Social Psychology* (1989), 57: 27-40.
18. Janis, Kaye e Kirschner.
19. Thomas J. Olney, Morris B. Holbrook e Rajeev Batra, *Consumer Responses to Advertising: The Effects of Ad Content, Emotions, and Attitude toward the Ad on Viewing Time* (*Respostas dos Consumidores à Propaganda: Os Efeitos do Conteúdo dos Anúncios,*

das Emoções e das Atitudes sobre o Tempo de Exposição ao Anúncio), *Journal of Consumer Research* (1991), 17: 440-453.
20. David Aaker, Douglas M. Stayman e Michael R. Hagerty, *Warmth in Advertising: Measurement, Impact, and Sequence Effects* (O Calor Humano na Propaganda: Efeitos Sequentes, Mensuração e Impacto), *Journal of Consumer Research* (1986), 12, 4: 365-381.
21. S. P. Brown, P. M. Homer e J. J. Inman, *A Meta-Analysis of Relationships Between Ad-Evoked Feelings and Advertising Responses* (Uma Metanálise dos Relacionamentos Entre os Sentimentos Evocados por Anúncios e as Respostas à Propaganda), *Journal of Marketing Research* (1998), 35: 114-126.
22. A. M. Isen, *Positive Affect, Cognitive Processes, and Social Behavior* (Emoção Positiva, Processos Cognitivos e Comportamento Social). In L. Berkowitz (Ed.), *Advances in Experimental Social Psychology*, pp. 20, 203-253 (Avanços na Psicologia Social Experimental) (San Diego, Califórnia: Academic Press, 1987).
23. Ibid.
24. Ibid.
25. T. Biggers e B. Pryor, *Attitude Change: A Function of the Emotion-Eliciting Qualities of the Environment* (Mudança de Atitude: Papel da Obtenção de Qualidades Emocionais do Ambiente), *Personality and Social Psychology Bulletin* (1982), 8: 94-99.
26. M. Mathur e A. Chattopadhyay, *The Impact of Moods Generated by Television Programs on Responses to Advertising* (O Impacto dos Temperamentos Gerados pelos Programas de Televisão sobre as Respostas a Propagandas), *Psychology and Marketing* (1991), 8: 59-77.

CAPÍTULO 11

1. John Maxwell e Jim Dornan, *Como Tornar-se uma Pessoa de Influência: Como Causar Impacto Positivo na Vida de Outras Pessoas*, p. 64 do original em inglês.
2. Dov Eden e Abraham B. Shani, *Pygmalion Goes to Boot Camp: Expectancy, Leadership, and Trainee Performance* (O Pigmaleão Vai ao Campo de Treinamento: Expectativa, Liderança e Desempenho do Trainee), *Journal of Applied Psychology* (1982), 67, 2: 194-199.
3. R. L. Miller, P. Brickman e D. Bolen, *Attribution versus Persuasion as a Means for Modifying Behavior* (Atribuição vs. Persuasão

como um Meio para Modificação de Comportamento), *Journal of Personality and Social Psychology* 3 (1975): 430-441.
4. John A. Bargh, Mark Chen e Lara Burrows, *Automaticity of Social Behavior: Direct Effects of Trait Construct and Stereotype Activation on Action* (Automatismo do Comportamento Social: Efeitos Diretos da Construção de Atributos e Ativação Estereotipada sobre a Ação), *Journal of Personality and Social Psychology* (1996), 71, 2: 230-244.
5. Amos Tversky e Daniel Kahneman, *Judgment Under Uncertainty: Heuristics and Biases* (O Julgamento Sob Incerteza: Heurística e Propensão), *Science* (1974), 185: 1124-1131; *Rational Choice and the Framing of Decisions* (A Escolha Racional e a Composição das Decisões), *Journal of Business* (1986), 59: S251-S278.
6. R. E. Kraut, *Effects of Social Labeling on Giving to Charity* (Os Efeitos da Rotulação Social sobre a Doação à Caridade), *Journal of Experimental Social Psychology* 9 (1973): 551-562.
7. Kenneth Erickson, *The Power of Praise* (O Poder do Elogio) (St. Louis, Missouri: Concordia, 1984), p. 56.
8. R. L. Miller, P. Brickman e D. Bolen, *Attribution vs. Persuasion as a Means for Modifying Behavior* (Atribuição versus Persuasão como um Meio para Modificação de Comportamento), *Journal of Personality and Social Psychology* (1975), 3: 430-441.
9. Roger Dawson, *The Secrets of Power Persuasion* (Os Segredos da Persuasão Poderosa) (Englewood Cliffs, N.J.: Prentice Hall, 1992), p. 29.
10. Wilson Bryan, *A Era da Manipulação* (São Paulo: Scritta, 1996), p. 189 do original em inglês.
11. I. Kirsch, *Specifying Non-Specifics: Psychological Mechanism of the Placebo Effect* (Especificando o Inespecífico: Mecanismos Psicológicos do Efeito Placebo). In A. Harrington, *The Placebo Effect: An Interdisciplinary Exploration*, pp. 166-186 (O Efeito Placebo: Uma Exploração Interdisciplinar) (Cambridge, Mass.: Harvard University Press, 1997).
12. D. J. O'Boyle, A. S. Binns e J. J. Sumner, *On the Efficacy of Alcohol Placebos in Inducing Feelings of Intoxication* (Sobre a Eficácia dos Placebos Alcoólicos na Indução de Sentimentos de Intoxicação), *Psychopharmacology* (Berl) (1994), 115, 1-2: 229-236.
13. Anthony G. Greenwald, Eric R. Spangenberg, Anthony R. Pratkanis e Jay Eskenazi, *Double-Blind Tests of Subliminal Self-*

Help Audiotapes (*Testes Duplo-Cegos dos Áudios Subliminares de Autoajuda*), Psychological Science (1991), 2, 2: 119-122.
14. T. J. Kaptchuk, E. Friedlander, J. M. Kelley, M. N. Sanchez, E. Kokkotou, J. P. Singer, M. Kowalczykowski, F. G. Miller, I. Kirsch e A. J. Lembo, *Placebos Without Deception: A Randomized Controlled Trial in Irritable Bowel Syndrome* (*Placebos Sem Fingimento: Uma Experiência Randômica Controlada na Síndrome do Cólon Irritável*), PLoS One (2010), 5.
15. James Montier, *Placebos, Booze, and Glamour Stocks* (*Placebos, Embriaguez e Glamour*), Societa Generale Cross Asset Research, março 10, 2008. Disponível em www.designs.valueinvestorinsight.com/bonus/bonuscontent/docs/Montier_Cheapness_Bias.pdf
16. R. L. Waber, B. Shiv e D. Ariely, *Commercial Features of Placebo and Therapeutic Efficacy* (*Características Comerciais do Placebo e eficácia Terapêutica*), Journal of the American Medical Association (2008), 299, 9: 1016-1017.
17. Hilke Plassmann, John O'Doherty, Baba Shiv e Antonio Rangel, *Marketing Actions Can Modulate Neural Representations of Experienced Pleasantness* (*Ações de Marketing Podem Modular Representações Neurais de Conforto Experimentado*), Proceedings of the National Academy of Sciences of the United States of America (2008), 105, 3: 1050-1054.
18. *How Embedded Commands Influence Reader Awareness* (*Como os Comandos Embutidos Influenciam a Consciência do Leitor*), Bintang. Disponível em http://bintang-n.blogspot.com/2010/08/how-embeddedcommands.html. De acordo com Johnson (1988), os comandos embutidos podem reforçar o comportamento potencial e o auxílio.
19. Kenrick Cleveland, *How Embedded Commands Influence Reader Awareness* (*Como os Comandos Embutidos Influenciam a Consciência do Leitor*), fevereiro 3, 2011. Disponível em www.aladdinelston.com/embedded-commands-influence-awareness/
20. Milton Erickson, Ernest Rossi e Sheila Rossi, *Hypnotic Realities* (*Realidades Hipnóticas*) (Nova York: Irvington Publishers, 1976).
21. Milton Erickson e Ernest Rossi, *Hypnotherapy: An Exploratory Casebook* (*Hipnoterapia: Uma Ficha Clínica Exploratória*) (Nova York: Irvington, 1979).

22. C. A. Mace, *Incentives: Some Experimental Studies* (*Incentivos: Alguns Estudos Experimentais*) (Londres: Industrial Health Research Board, Report No. 72, 1935).
23. D. Pratt, *Curriculum Design and Development* (*Design e Desenvolvimento de Currículos*) (Nova York: Harcourt Brace Jovanovich, 1980).
24. Mortimer R. Feinberg, *Psicologia para Administradores*.
25. G. P. Latham, E. A. Locke e N. E. Fassina, *The High Performance Cycle: Standing the Test of Time* (*O Ciclo da Alta Performance: Suportando o Teste do Tempo*). In S. Sonnentag (Ed.), *The Psychological Management of Individual Performance: A Handbook in the Psychology of Management in Organizations*, pp. 201-228 (*O Gerenciamento Psicológico do Desempenho Individual: Um Manual sobre o Gerenciamento da Psicologia nas Organizações*) (Chichester, United Kingdom: Wiley, 2002).
26. Ad Kleingeld, Heleen van Mierlo e Lidia Arends, *The Effect of Goal Setting on Group Performance: A Meta-Analysis* (*O Efeito da imposição de Metas sobre o Desempenho do Grupo: Uma Metanálise*), *Journal of Applied Psychology* (2011), 96, 6: 1289-1304.
27. George Kelling e Catherine Coles, *Fixing Broken Windows* (*Consertando Janelas Quebradas*) (Nova York: Touchstone, 1996).
28. Raj Raghunathan, *When the Going Gets Tough, the Atheists Go Praying: Atheism Is a Luxury of the Well-to-Do and the Comfortable* (*Quando a Vida Fica Difícil os Ateístas Começam a Rezar: O Ateísmo é uma Vaidade dos Prósperos e dos Bem-Situados*), *Sapient Nature*, abril 5, 2011.
29. Malcolm Gladwell, *O Ponto da Virada: Como Pequenas Coisas Podem Fazer uma Grande Diferença*, p. 142 do original em inglês.
30. P. Zimbardo, C. Banks e C. Haney, *Interpersonal Dynamics in a Simulated Prison* (*Dinâmicas Interpessoais em uma Prisão Simulada*), *International Journal of Criminology and Penology* (1973): 73.

CAPÍTULO 12

1. J. M. Burger, *Increasing Compliance by Improving the Deal: The 'That's-Not-All' Technique* (*Elevando a Aquiescência pela Melhora do Trato: A Técnica do Isso Não é Tudo*), *Journal of Personality and Social Psychology* (1986): 277-283.

2. D. J. O'Keefe e M. Figge, *A Guilt-Based Explanation of the Door-in-the-Face Influence Strategy* (*Uma Explicação Baseada na Culpa da Estratégia de Influência Porta-na-Cara*), Human Communication Research (1997), 24: 64-81.
3. J. Dillard, J. Hunter e M. Burgoon, *Sequential-Request Persuasive Strategies: Meta-Analysis of Foot-in-the-Door and Door-in-the-Face* (*Estratégias de Persuasão de Pedidos Sequenciais: Metanálise do Pé-na-Porta e da Porta-na-Cara*), Human Communication Research (1984), 10: 461-488.
4. Robert M. Schindler e Thomas Kibarian, *Increased Consumer Sales Response Through Use of 99 Ending Prices* (*Aumento da Resposta de Vendas ao Consumidos Pelo uso dos Preços Terminados em 99*), Journal of Retailing (1993), 72, 2: 187-199.
5. Robert M. Schindler e Lori S. Warren, *Effect of Odd Pricing on Choice of Items on a Menu* (*Efeito dos Preços Ímpares sobre a Escolha de Itens em um Menu*), Advanced Consumer Research (1988), 15: 348-353.
6. Kent B. Monroe, *Pricing: Making Profitable Decisions* (*Preços: Tomando Decisões Lucrativas*) (Nova York: McGraw-Hill, 1973).
7. Robert M. Schindler e Alan R. Wiman, *The Effect of Odd Pricing on Price Recall* (*O Efeito dos Preços Ímpares sobre um Recall de Preços*), Journal of Business Research (1989), 19, 3: 165-177.
8. Schindler e Kibarian.
9. Robert C. Blattberg e Kenneth J. Wisniewski. *How Retail Price Promotions Work: Empirical Results* (*Como as Promoções de Preços no Varejo Funcionam:Resultados Empríricos*), Universidade de Chicago, working paper 43, 1987.
10. D. Kenrick e S. Gutierres, *Contrast Effects in Judgments of Attractiveness: When Beauty Becomes a Social Problem* (*Efeitos Contrastantes nos Julgamentos da Atratividade: Quando a Beleza se Torna um Problema Social*), Journal of Personality and Social Psychology (1980): 131-140.
11. M. M. Turner, R. Tamborini, M. S. Limon e C. Zuckerman-Hyman, *The Moderators and Mediators of Door-in-the-Face Requests: Is It a Negotiation or a Helping Experience?* (*Os Moderadores e Mediadores dos Pedidos Porta-na-Cara: Trata-se de uma Negociação ou de uma Experiência de Ajuda?*) Communication Monographs (2007), 74, 3: 333-356.

12. J. Freedman e S. Fraser, *Compliance Without Pressure: The Foot-in-the-Door Technique* (Aquiescência Sem Pressão: A Técnica Pé-na Porta), *Journal of Personality and Social Psychology* (1966): 195-203.
13. John Mowen, *Comportamento do Consumidor*, pp. 81-84 do original em inglês.
14. Dillard e Burgoon.
15. E. Fern, K. Monroe e R. Avila, *Effectiveness of Multiple Requests Strategies: A Synthesis of Research Results* (A Efetividade das Estratégias de Pedidos Múltiplos: Uma Síntese de Resultados de Pesquisas), *Journal of Marketing Research* (1986), 23: 144-152.

CAPÍTULO 13

1. Sharon Brehm, Saul Kassin e Steven Fein, *Social Psychology* (Psicologia Social) (Nova York: Houghton Mifflin, 1999), p. 213.
2. M. Sherif, *The Psychology of Social Norms* (A Psicologia das Normas Sociais) (Nova York: Harper, 1936).
3. R. B. Cialdini, C. A. Kallgren e R. R. Reno, *A Focus Theory of Normative Conduct* (Uma Teoria Focal das Condutas Normativas), *Advances in Experimental Social Psychology* (1991), 24: 201-234.
4. A. Tesser, J. Campbell e S. Mickler, *The Role of Social Pressure, Attention to the Stimulus, and Self-Doubt in Conformity* (O Papel da Pressão Social, da Atenção aos Estímulos e da Dúvida Pessoal na Conformidade), *European Journal of Social Psychology* (1983): 217-233.
5. I. Sarason, G. Sarason, E. Pierce, B. Sherin e M. Sayers, *A Social Learning Approach to Increasing Blood Donations* (Uma Abordagem de Aprendizado Social no Aumento de Doações de Sangue), *Journal of Applied Social Psychology* (1991): 21.
6. S. Asch, *Forming Impression of Personality* (Formando Impressão de Personalidade), *Journal of Abnormal and Social Psychology* (1946): 258-290.
7. R. Fuller e A. Sheehy-Skeffington, *Effects of Group Laughter on Responses to Humorous Materials: A Replication and Extension* (Efeitos da Gargalhada em Grupo sobre Respostas a Materiais Humorísticos: Réplica e Extensão), *Psychological Reports* (1974): 531-534.
8. T. Nosanchuk e J. Lightstone, *Canned Laughter and Public and Private Conformity* (A Gargalhada Enlatada e a Conformidade

Pública e Privada), *Journal of Personality and Social Psychology* (1974): 153-156.
9. S. Milgram, L. Bickman e L. Berkowitz, *Note on the Drawing Power of Crowds of Different Size* (Nota sobre a Força de Atração das Multidões de Diferentes Tamanhos), *Journal of Personality and Social Psychology* (1969): 79-82.
10. S. Fein, G. R. Goethals, S. M. Kassin e J. Cross, *Social Influence and Presidential Debates* (Influência Social e Debates Presidenciais) (manuscrito em revisão), *American Psychological Association*, Toronto, Canada (1993).
11. N. J. Goldstein, R. B. Cialdini e V. Griskevicius, *A Room with a Viewpoint: Using Social Norms to Motivate Environmental Conservation in Hotels* (Um Quarto com Perspectiva: Utilizando as Normas Sociais para Motivar a Conservação Ambiental em Hotéis), *Journal of Consumer Research* (2008), 35: 472-482.
12. Douglas Rushkoff, *Coercion: Why We Listen to What They Say* (Coerção: Por Que Ouvimos o Que Eles Dizem) (Nova York: Riverhead Books, 1999), p. 123.
13. M. Gansberg, *37 Who Saw Murder Didn't Call the Police (37 Que Viram Assassinatos Não Chamaram a Polícia)*, *New York Times*, março 27, 1964, p. 1.
14. B. Latané e S. Nida, *Ten Years of Research on Group Size and Helping* (Dez Anos de Pesquisa sobre Tamanho de Grupos e Auxílio), *Psychological Bulletin* (1981), 89: 308-324. DOI:10.1037/0033-2909.89.2.308
15. L. Festinger, A. Pepitone e T. Newcomb, *Some Consequences of Deindividuation in a Group* (Algumas Consequências da Desindividuação em um Grupo), *Journal of Abnormal Social Psychology* (1952): 382-389.
16. E. Diener, *Deindividuation: The Absence of Self-Awareness and Self-Regulation in Group Members* (Desindividuação: A Ausência de Autosonsciência e Autorregulação em Membros de Grupo). In P. B. Paulus (Ed.), *The Psychology of Group Influence* (A Psicologia da Influência de Grupo) (Hillsdale, Nova Jersey: Erlbaum, 1980), pp. 209-242.
17. Ibid.
18. M. Cody, J. Seiter e Y. Montague-Miller, *Men and Woman in the Marketplace: Gender Power and Communication in Human*

Relationships (*Homens e Mulheres no Ambiente de Compras: O Poder do Gênero Sexual e da Comunicação nos Relacionamentos Humanos*) (Hillsdale, N.J.: Erlbaum, 1995), pp. 305-329.
19. Cavett Robert, *Personal Development Course (Curso de Desenvolvimento Pessoal)* (Englewood Cliffs, N.J.: Prentice Hall, 1966).
20. Festinger, Pepitone e Newcomb.
21. L. Westphal, *Use Testimonials and Be More Effective (Use Testemunhos e Seja Mais Eficaz), Direct Marketing* (2000), 62: 35-37.
22. J. D. Mittelstaedt, P. C. Riesz e W. J. Burns, *Why Are Endorsements Effective? Sorting Among Theories of Product and Endorser Effects (Por Que os Endossos São Eficazes? Seleção Entre Teorias de Produto e Efeitos do Endosso), Journal of Current Issues and Research in Advertising* (2000), 22: 55-65.

CAPÍTULO 14

1. S. Brehm e J. Brehm, *Psychological Reactance: A Theory of Freedom and Control (Reatância Psicológica: Uma Teoria da Liberdade e do Controle)* (Nova York: Academic Press, 1981).
2. F. Rhodewalt e J. Davison, *Reactance and the Coronary-Prone Behavior Pattern: The Role of Self-Attribution in Response to Reduced Behavioral Freedom (Reatância e o Padrão de Comportamento Propenso ao Coronal: O Papel da Autoatribuição em Resposta à Redução de Liberdade Comportamental), Journal of Personality and Social Psychology* (1983): 44.
3. J. Brehm e M. Weintraub, *Physical Barriers and Psychological Reactance: Two-Year-Olds' Response to Threats to Freedom (Barreiras Físicas e Reatância Psicológica: Respostas de Crianças de Dois Anos de Idade a Ameaças à Liberdade), Journal of Personality and Social Psychology* 35 (1977): 830-836.
4. A. Tversky e D. Kahneman, *The Framing of Decisions and the Psychology of Choice (A Composição das Decisões e a Psicologia da Escolha), Science* (1981): 453-458.
5. M. Gonzales, E. Aronson e M. Costanzo, *Increasing the Effectiveness of Energy Auditors: A Field Experiment (Aumentando a Eficácia dos Auditores de Energia: Uma Experiência de Campo), Journal of Applied Social Psychology* (1988): 1046-1066.

6. S. Worchel, J. Lee e A. Adewole, *Effects of Supply and Demand on Ratings of Object Value* (Efeitos da Oferta e Demanda sobre a Classificação do Valor do Objeto), *Journal of Personality and Social Psychology* (1975): 906-914.
7. Adam Townsend, Eric Carpenter e Vik Jolly, *Officials: Save Water* (Funcionários Públicos: Economizem Água), *Orange County Register*, março 29, 2007: A1.
8. A. Knishinsky, *The Effects of Scarcity of Material and Exclusivity of Information on Industrial Buyer Perceiver Risk in Provoking a Purchase Decision* (Os Efeitos da Escassez de Material e da Exclusividade de Informação no Risco Percebido pelo Comprador Industrial no Estímulo à Decisão de Compra), dissertação de doutorado não publicada, Arizona State University, 1982.
9. D. Broeder, *The University of Chicago Jury Project* (O Projeto de Júri da Universidade de Chicago), *Nebraska Law Review* (1959): 744-760.
10. S. Worchel, S, E. Arnold e M. Baker, *The Effect of Censorship on Attitude Change: The Influence of Censor and Communicator Characteristics* (O Efeito da Censura sobre a Mudança de Atitude: A Influência das Características da Censura e do Comunicador), *Journal of Applied Social Psychology* (1975) 5: 222-239.
11. Gisla Grabitz-Gniech, *Some Restrictive Conditions for the Occurrence of Psychological Reactance* (Algumas Condições Restritivas para a Ocorrência da Reatância Psicológica), *Journal of Personality and Social Psychology* (1971), 19, 2: 188-196.

CAPÍTULO 15

1. Murray Raphel, *Listening Correctly Can Increase Your Sales* (Ouvir Corretamente Pode Aumentar Suas Vendas), *Direct Marketing* (1982), 41, 11: 113.
2. S. B. Castleberry e C. D. Shepherd, *Effective Interpersonal Listening and Personal Selling* (Escuta Interpessoal Efetiva e Venda Pessoal), *Journal of Personal Selling & Sales Management* (1993), 13: 35-49.
3. Tony Alessandra, *Charisma: Seven Keys to Developing the Magnetism that Leads to Success* (Carisma: Sete Chaves para Desenvolver o Magnetismo que Levam ao Sucesso) (Business Plus, 2000).

4. *American Salesman* (1991), 36, 8: 16(5).
5. S. S. Iyengar e M. R. Lepper, *When Choice Is Demotivating: Can One Desire Too Much of a Good Thing?* (*Quando a Escolha é Desmotivadora: Alguém Pode Desejar Demais Algo Bom?*), *Journal of Personality and Social Psychology* (2000), 79: 995-1005.
6. D. J. O'Keefe, *Persuasion: Theory and Research* (*Persuasão: Teoria e Pesquisa*) (Newbury Park, Calif.: Sage, 1990).
7. H. Fukada, *Psychological Processes Mediating Persuasion-Inhibiting Effect of Forewarning in Fear-Arousing Communication* (*Processos psicolológicos mediando efeitos de persuasão-inibição na previsão do surgimento do medo*), *Psychol Rep.* (1986), 58, 1: 87-90.
8. M. Pfau, *The Inoculation Model of Resistance to Influence* (*O Modelo de Inoculação de Resistência para Influenciar*). In F. J. Boster e G. Barnet (Eds.), *Progress of Communication Sciences*, vol. 13, pp. 133-171 (*Progressos da Ciência da Comunicação*) (Norwood, N.J.: Ablex, 1997).
9. W. J. McGuire, *Resistance to Persuasion Conferred by Active and Passive Prior Refutation of Same and Alternative Counterarguments* (*Resistência à persuasão conferida pela refutação passive ou ativa da contra-argumentos iguais ou alternativos*), *Journal of Abnormal Psychology* (1961), 63: 326-332.
10. M. Pfau, D. Roskos-Ewoldsen, M. Wood, S. Yin, J. Cho, K.-H. Lu e L. Shen, *Attitude Accessibility as an Alternative Explanation for How Inoculation Confers Resistance* (*Atitude de Acessibilidade como Explicação Alternativa para Como a Inoculação Confere Resistência*), *Communication Monographs* (2003), 70, 1:39-51.
11. Ibid.

EPÍLOGO

1. M. Bourgeois, K. Sommer e S. Bruno, *What Do We Get Out of Influencing Others?* (*O Que Ganhamos Por Influenciar os Outros*), *Social Influence* (2009), 4, 2: 96-121.

Sobre o Autor

Kurt Mortensen é uma das maiores autoridades norte-americanas nas áreas de negociação, carisma e influenciação. Por meio de abrangentes pesquisas, entrevistas com consumidores e experiências pessoais, Kurt desenvolveu o mais amplo e profundo treinamento nas habilidades e técnicas necessárias para maximizar sua capacidade de influenciar e aumentar seu sucesso. Kurt é hábil em interpretar estudos científicos e psicologia social, traduzindo-os em aplicações práticas. Ele nos revela como é fácil aplicar a influência em cada situação e quão valiosa ela pode se revelar nos negócios, permitindo que empreendedores aumentem suas rendas.

Kurt escreveu quatro livros que já foram traduzidos em mais de 20 idiomas. Ele nos ensina que todos nós persuadimos par viver e que tanto o nosso sucesso profissional quanto nossas relações pessoais dependem de nossa habilidade de persuadir, influenciar e motivar. Kurt é o autor de *QI de Persuasão* (DVS Editora, 2010) e *As Leis do Carisma* (Best Business, 2012). Ele também é o criador de programas como *Millionaire Psychology* (Psicologia Milionária), *Persuasive Presentations* (Apresentações Persuasivas), *Power Negotiations* (Negociações Poderosas) e *Psychology of Objections* (Psicologia das Objeções).

Kurt é um palestrante extraordinário e um grande animador para eventos públicos e corporativos. É conhecido por educar, inspirar e entreter plateias em todo o mundo ao longo de quase 20 anos. Ele já treinou profissionais em técnicas de venda, desencadeadores de influenciação, liderança avançada e habilidades em apresentações persuasivas. Suas palestras magnas e seus seminários já ajudaram empresas e empreendedores a maximizar sua capacidade de influenciação. Seus conceitos aumentam as vendas, aprimoram o *marketing* e transformam administradores em líderes. Se o seu grupo precisa de um palestrante motivacional que seja informativo, inspirador e realmente capaz de transformar pessoas e profissionais, entre em contato com Kurt Mortensen hoje mesmo.

www.dvseditora.com.br